「のだ」の文とその仲間・続編

文構造に即して考える

山口佳也［著］

三省堂

目次

「のだ」の文とその仲間・続編　文構造に即して考える——目次

装画　安田みつえ
装丁　三省堂デザイン室
本文組版　デジウェイ株式会社

序章

本書は、筆者が先に刊行した、日本語文法に関する論文集、『「のだ」の文とその仲間　文構造に即して考える』に続く、第二の論文集である。

筆者は、これまで、一つの方法として、小さなことであっても、日本語の文の中で文法的に微妙な違和感を感じることがあったときに、その謎を構文論的に究明しようと研究に取り掛かるということがよくあった。本書はその成果の一つと言える。

その研究を進める上で特に注意したことは、実例に基づいて、あくまでも、構文論的観点から考察すること、また、必要と思われる場合には、問題の語の語源（その本来の、意味・構文論的働き）に注目することも辞さないなどである。

例えば、「のだ」の文の問題は、本来形式名詞であるはずの「の」がなぜ「のだ」の形で文末に用いられているのかと疑問を抱いたことがきっかけで、実例によって、裏に「～のは～のだ」という構文が隠れていることを探り当て、その表現の本質を理解したし、形容詞「ない」の問題は、「一度あったことは二度ないとは言えないんだからね」（武田泰淳「審判」）という例を見て、「二度ない」というのは考えてみると変ではないかと疑問を抱いたことがきっかけで、形容詞、補助形容詞の「ない」は「あらず／あらない」の簡略形（代替形）であり、したがって、「二度ない」の真の意味構造は「〔二度＋ある〕ない（助動詞）」であることに思い至り、了解に達したといった具合である。

筆者の研究は、そのようなわけで、内容的に、必ずしも体系的、系統的なものとはなっていないが、それぞれに、日本語文法に関して、いつかだれかがどこかで指摘しておかなければならないような基礎的な事実に関わるものであると考えている。

本書は、「のだ」の文関係のものを中心にすえながらも、その他のテーマのものも幅広く集めることとし、第一部に、「のだ」の文とその仲間に関する前書の内容を更に押し進める内容のものを、第二部に、それと何らかの関連をもちながら、更に幅広く、その他のテーマを扱ったものを、第三部に、特殊なものを付録的に収めることととした。

論文の配列は、必ずしも発表順によらずに、近いテーマのものがグループをなすようにした。また、比較的若いときの論文が多いため、一書にまとめるに当たって、一部、加筆、修正を施した。

ここで、本書に収めた各論文のねらいとするところを、目次に従って簡単に紹介しておく。

第一部

① 一般に「のだ」は多用されているが、「のだ」の文の本質とはこういうものであると明確に意識している人は多くないと思われる。**第一「「のだ」の文のとらえ方」**は、「のだ」の文の性格について理解を深め、国語教育に役立ててもらうことを目的に、ある国語教育学会の学会誌のために執筆したものである。文章の性格上、内

容の上で一部筆者の他の論文と重なる部分があることを了とされたい。文章の後半では、参考までに、芥川龍之介の「鼻」の中の、「のだ」の文の全用例について分析を行い、私見を加えている。

②③④「はずだ」、「はずではない」、「はずがない」の本質と用法が問題となっている。一般的には、これらをそれぞれ全体で一つの助動詞（ないしは、それに準ずるもの）と見て、現象論的に、意味や用法を整理、説明しているわけであるが、筆者は、これらを、あくまでも形式名詞「はず」と他の語の組み合わせと見、「はずだ」、「はずではない」の文は、一種の名詞文、「はずがない」の文は、一種の存在文と見るのがよいと考えている。**第二～四「「はず」をめぐって（その1～3）」**は、その立場から、構文論的に筋道をたどりながら、「はずだ」の文、「はずではない」の文、「はずがない」の文の基本的構造、意味、用法を検討してみたものである。なお、そのうち「はずだ」の文については、筆者は、先に、「「はずだ」の文の構造と意味」（『十文字国文』第16号　二〇一〇年）及び「納得用法に続く第三の用法について—「はずだ」の文の場合を中心に—」（『十文字国文』第17号　二〇一一年）を発表し、その基本的構造、意味、用法について考えを述べており、今回の論考は、その内容をおおむね引き継ぐものであるが、用法に関しては、大幅に補訂を加えている。

第二部

⑤「もの」という語は、単独で名詞として用いられるだけでなく、他の形態素と結び付いて、多くの、ほとんどすべての品詞にわたる合成語を作ることに役立っている。筆者は、このような「もの」の意味、用法を研究する場合、個々の用法をばらばらに取り上げるのではなく、それらを品詞横断的に関係づけ、その全体の中に位置づけつつ考察する必要があるのではないか、と考えた。**第五「「もの」の用法概観」**は、その基礎作業として、古典語の例を参照しつつ、主に現代語について、「もの」の、単純語としての用法、並びに合成語の語要素とし

ての用法の有機的な全体像を、大づかみに把握してみようと試みたものである。

⑥「ものか」を末尾にもつ文は、古くから、反語（や詠嘆）を表す文となることがよく知られている。しかし、なぜこの形の文で反語の意味が生まれてくるのかは、まだよく分かっていない。**第六「「ものか」の反語文について」**は、「ものか」の文の基本的な構造を、

　Xが　連体修飾節＋もの（である）か

というものであると見定め、それにプロミネンスの要素などを加味することによって、反語の意味が生まれてくる仕組みを考えてみたものである。

⑦近・現代語において、形容詞の「ない」をめぐって、

　一度あったことは二度ないと言えないんだからね。（武田泰淳「審判」）

　この山椒魚に幾らかその傾向がなかったと誰がいえよう。（井伏鱒二「山椒魚」）

などのように、かかり・受けの関係のたどりにくい例にしばしば遭遇する。**第七「「二度ない」その他——「ある＋ない」相当の「ない」をめぐって——」**は、これらの例が、「ない」を、動詞「ある」の否定形「ある＋ない（あらない）」の代替形と見なすことによって説明可能になることを論じたものである。例えば、

　二度ない→（二度あら）ない

　幾らかない→（幾らかあら）ない

では、「二度」「幾らか」は、「ない」の全体にかかっているのではなく、「ない」のかげに隠れた「ある＋ない（助動詞）」の「ある」の部分にかかった後、その全体を「ない」が包んで打ち消している形であると考えられる。

なお、断定の助動詞「だ」、形容詞、形容動詞などの否定の形における連用形と形式形容詞（補助形容詞）「ない」

との関係も、全く同様のかかり・受けの関係を内在させたものと考えることができる。例、

学生で ない （学生で あら） ない

面白く ない （面白く あら） ない

⑧「動詞＋れる／られる」は、伝統的に、受け身、可能、尊敬、自発を表現する代表的な形式であるが、そのうち、可能表現が次第にこの形式とは別の形式をとる方向に向かいつつあることは、よく知られている。「五段活用動詞＋れる」はいわゆる可能動詞へ、「サ行変格活用動詞＋られる」は「（〇〇）できる」への移行が完成し、他の動詞についても、いわゆる「ら抜き言葉」（新可能動詞）が新しい形式として定着しつつあるというのが実情である。これら新しくできた形を一括して、改めて全体を可能動詞と呼ぶことも、あるいはあり得ることであろう。

ところが、この可能表現の新しい形式は、「ない」の場合と同じように、かかり・受けのたどりにくい形を生む結果を招いているようである。次のうち、最初の例では、「もっと安く」が明らかに「できる」にかかっていると言えるが、可能表現である後の二者の場合はかかり先が分かりにくい。

もっと安く できる （安い費用で出来上がる）

もっと安く できる （価格を安くすることが可能である）

ゆっくり 休める （ゆっくり休むことが可能である）

第八「可能表現としての「できる」の用法」は、この問題を解消するために、可能表現としての「できる」について、一語の動詞というよりは、「する＋られる」の代替形と認めるのが適切であることを論じ、その上で、その「できる」、また「ことができる」の用法を整理してみたものである。

これによれば、可能表現としての「できる」が、一語の動詞ではなく、「する＋られる」の代替形であるとすれば、例えば、

もっと安く できる （↓ 〔もっと安く せ〕られる）

の場合、「もっと安く」は、「できる」全体にかかるのではなく、「できる」のかげに隠れた「する＋られる」の「する」の部分だけにかかるものであると説明されることになる。

⑨ 続く**第九「「車は急に止まれない」その他——可能動詞の性格をめぐって——」**は、同様に、いわゆる可能動詞について、一語の動詞というよりは、「五段活用動詞＋れる」の代替形と認めるのが適切であることを論じたものである。これにより、可能表現としての「できる」の場合と同様に、可能動詞をめぐる、かかり・受けのたどりにくさの問題も解消することになる。例えば、

ゆっくり 休める （↓ 〔ゆっくり 休ま〕れる）

の場合、「ゆっくり」は、見かけ上「休める」全体にかかっているようにみえるが、「休める」のかげに隠れた「休む＋れる」の「休む」の部分だけにかかっていると見られることになるわけである。

また、これにより、昭和五十一年当時学界をにぎわした「車は急に止まれない」論争も、かかり・受けの面に関する限り、解決を見ることになるはずである。

⑩ 一般に、助詞「から」と「ので」の用法の違いを、理由を主観的に表しているか、客観的に表しているかといったような、どちらかと言えば意味によって説明しようとする傾向が強かったのに対し、**第十「「～から」と「～ので」のかかり先について」**は、これを、まず、「～から」と「～ので」のかかり先の深浅、ないしは文中での遊離度の高低（逆に言えば、従属度の低高）をもとに説明しようと試みたものである。

例えば、命令、禁止、意志など話し手の主観的な態度を表す表現と呼応して用いる場合、「〜から」は自由に用いられるが、「〜ので」は用いられにくいという現象も、両者の文中でのかかり先の深浅によって説明できると考えられる。例えば、

○危ないから、そこへ行くな

？〔危ないので、そこへ行く〕な

では、「〜から」は、かかり先が深いために、構造的に「〜から」と「〜な」が対峙する、違和感のない表現となるのに対し、「〜ので」は、かかり先が浅いために、「な」の手前までしかかからず、「〔危ないのでそこへ行く〕な」のように、「な」のスコープに入ることになり、特に文法的に禁止されているわけではないが、結果として現実に用いる機会のほとんどない表現になってしまうと考えられるのである。

⑪「からといって」という言い方は、構文論的性格が複雑で、意味、用法がとらえにくくなっているところがある。**第十一「「からといって」について」**は、この「からといって」に次のような三つのタイプを想定し、その用法と相互の関係を探ってみたものである。

Ⅰ「「〜から、〜」と言って」という形の、「〜から」に続く後件の部分が省略されて、結果として生まれた、慣用句化度の低い「〜からと言って」

例　姉たちはまたこの次の遊び時間にくるからと言って出て行った。（中勘助「銀の匙」）

ⅡA「〜から」に形式化した「といって」を続けた、全体として遊離度の低い「〜からといって」

例　それを金があるからと云うて無暗にえらがるのは間違っている。（夏目漱石「野分」）

ⅡB　ⅡAが意味変化（逆接化）し、再び遊離度を高めた、「（いくら）〜からといって（も）」

例　外見が粗野だからとて心のやさしい人もある。（『日本文法大辞典』）

⑫　一般に副助詞とされている「か」によってひとまとめにされた語句「～か」は、

だれかが来た。

彼が来るかどうかは分からない。

のように、助詞類を下接させて言う場合もあるが、

だれか来た。

彼が来るかどうか分からない。

のように、助詞類を下接させないで言う場合もあり、かえって、下接させない方が普通のようにも感じられる。

第十二「文節末の「か」の用法」は、この問題に関連して、「か」によってひとまとめにされ、全体として一つの文節ないしは連文節を構成する語句「～か」又は「～か～か」は、大なり小なり、疑問的挿入句の性格を残すものであり、下に助詞・助動詞類を付けないのが本来の形であること、また、用法の上から、次のような四つに分類できることを論じたものである。

ア　述語を中心とする叙述全体に対する断り書き的な役割を果たすもの

例　校長はいつ帰ったか姿が見えない。（夏目漱石「坊っちゃん」）

イ　後続の体言に対する断り書き的な役割を果たすもの

例　どなたか高貴の方が流罪にでもなられるのか。（山本周五郎「もののけ」）

ウ　連用語句（多くの場合言語表現化されない）に対する断り書き的な役割を果たすもの

例　母が何時からか（筆者注、はっきりしないあるときから）店を止めたいと云わなくなった～（丹羽文雄「象

形文字」）

エ　断り書き的性格を弱めて文の構成要素の資格を潜在させるに至ったと見られるもの

例　あれは何という樹か（筆者注、を）知っているか。（山本周五郎「晩秋」）

⑬　続く**第十三「文節中の「か」の用法」**は、文中で、助詞・（断定の）助動詞を下接させて用いる語句「～か」又は「～か～か」は、全体として一つの名詞の資格を獲得するに至ったものと言うほかないが、もともと疑問的挿入句から移行して生まれてきたと考えられるものであり、その形態、内容も、疑問文に準じて分類、整理されるのが適当であるということを論じたものである。

⑭　「かもしれない」は、現代語において、「～の可能性もある」といった意味を表す慣用的表現として多く用いられ、全体で一つの助動詞に準ずる扱いを受けるに至っている。しかし、これと関連する形、紛らわしい形が、意外と少なくなく、「かもしれない」が一助動詞になったと言い切れるかどうか疑問が感じられないわけでもない。**第十四「「～かもしれない」とその周辺」**は、それらの形を取り上げ、相互の関係について改めて検討を加えてみたものである。これらの形をどう体系づけるか、構文論の中にどう位置づけるかは、今後の課題と言うほかないのではなかろうか。

第三部

⑮　日本語では、句読点、特に読点（テン）の打ち方の確立が遅れ、いまだに社会的な共通化が実現していない。句読法の第一の目的は、文の構造や、文中の意味のまとまりを示すことによって、文の内容を把握しやすくすることであると考えられるが、日本語では、誤読を避けるためとか、読みの間や息の継ぎ目を示すためとかの、他のよんどころない目的で打つことも多く、それが第一の目的でどこに打つべきかの共通理解の実現を遅らせる一

因となっているのではなかろうか。**第十五「構文論と句読法――テンの打ち方私案――」**は、一つのたたき台として、文の構造を示して文の内容を把握しやすくするためのテン（Ⅰ）を基本にすえ、それに、誤読を防ぐための応急手当て的なテン（Ⅱ）、読みの間などを示す剰余的なテン（Ⅲ）を加える形で、テンの打ち方の私案をまとめてみたものである。

⑯ 雑誌『月刊言語』一九八二年二月号に掲載された投書の中で、中国大連在住（当時）の金栄一氏が、

あいつばかりが女じゃない。

世の中には幸いなことばかりはない。

などの文を、外国人に誤解されやすい日本語の文の一つとして紹介している。**第十六「形容詞「ない」の正体――二十三年前の金栄一氏の投書に寄せて――」**は、これらの文について、形容詞の「ない」や形式形容詞（補助形容詞）の「ない」を本来の「ある＋ない（助動詞）」に戻して考えることによって、文中のかかり・受けなどの本来の構造が明確になり、内容もとりやすくなることを指摘したものである。

⑰ 古典語には、文中で用いて疑問文を作るいわゆる疑問の係助詞としてヤとカがあるが、この両者は本質的に何が違うのかということが、しばしば問題となる。**第十七「万葉集の文中のヤについて」**は、万葉集に絞って、文中のヤについて考察し、その付加した部分を強調しつつ、叙述全体を疑う意味を与える働きをもつものと推定されることを論じたものである。なお、この論文は、筆者の最初期の論文の一つであるが、残念ながら、その後、この方面での議論を深め、広げる機会をもてないまま終わっている。

第一部

第一　「のだ」の文のとらえ方

一

比較的よく用いられるにもかかわらず、理解が行き届いているとは言いにくい、いわゆる「のだ」の文について、私見を述べてみようと思う。

二

問題となる「のだ」の「の」は、元々

私のは……………………(a)

(あの)赤いのは　…………(b)

雨が降っているのは………(c)

などのように用いられる、いわゆる形式名詞（又は準体助詞）の「の」のうち、(c)の類の「の」であることは明らかである。形式名詞（又は準体助詞）の「の」は、上接する一連の語句をまとめて、全体で一つの体言に相当する語句を作る語であるとされている。ところが、(c)の類の「の」の場合、特に、「〜の＋だ」の形において、どこからが体言相当語句と言えるのか、あいまいになる傾向があることは否定できない。

雨（が／の）降っているのは

雨（が／の）降っているのを

雨（が／×の）降っているのだ。

のように、「〜の＋だ」の場合に限って、「の」の上で、連体語句中で普通に見られる、主格の「が」と「の」の交替が行われにくくなっている事実なども指摘されている[1]。そこで、現在では、「のだ」の「の」は、本来の性質を相当程度失っているものと考えられ、「のだ」全体で一語の複合辞（助動詞のようなもの）として扱われることも少なくない。

しかし、一方で、「のだ」の「の」が本来の性質を完全に失っていると見るのも正しいとは言えないようである。筆者には、実は、この「の」に残された形式名詞性を見据えていくことが、「のだ」の文を理解する上で、重要であるように思われる。

三

「のだ」の「の」をあくまでも形式名詞（又は準体助詞）の「の」と考えるということは、「のだ」の文を、「の」

によってまとめられた体言相当語句「〜の」に「だ」の付いた形を述語としてもつ文と考えるということである。こう考えることの妥当性を最もよく示していると思われるのは、次のような例の場合である。

1 今日来たのは、少し君に用事があって来たんだがね。（夏目漱石「吾輩は猫である」）

2 この女が私のからだに香油を注いだのは、私の葬いの備えをしてくれたのだ。（太宰治「駆け込み訴え」）

これらの文は、やはり(c)の「の」によってまとめられた体言相当語句「〜の」を題目としてもち、全体として「〜の＋は　〜の＋だ」という形をとっているが、これは、同一関係や区分けを表す(2)「AはBだ」という構造の文にほかならない。ちなみに、例**1**は、「今日来た」ことについて、それは即ち「少し君に用事があって来た」ということであるということを表している。また、例**2**は、「この女が私のからだに香油を注いだ」ことについて、それは「私の葬いの備えをしてくれた」ということであるということを表している。この種の文を仮にⅠ型の「のだ」の文と呼んでおく。

Ⅰ型の文は、使用頻度が必ずしも高くないこともあって、その存在が一般に見落とされがちである。実例を掲げておく。

3 瀬川君の言わないのは、何も隠す積りで言わないのじゃ無い、性分で言えないのだ。（島崎藤村「破戒」）

4 そういう向うでも、康吉の方をジッと見たりしていくのは、彼を外来の患者とまちがっているのかもしれなかった。（舟橋聖一「悉皆屋康吉」）

5 にかわを溶いて絵具に入れるのは、夏、汗の手で持っても色が落ちぬようにするのだと教えてくれた。（大佛次郎「風船」）

6 無数のカンテラがうごめいているのは、人間のむれがカンテラで、何かを照らしているのである。（阿部昭「鵠沼海岸」)

7 そんなことをいうのは、まだ神経が疲れているのじゃないか。(三浦綾子「氷点」)

I型の「〜のだ」という述語に対応する題目は、「もの」ではなく、「こと」を取り上げたものであると考えられるが、その中では「〜の＋は」が最も自然な形であろう。ただし、「〜こと＋は」などの形をとる場合があってもおかしくない。例、

8 いくら?と訊かれたことは道子との一夜の値段を聞かれたのだと彼女は気がつくと、腰のあたりがじいんとしびれて来た。(林芙美子「骨」)

9 剣友会とパチンコのラッキーの店に顔を出したということは、彼は彼なりに、又仕事を始めようという気になっているのだろう。(曾野綾子「二十一歳の父」)

また、

10 さっきの水音は誰かが川へとびこんだのであろう。(山本周五郎「青べか物語」)

11 あたしの強情は、あなたに甘えているのよ。(「悉皆屋康吉」)

なども、題目をそれぞれ「さっき水音がしたの」「あたしが強情なの」の簡略形と考えれば、I型の文に準じるものとみなすことができる。

I型の題目を主格語に戻した「〜の＋が　〜の＋だ」という形もやはりI型の文と見ておいてよかろう。例、

12 君の様に云うとつまり図太いのが悟ったのだね。(「吾輩は猫である」)

なお、外見上「〜の＋は　〜の＋だ」の形をとっていても、I型の例と言えないものがあるので、注意を要する。このことについては、六で改めて触れる。

四

次のような「のだ」の文が存在する。

13　自分はただ彼の顔色が少し蒼くなったのを見て、是は必竟彼が自分の強い言語に叩かれたのだと判断した。（夏目漱石「行人」）

14　「紋ちゃん、ちょっと、外に出よ」と修平は意味ありげにいって、ちょこちょこと市電通りを知恵光院の方へ歩いた。それは、いつもの喫茶店へゆくのだと紋にもわかったので、息切らしてついていった。（水上勉「西陣の女」）

これらの文は、指示語を題目にもち、全体として「指示語＋は　～の＋だ」という形をとっているが、やはり、同一関係などを表す「AはBだ」という構造の文の一種と言える。ただし、この場合の指示語は、「もの」ではなく、「こと」を指示するものであるから、この種の文を用いるときは、状況の中に、その指示語で直接指示される「こと」が存在するのが普通である。ちなみに、例**13**は、状況の中の「彼の顔色が少し蒼くなった」ことについて、それは「彼が自分の強い言語に叩かれた」ということであるということを表していると考えられる。また、例**14**は、状況の中の「『紋ちゃん、ちょっと、外に出よ』と修平が意味ありげにいって、ちょこちょこと市電通りを知恵光院の方へ歩いた」ことについて、それは「いつもの喫茶店へゆく」ということであるということを表していると考えられる。この種の文を、仮に、Ⅱ型の文と呼ぶ。Ⅱ型の文も、使用頻度が高いとは言えない。

実例、

15　そうですか。じゃ、毎晩出懸けるのは、あれは何の爲に行くのだろう。[3]（二葉亭四迷「其面影」）

16 或所迄来ると、橋だの岸だのに人が立って何か川の中の物を見ながら騒いでいた。それは大きな鼠を川へなげ込んだのを見ているのだ。（志賀直哉「城の崎にて」）

17 昨夜の彼の報告ぶりは変によそよそしく冷たかったが、あれは心の中でどんなことを考えていたのだろう。（梅崎春生「日の果て」）

Ⅱ型の変則的な例としては、次のようなものが挙げられる。

18 嘘よ。あたし芝居なんか行かなくっても可いのよ。今のはただ甘ったれたのよ。（夏目漱石「明暗」）

19 以上は、越智の語るところを、綜合したのであるが、（獅子文六「てんやわんや」）

この場合の「今の」「以上」などは、厳密な意味では、指示語と言えないが、それに準じるものと見ることができよう。

Ⅱ型の題目を主格語に戻した「指示語＋が　～の＋だ」という形も、やはりⅡ型の文としておく。例、

20 堀は、わたしがつまみ出しては何か食っているのを見て、それがクワイを食っているのだということを知って、面白がって一人で見ていたものらしい。（中野重治「ふたしかな記憶」）

次の「指示語＋を　～の＋だ（と思う）」などの形も、Ⅱ型の文の一種と見ておく。

21 阿弥陀経を借りに行ったら、直ぐそれを坊さんになりたいのだと思って、何なら増上寺の管長へも紹介しようと云った、あの世間知らずの、然し柔和な和尚も死んだ。（徳田秋声「毒を飲む女」）

なお、Ⅰ型の場合と同様、外見上「指示語＋は　～の＋だ」の形をとっていても、Ⅱ型の例とは言えないものもあるので、注意を要する。このことについても、六で触れる。

五

「のだ」の文の中に、次の例のように、「〜の＋だ」という述語に対応する題目（又は主格語）が言語上見られないタイプの文が存在する。

22　ハ、、、大分怒ったね。何か癪に障る事でも有るのかい。（「吾輩は猫である」）

23　掌で口をぬぐうと、血がついた。唇が切れたのである。（遠藤周作「どっこいショ」）

「体言＋だ」という述語に対しては題目（又は主格語）が存在するのが普通だとすれば、この種の文では、本来存在するはずの題目（又は主格語）が言語上省略されているものと見るのが妥当であろう。例**22**について考えてみるに、「大分怒ったのは」というような題目が省略されていて、そのことについて、それは「何か癪に障る事でも有る」ということである（か）ということを表していると考えられる。例**23**では、「掌で口をぬぐうと、血がついたのは」というような題目が省略されていて、そのことについて、それは「唇が切れた」ということであるということを表していると考えられる。この種の文を、仮に、Ⅲ型の「のだ」の文と呼ぶ。

Ⅲ型の文において題目が省略されるのは、状況によって、言語表現化されるまでもなく明らかだからである。

六

「のだ」の文の中に、次の例のように、「〜の＋だ」という述語全体と対応して同一関係などを表す「AはBだ」の構造を成さない題目を備えた文が存在する。

24 女はホッと安心したように顔の筋肉を弛めた。僕は女の言葉で、女がジロジロ胡散臭そうに僕を見ていた意味が判った。女は、僕が精神病科に入院している患者と思い違いしていたのだ。（上林暁「聖ヨハネ病院にて」）

25 芳子の父親にそう言われて二階に善作がのぼると、既に部屋にひきあげた大野が向うをむいて、坐っていた。その背中が震えている。大野は泣いているのだった。（「どっこいショ」）

この種の文を、仮にⅣ型の「のだ」の文と呼ぶ。

Ⅳ型の文における題目は、本来「だ」の上の体言相当語句「〜の」の内に収まるべき連用語が題目として取り上げられたものと考えられる。Ⅳ型の現に備えている題目は、「〜の＋だ」という述語に対しては、いわば二次的な題目であり、「こと」を取り上げて、「〜の＋だ」と対応して「AはBだ」の構造を成すはずの真の題目が別に存在すると考えられる。ちなみに、例**24**では、「女がジロジロ胡散臭そうに僕を見ていたのは」、例**25**では、「その背中が震えているのは」といったようなことが真の題目として想定できよう。Ⅳ型の文で真の題目が省略されているのは、Ⅲ型の文の場合と同様、状況によって明らかで、言語表現化するまでもないと感じられるからであろう。

右のように考えることは、やや変則的なものではあるが、次に見るように、「〜の＋は　二次的題目＋は　〜の＋だ」「指示語＋は　二次的題目＋は　〜の＋だ」の形の例が見られることからも、無稽なこととは言えないであろう。

26 縁側に座布団が一つあって人影も見えず、障子も立て切ってあるのは御師匠さんは湯にでも行ったのか知らん。（「吾輩は猫である」）

27 これだけの話で、二時間もかかった。それがほんの短い時間としか思われなかったのは、よほど典山は名人だったのであろう。（宇野信夫「ことば読本」）

28　その上あたりは墓の中のようにしんと静まり返って、たまに聞こえるものと云っては、唯罪人がつく微な嘆声ばかりでございます。これはここへ落ちて来る程の人間は、もうさまざまな地獄の責苦に疲れはてて、泣声を出す力もなくなっているのでございましょう。（芥川龍之介「蜘蛛の糸」）

Ⅳ型の文のいわゆる二次的題目がたまたま「〜の＋は」「指示語＋は」の形をとるときは、外見上Ⅰ型ないしはⅡ型と見誤りやすいので注意を要する。例えば、

29　私は口惜しかった。（中略）笑われるのはいつもこっちなんだ。（山本周五郎「女は同じ物語」）

30　何もこっちから電話をすることはない。電話をすべきなのは、向うなのだ。（柴田翔「立ち尽くす明日」）

31　そんな時朝鮮の鈴は、喬の心を顫《ふる》わせて鳴った。（中略）それは身体を流れめぐって、病気に汚れた彼の血を洗い清めてくれるのだ。（梶井基次郎「檸檬」）

などの文の「題目＋は」は、述語の「〜の＋だ」と協同して、同一関係などを表す「AはBだ」の構造を成すものとは言えない（「Aは」に相当するものとは言えない）。これらの題目も、本来、「〜の＋だ」の「〜」の中の述語にかかる主格語が、二次的に題目化されたものと考えられる。やはり、「〜の＋だ」全体に対応する題目を別に想定すべきであろう。

七

「のだ」は、文末に用いられるだけでなく、「ので（あって）」「のだから」「のだが」「のだけれど」「のなら」「の

だったら」のような形で、文中の大きな区切れ目でも用いられる。その場合も、Ⅰ～Ⅳ型が存在し、当然「のだ」の文の性格は保持されているものと考えられる。ここでは、「のだから」について各型の用例を掲げるにとどめる。

32〈Ⅰ型〉吾輩が笑うのは鼻の孔を三角にして咽喉仏を振動させて笑うのだから人間にはわからぬ筈である。（「吾輩は猫である」）

33〈Ⅱ型〉何しろどちらを見ても、まっ暗で、たまにそのくら暗からぼんやり浮き上っているものがあると思いますと、それは恐しい針の山が光るのでございますから、その心細さと云ったらございません。（「蜘蛛の糸」）

34〈Ⅲ型〉車を下りる妻の剣幕は非常なものであった。（中略）余ッぽどのぼせているのだろうから、荒立てはよくないと思って、僕はおだやかに二階へつれてあがった。（岩野泡鳴「耽溺」）

35〈Ⅳ型〉彼の依頼されたのは中折の男が小川町で降りるから二時間内の行動に限られるのだから、もう是で偵察の役目は済んだものとして、下宿へ帰って寝ようかとも思った。（夏目漱石「彼岸過迄」）

なお、実例を挙げることはできないが、「～のなら」「～のだったら」のⅠ、Ⅱ型は、「AはBだ」の形一般に照らしてみて、「～の＋が　～の＋なら（だったら）」「指示語＋が　～の＋なら（だったら）」の形でしか存在し得ないはずである。

八

以上によって、意味の上から見た、Ⅰ～Ⅳ型に共通する「のだ」の文の本質は、ある事態・事柄について、それが結局どういう事態・事柄と言えるかを述べるところにあると言ってよいであろう。「～の＋だ」が、しばしば「要するに」「一言で言って」などの語句を冠することがあるのは、そのことと無関係ではないと思われる。「のだ」の文については、文末の種々の意味あいが問題とされることがある。しかし、それらは結果として生じたものであって、それらの現象的な意味あいを後追いするだけでは、「のだ」の文の本質を見失うことになるであろう。例えば、

36　松子がピアノをやめたのは、熱心にしていたが中途半端でピアノに頼れなくなったのだろうと、扶美子は想像した。（芹沢光治郎「女にうまれて」）

37　彼女は兄が自分の手前を憚かって、不断の甘い所を押し隠すために、わざと嫂に対して無頓着を粧うのだと解釈した。（「明暗」）

38　伊兵衛は吃驚した。そして、それが一人の若者を五人がとり巻いているのだとわかると、（後略）（山本周五郎「雨あがる」）

39　「いえ正直よ、お秀さんの方が」誰よりお秀さんが正直なのか、夫人は説明しなかった。（「明暗」）

などの「のだ」の意味あいは様々に異なるが、結局は、文末の問題ではなく、文全体で、あることが実はこういうことであると「想像」したり、「解釈」したり、「わかっ」たり、「説明」したりしているわけである。

ただし、特にⅢ、Ⅳ型の「のだ」の文が、文末で特殊な意味あいを帯びることがある。「命令／勧め／忠告」「決

意」などの意味あいがよく取り上げられているが、他に、「禁止」「後悔」「感嘆」なども考えられる。これらは、それぞれ「するのだぞ／するのだよ／するのだな」（命令／勧め／忠告）、「するのではないぞ／しなくてもいいのだ／することはないのだ」（禁止）、「するのだった／すればよかったのだ／するのではなかった／（〜なら）するのだが」（後悔）、「何と〜のだ」（感嘆）などのような特定の言い方と結びついている場合が多いようだ。例、

40〈命令／勧め／忠告〉「兄が一人いるわ、調布というところでお百姓をしているの」「そこへ帰るんだな」（山本周五郎「おさん」）

41〈決意〉すると兄さんは突然立ち上って尻を端折ります。是から山の中を歩くのだと云います。（「行人」）

42〈禁止〉みんなそこにじっとしていろ。動くんじゃねえぞ。（山本周五郎「あすなろ」）

43〈後悔〉あゝ、今私に少し金があったらなあ、何処かの学校の寄宿舎へ貴女を入れて了うのだが、（「其面影」）

44〈感嘆〉おお、お顔が変わって来ましたね。何て静かなお顔になったのでしょう。（広津和郎「春の落葉」）

これらの特殊な意味あいを帯びた「のだ」の文も、本質的に他の「のだ」の文と異なるものではなく、両者のつながりをたどることはそれほど困難ではないであろう。例えば、例**40**では、「（この状況の中で）兄が一人調布で百姓をしている」という事態は、結局「（お前が）そこへ帰る」（べき）事態だと言っていると考えられるし、例**43**では、現前している事態は、条件さえ許せば「何処かの学校の寄宿舎へ貴女を入れて了う」（べき）事態だ（が…）と言っていると考えられる。

九

Ⅲ、Ⅳ型の「のだ」の文では、題目が、言語表現化されず、現実の場面や文脈などの状況の中に隠された形となっている。状況の中のどういう「こと」が題目的に取り上げられているかは、「のだ」の文そのものから、いわば逆算して、容易に察しられるのが普通であるが、時に分かりにくくなったり、あいまいになったりすることがある。そのさまを、芥川龍之介の「鼻」の「のだ」の文の全用例を例として、見てみることとする。

45　禅智内供の鼻と云えば、池の尾で知らない者はない。長さは五六寸あって上唇の上から顋《あご》の下まで下っている。形は元も先も同じように太い。云わば細長い腸詰めのような物が、ぶらりと顔のまん中からぶら下っているのである。

46　内供が鼻を持てあました理由は二つある。――一つは実際的に、鼻の長いのが不便だったからである。（中略）けれどもこれは内供にとって、決して鼻を苦に病んだ重な理由ではない。内供は実にこの鼻によって傷けられる自尊心の爲に苦しんだのである。

47　池の尾の町の者は、こう云う鼻をしている禅智内供の爲に、内供の俗でない事を仕合せだと云った。あの鼻では誰も妻になる女はあるまいと思ったからである。中には又、あの鼻だから出家したのだろうと批評する者さえあった。

48　しかし内供は、自分が僧である爲に、幾分でもこの鼻に煩される事が少なくなったとは思っていない。内供の自尊心は、妻帯と云うような結果的な事実に左右される爲には、余りにデリケイトに出来ていたのである。

49 第一に内供の考えたのは、この長い鼻を実際以上に短く見せる方法である。（中略）しかし自分でも満足する程、鼻が短く見えた事は、是までに唯の一度もない。時とすると、苦心すればする程、却て長く見えるような気さえした。内供は、こう云う時には、鏡を筥《はこ》へしまいながら、今更のようにため息をついて、不承不承に又元の経机へ、観音経をよみに帰るのである。

50 所が或年の秋、内供の用を兼ねて、京へ上った弟子の僧が、知己《しるべ》の医者から長い鼻を短くする法を教わって来た。その医者と云うのは、もと震旦から渡って来た男で、当時は長楽寺の供僧になっていたのである。

51 内供は、いつものように、鼻などは気にかけないと云う風をして、わざとその法もすぐにやって見ようとは云わずにいた。そうして一方では、気軽な口調で、食事の度毎に、弟子の手数をかけるのが、心苦しいと云うような事を云った。内心では勿論弟子の僧が、自分を説伏せてこの法を試みさせるのを待っていたのである。

52 弟子の僧にも、内供のこの策略がわからない筈はない。しかしそれに対する反感よりは、内供のそう云う策略をとる心もちの方が、より強くこの弟子の僧の同情を動かしたのであろう。弟子の僧は、内供の予期通り、口を極めて、この法を試みる事を勧め出した。

53 しかしじかにこの提《ひさげ》へ鼻を入れるとなると、湯気に吹かれて顔を火傷《やけど》する惧《おそれ》がある。そこで折敷《おしき》へ穴をあけて、それを提の蓋にして、その穴から鼻を湯の中へ入れる事にした。鼻だけはこの熱い湯の中へ浸しても、少しも熱くないのである。

54 弟子の僧は、内供が折敷の穴から鼻をぬくと、そのまだ湯気の立っている鼻を、両足に力を入れながら、踏みはじめた。内供は横になって、鼻を床板の上へのばしながら、弟子の僧の足が上下に動くのを眼の前に見ているのである。

55　そこで、上眼を使って、弟子の僧の足に皹《あかぎれ》のきれているのを眺めながら、腹を立てたような声で、
——痛うはないて。

と答えた。実際は鼻はむず痒い所を踏まれるので、痛いよりも却て気もちいい位だったのである。

56　内供は、信用しない医者の手術をうける患者のような顔をして、不承不承に弟子の僧が、鼻の毛穴から鑷《けぬ》子《き》で脂をとるのを眺めていた。脂は、鳥の羽の茎のような形をして、四分ばかりの長さにぬけるのである。

57　鼻は——あの顋の下まで下っていた鼻は、殆嘘のように萎縮して、今は僅に上唇の上で意気地なく残喘を保っている。（中略）こうなれば、もう誰も哂《わら》うものはないのにちがいない。

58　内供は始、之を自分の顔がわりしたせいだと解釈した。しかしどうもこの解釈だけでは十分に説明がつかないようである。勿論、中童子や下法師が哂う原因は、そこにあるのにちがいない。

59　——前にはあのようにつけつけとは哂わなんだて。
内供は、誦《ず》しかけた経文をやめて、禿げ頭を傾けながら、時々こう呟く事があった。愛すべき内供は、そう云う時になると、必ずぼんやり、傍にかけた普賢の画像を眺めながら、鼻の長かった四五日前の事を憶い出して、（中略）ふさぎこんでしまうのである。

60　殊に内供を忿《おこ》らせたのは、例の悪戯な中童子である。或日、けたたましく犬の吠える声がするので、内供が何気なく外へ出て見ると、中童子は、二尺ばかりの木の片《きれ》をふりまわして、毛の長い、痩せた尨犬《むくいぬ》を逐いまわしている。それも唯、逐いまわしているのではない。「鼻を打たれまい。それ、鼻を打たれまい」と囃しながら、逐いまわしているのである。

61　内供は、中童子の手からその木の片をひったくって、したたかにその顔を打った。木の片は以前の鼻持上げの木だったのである。

62　ふと鼻が何時になく、むず痒いのに気がついた。手をあてて見ると少し水気が来たようにむくんでいる。どうやらそこだけ、熱さえもあるらしい。

——無理に短うしたで、病が起ったのかも知れぬ。

あくまでも見かけ上の分類にすぎないが、例**45**、**47**、**52**、**57**、**60**、**62**がⅢ型の例、それ以外はⅣ型の例と見ておく。このうち例**45**、**46**、**48**、**51**、**52**、**54**、**55**、**60**、**62**は比較的分かりやすい用例と言える。

まず、例**45**では、「（鼻の）長さが五六寸あって上唇の上から顋の下まで下がっている」こと、また、「（鼻の）形が元も先も同じように太い」ということが題目的に取り上げられていると見られる。そして、そのことは、分かりやすく言えば、「細長い腸詰めのような物が、ぶらりと顔のまん中からぶら下がっている」ということであると述べている。

例**46**では、「鼻の長いのが不便だということが内供にとって決して鼻を苦に病んだ主な理由ではない」ということが題目的に取り上げられていると見られる。そして、そのことは、分かりやすく言えば、「内供がこの鼻によって傷つけられる自尊心のために苦しんだ」ということであると述べている。

例**48**では、「内供が僧であるために幾分でもこの鼻に煩されることが少なくなったとは思っていない」ということについて、そのことは、「内供の自尊心が妻帯というような結果的な事実に左右されるためには余りにデリケイトにできていた」ということであると述べている。

例**51**では、「内供が、鼻などは気にかけない風をしている一方、気軽な口調で、食事のたびごとに、弟子の手数をかけるのが心苦しいというようなことを言った」ということについて、それは、言い換えれば、「(内供が)内心では弟子の僧が自分を説き伏せてこの法を試みさせるのを待っていた」ということであると述べている。

例**52**では、「弟子の僧が口を極めて、この法を試みることを勧め出した」ことについて、そのことは、「内供の策略に対する反感より、内供のそういう策略をとる心もちの方がより強くこの弟子の僧の同情を動かした」ということだろうと述べている。この場合は、「のだ」の文がやや挿入句的に用いられているために、題目的に取り上げられる事柄が後行文の中に現れている。

例**54**では、「弟子の僧が内供の鼻を両足で踏みはじめた」ということについて、それは、別の視点から言えば、「内供が横になって、鼻を床板の上へのばしながら弟子の僧の足が上下に動くのを目の前に見ている」ということであると述べている。

例**55**では、「(内供が)『痛うはないて』と答えた」ことについて、そのことは、「鼻がむず痒いところを踏まれるので痛いよりもかえって気持ちいいくらいだった」ということであると述べている。

例**60**では、「中童子が木の片《きれ》を振り回して犬を追い回している」ことについて、そのことは、更に詳しく言えば、「ただ追い回している」ということではなく、「『鼻を打たれまい』と囃しながら、追い回している」ということであると述べている。

例**62**では、「鼻がいつになくむず痒い」こと、「(鼻が)少し水気が来たようにむくんでいる」こと、「そこだけ熱さえもあるらしい」ことについて、そのことは、「(鼻を)無理に短くしたので(そこに)病が起こった」ということではないかと推測している。

例**50**、**53**、**56**、**61**も以上の例と同様であるが、暗に取り上げる題目に対する解説の付け方がやや変則的になっている。

例**50**では、「上京した内供の弟子の僧が知己の医者から長い鼻を短くする法を教わって来た」ということに関連して、その医者がそのような珍しい療法を教えてくれたということを題目的に取り上げ、そのことは、「その医者が、今は長楽寺の供僧になっているが、もと震旦から渡って来た男で、そいうことに詳しい男である」ということであると説明していると見られる。

例**53**では、先行文の中で「(顔をやけどしないようにして)鼻を湯の中へ入れることにした」と筆者が述べたことについて、そのことは、「鼻だけはこの熱い湯の中へ侵しても少しも熱くない」ということであると補足説明的に述べていると見られる。

例**56**では、先行文の中で「鑷子で脂をとる」と筆者が述べたことについて、そのことは、「脂が鳥の羽の茎のような形をして四分ばかりの長さにぬける」ということであると補足説明的に述べていると見られる。

例**61**では、先行文の中で「中童子の手から木の片をひったくって、したたかにその顔を打った」と筆者が述べたことについて、そのことは、「木の片は以前の鼻持ち上げの木で、内供はそこに中童子の意図的なものを見て、腹を立てた」ということであると補足説明的に述べていると見られる。

残るもののうち、まず、例**57**、**58**は、共に単に「に違いない」とすべきところを作者が誤って「の」を挿入してしまったものである可能性が強い。ちなみに、「のだ」に由来する「のに違いない」の場合、「のであるに違いない」と言い換えても意味が変わらないのが普通であるが、例**57**、**58**では、そう言い換えると全く落ち着かない文になってしまう。

例**47**は、「内供が出家して、現に僧侶になっている」ことについて、そのことは、実は「あの鼻だから出家した」

ということだろうと、うがった新しい解釈を施しているものと見られる。この場合は、これまでの例と違って、直前にあった出来事とか、先行文に具体的に触れられていることなどが題目的に取り上げられているのではなく、既に当事者間に自明となっている事柄が突然暗黙のうちに取り上げられているといった趣きがある。そのために、あたかも題目が存在しないかのような観を呈している。

例**49**、**59**も微妙な例である。共に「～のが常である」としてもよいところで、元々適切な使われ方をした「のだ」の文でないようにも考えられる。ただ、例えば「～、観音経をよみに帰った」「～、ふさぎこんでしまった」のような、「のだ」の文でない、普通の形の文を用いた場合と比較してみると、作者が事の一部始終を既定の事実として身をもって（言語表現化されない形で）知っていて、そういうときには、いつも同じ結末になるのだが、その結末とは、改めて言葉で言えばこういうことですよと読者に話して聞かせているニュアンスが感じられないでもない。

以上、便宜、「鼻」に現れた例について見てきたが、Ⅲ、Ⅳ型の文における題目の取り上げ方には、まだほかにも微妙な例が多くあるであろう。どのようなものがあり得るか、更に検討してみる必要がある。

十

以上、「のだ」の文について、文構造、意味の両面から見てきた。

「のだ」の文は、本来、形式名詞（又は準体助詞）の「の」のうち、筆者のいう(c)の「の」によって体言的にまとめられた語句「～の」に助動詞の「だ」の付いた形を述語としてもつ文で、ある事態、事柄について、それがどういう事態、事柄と言えるかの判断を述べた文であると考えられる。ただ、「のだ」の文は、題目の現れ方によって、Ⅰ〜Ⅳの四つの型に分けられるが、そのうち、Ⅲ、Ⅳ型の文においては、本来の題目が状況に依存して、目に見えるような形で言語表現化されないために、しばしば題目そのものが分かりにくくなり、それに伴って、文全体の構造、また、文全体の意味があいまいになるということも起こりがちである。用いられる数からいって、Ⅰ、Ⅱ型の文より、Ⅲ、Ⅳ型の文の方が圧倒的に多いということも、事態を微妙なものにしている。

結局、「のだ」の文については、本来の性格を明らかに保持しているものから、それをあいまいにしか保持していないものまで、様々な段階のものが入り交じって存在しているというのが実情と言えるであろう。我々としては、「のだ」の文の本質を見失うことのないよう、いわば遠近法をもって様々の「のだ」の文をとらえていく必要がありそうだ。

一方、現在でも、気分に任せて性格不明の「のだ」の文を乱発した文章は、どことなく乱雑な感じがする。自分で文章を書く場合には、「のだ」の文の使い方にそれなりの注意を払うことも忘れてはならないと思われる。

〈注〉

（1）三上章（一九五三）『現代語法序説』（刀江書院、くろしお出版復刊）参照。

（2）大出晃（一九六五）『日本語と論理』（講談社）一五〇ページ参照。

（3）この例は、Ⅰ型とⅡ型が合わさったような形の文となっている。

（用例はすべて「現代仮名遣い」によった。）

補注　例**49**、**59**の両者を改めて眺めてみると、例**49**は、「(事態Aとなる)。こういう時には、~のである」、例**59**は、「(事態Bとなる)。そういう時になると、必ず~のである」と、似た形をとっていることが分かる。内供の場合、事態Aとなるということ、事態Bとなるということは、とりもなおさず、それぞれある決まった行動をとるということであると言っているように見える。すべてお見通しの作者は、その一部始終を、「のだ」の文の構造を利用して表したとは言えまいか。一般の読者には、やや押し付けがましい表現と映ったとしても。

第二「はず」をめぐって（その1）
―「はずだ」の文―

一　はじめに

しばしば議論の対象となる「はずだ」「はずではない」「はずがない」のそれぞれの表現の本質と相互の関係について、現在考えていることを、以下三つの稿に分けてまとめてみる。

この場合の「はず」は、本来形式名詞であることは明らかであるが、現代では、名詞性が希薄になったとして、「はずだ」「はずではない」「はずがない」をそれぞれ全体として一つの助動詞に準ずるものとして扱うことが定着しつつある。確かに、文中で「はず」に上接する語句の中にいわゆるガノ可変の現象が余り見られなくなった(1)こと、「Xは、～はずだ」のような整った形式名詞述語文がほとんど見られなくなった(2)ことなどからも分かるように、「はず」の名詞性の希薄化は覆うべくもない。しかし、一方、現在でも、「はず」の名詞性は百パーセント消滅したわけではなく、「はず」の名詞性にこだわることによって見えてくることも多い。というよりも、残存する、「はず」の名詞性に注目することによって初めて「はずだ」「はずではない」「はずがない」のそれぞれの、本来の、表現の性質と相互の関係を把握することができるのではないかと思われる。「はず」をあくまでも形式名詞と考えるとすると、「はずだ」「はずではない」「はずがない」の問題は、助動詞の問題ではなく、それらを末尾にもつ文の問題であるということになる。以下は、そのような観点からの考察である。順序として、最初のこの稿では、「はずだ」の文について考える。

なお、資料としては、ＣＤ－ＲＯＭ版『新潮文庫　明治の文豪』・『新潮文庫　大正の文豪』・『新潮文庫の１００冊』・『新潮文庫の絶版１００冊』・ＤＶＤ－ＲＯＭ版『インターネット図書館　青空文庫』・国立国語研究所編『太陽コーパス』を用いた。例文を本文に引用するに際しては、原則として表記を現代表記に改めた。

二　「はずだ」の文の基本的な構造と意味

「はずだ」の文に関しては、筆者は、これまでに山口佳（二〇一〇）、山口佳（二〇一一）の二論文を発表しており、この二で述べる、「はずだ」の文の基本的な構造と意味に関しては、先の二論文で述べたのとほぼ同じことを繰り返すことになるが、次の三で述べる、「はずだ」の文の用法に関しては、大幅に補訂を加えていく。

「はず」を形式名詞と考えるとすると、「はずだ」の文は、基本的には、「のだ」「わけだ」「（する）道理だ」などの文と同様に、次のような一種の名詞述語文の構造をもつ文と考えることになる。

Ｘは　Ｙ（～はず）だ。

ただし、特に現代語では、「はずだ」の文は、右のような整った形で用いられることは少なく、やはり「のだ」

以下の文と同様に、次のような、Ⅰ～Ⅳの四つの文型のもとに展開し、しかも、Ⅲ～Ⅳ型がほとんどであるというのが実情である。しかし、Ⅰ～Ⅳ型の文は、型の別にかかわりなく、名詞文の構造を有する（Ⅲ、Ⅳ型は、それを内在させる）文として、本質を同じくする文であることを忘れるべきではない。

Ⅰ「X（～の）は　Y（～はず）だ。」型

Ⅱ「x（先行詞）。X（指示語を含む題目）は　Y（～はず）だ。」型

Ⅲ「x（先行詞）。《X（指示語を含む題目）は》Y（～はず）だ。」型

Ⅳ「x（先行詞）。《X（指示語を含む題目）は》Z（二次的題目）は　Y（～はず）だ。」型

このうち、Ⅰ型の題目の「X」は、「～の」「～こと」など事柄を表す名詞節であると考えられる。「x（先行詞）」は、「X（指示語を含む題目）」の指示の対象となる事柄のことで、言語的ないしは非言語的文脈の中に存在するある事態・事柄を意味するが、様々な形をとるため、何をそれと見なすか、認め方に注意が必要である。[3]《》内は、省略された項目であることを示す。「Z（二次的題目）」は、「Y（～はず）だ」に対応する本来の題目ではなく、多く「Y（～はず）」の内部から二次的に取り立てられた題目であると考えられる。以下、参考のために、文例中、Xに相当する部分には二重傍線を、Yに相当する部分には傍線を、Zに相当する部分には点線傍線を施す。

「はず」の形式名詞としての意味は、名詞「筈」の意味から転化し、抽象化したものと考えられ、やや分かりにくいが、筆者は、「（当然そうなるべき）筋道」ぐらいにとらえたらどうかと考えている。そうすると、「はずだ」の文（「Xは、Y（Qはず）だ」の文）の基本的な意味は、「既定の事態X（x）について、そのことは、とりもなおさず、当然事態Qが成立すべき筋道である」（事態X（x）が成立しているということは、理屈の筋道として、当

然事態Ｑが成立しなければならないということである）といったぐらいのことになるであろう。

「はずだ」の文の基本的な構造と意味に関連して、二つのことを確認しておきたい。

その一は、既定の事態「Ｘ（ｘ）」と、「Ｑはず」の関係は、「ＸはＹだ」という名詞述語文の「Ｘ」と「Ｙ」の関係にほかならないということである。一般に行われている、「Ｘ（ｘ）」と「Ｑ」を、推論における根拠とそれからの帰結の関係（さらに、「はずだ」を文内容に対する話し手の心的態度を表すモダリティの表現）と見るのは、文の構造を正しくとらえた解釈とは言えないと思われる。

その二は、「はずだ」の文は、（既定の事態Ｘ（ｘ）から見て）「Ｑが成立する可能性が高い」とか、「Ｑが成立するだろう」といった、あなた任せの、蓋然性の表現ではないということである。それは、かえって、（既定の事態Ｘ（ｘ）について、それは）「当然、Ｑが成立しなければならない筋道、理屈だ」といった積極的な必然性ないしは当為性の認定を含む理屈を述べたものと考えられる。この場合、客観的に見れば、Ｑという事態は百パーセント実現するとは限らないし、また、そう断定しているわけでもないが、だからといってこれを蓋然性の表現と呼ぶのは、当たらないと思われる。

Ⅰ～Ⅳ型の実例を掲げておく（以下、適宜例文に筆者のとらえた解釈を付す）。

Ⅰ型の例、

1　ほんのまぐれ当りに当たったに過ぎないにしても、山深い一軒家からこんな名器を見つけ出して、それと一緒に、後の世までも名を謳われるというのは、特別な運命に恵まれた男といって差支えないはずである。（薄田泣菫「小壺狩」）

2　土曜日の晩に三時間もかけて名古屋から京都に行くというのは、そこにしかるべき理由がある筈である。

〈福永武彦「死の島」〉

Ⅱ型の例、

3 もう大抵お揃でしょうかと校長が云うと、書記の川村と云うのが一つ二つと頭数を勘定している。一人足りない。一人不足ですがと考えていたが、これは足りない筈だ。唐茄子のうらなり君が来ていない。〈夏目漱石「坊っちゃん」〉

〈うらなり君が来ていないことについて、これは、一人足りない道理だ。一人足りないのは当然だ。〉

4 「お前さん、お客様ですよ、女の方のそれはそれは綺麗な方が」（略）朝っからの来客で、女房少しく機嫌が悪いと思った平次は、浅間《あさま》な家の玄関から顔を出して驚きました。「おや、稲田の御新造。どんなご用で、こんなに早くから」これは美しい筈です。〈野村胡堂「銭形平次捕物控十」〉

〈来客が稲田の御新造であることについて、これは、来た人が美しいという筋道だ。妻がこの上なく綺麗な人が来たと言うのも当然だ。〉

Ⅲ型の例、

5 やはり河豚にして置く外はあるまい。三人で食って一人しか中《あた》らないというのは、河豚の外にはないことだ。鍋の中に外の毒が入っていたなら、三人が三人ともやられる筈だ。〈「銭形平次捕物控四」〉

〈やはりふぐ毒のせいだろう。鍋の中に外の毒が入っていたとしたら、そのことは、当然三人ともやられなければならない筋道だから。〉

6 きみの父祖は南朝の忠臣だ、きみの血の中に祖先の血が活きてるはずだ、〈佐藤紅禄「ああ玉杯に花うけて」〉

〈君の祖先は南朝の忠臣だ。そのことは、君の血の中に祖先の血が生きている筋道だ。〉

Ⅳ型の例、

7　バレンタインに女の子からプレゼントが沢山届くって由美子さんがうれしいような困ったような顔して話していたっけ…その上家庭にはお母さんとお姉さんもいるし、外には中原の伯母さんまでいる。彼はつまり教養のある女には餓えていなかった筈だよ。（円地文子「食卓のない家」）

〈彼の身の回りに沢山の立派な女性がいることについて、そのことは、当然彼が教養のある女性に餓えていなかったという筋道だ。〉

8　彼は女を愛していない。愛を誓ってもいない。互いに自由でなくてはならないと、いつも女に言い聞かせているのだった。従って登美子は自由であり、彼以外の愛人をもつことに不都合は無い筈だった。（石川達三「青春の蹉跌」）

〈彼がいつも登美子に互いに自由でなくてはならないと言っていたことについて、そのことは、当然登美子の方も自由で、彼以外の愛人をもつことに不都合がないという筋道だ。〉

三　「はずだ」の文の用法

「はずだ」の文の用法には。どのようなものがあり、また、それはどのようにして成立したと言えるだろうか。この問題は、本来なら、「のだ」の文や「わけだ」の文の用法のあり方とも関連付けながら検討する必要があるが、ここでは、とりあえず、「はずだ」の文に絞って考える。

一般に、「はずだ」の用法と言うときは、文末の「はずだ」の部分を一つの助動詞に準ずるものと見なした上で、その、現象として現れる結果としての意味あいの種々相を問題とするのが普通であるが、筆者は、（助動詞「はずだ」ではなく）「はずだ」の文が幾つかの用法を分化させる構文論的な根拠は何か、また、それに連れて生じる意味あいはどういうものかを明らかにすることが、事の正しい順序であると考えている。その場合、先に確認した、「はずだ」の文の基本的な意味を、用法の体系の中に正しく位置づけることを忘れないようにしたい。

筆者は、先に、山口佳（二〇一〇）、山口佳（二〇一一）で、「はずだ」の文の用法について一定の考えを示したが、ここでは、一部改めて、次のような体系をなすものと考えたい。

- Ⅰ一般的（基本的）用法
  - (1)筋道用法
    - a道理
    - b予定
    - c記憶
    - d当為
- Ⅱ特殊（派生的）用法
  - (1)当然性再確認用法
    - a納得（対自）
    - b注釈（対他）
  - (2)論拠提示用法
    - a論拠1（自説一般関連）
    - b論拠2（不審関連）
    - c論拠3（事態解釈関連）

これについて見ていく。まず、全体を大きく二つに分ける。Ⅰは、一般的用法で、「はずだ」の文（「Xは、Y（Qはず）だ」の文）の基本的な意味をそのまま生かして、既定の事態X（x）が存在するということは、とりもなおさず、事態Ｑが成立する筋道であるということそのことを述べる用法、Ⅱは、特殊用法で、「はずだ」の文の基本的な意味を基にしつつ、文のどこかにプロミネンスを置くなどによって、特殊な意味あいを帯び、暗に、他の文の趣旨を補強するという補助的役割を担うに至った用法である。

Ⅰ一般的用法は、「はずだ」の文の基本的な意味をそのまま生かして言う場合（筋道用法）であるが、前後の状況に応じて、道理、理屈から言って、そうなるのが当然の筋道だ（ａ道理）とか、関係者の間の心づもりとしてそうする筋道となっている（ｂ予定）とか、その記憶があり、ほとんど間違いなくそうである（ｃ記憶）とか、この場合は、常識的な倫理観から言って、そうあるべきである（ｄ当為）[4]とかの意味合いで用いられるようである。こちらは、いずれも特にプロミネンスを用いないのが普通で、基本的な性質も共通しており、相互の境界もあいまいであるが、実用のことを考慮して、一応このように下位分類しておくのが便利であろう。それぞれの用いる場合の「前後の状況」の分析[5]は、今後の課題としておきたい。ａ～ｄについて実例を示しておく。

ａ筋道用法（道理）の例

9　もしこの一戦に敗けていたら、板垣は威信を失い、迅衝隊の内部の対立は救い難いものになっていたのではないか。それはひいては東北にあった官軍の全戦線に、少からぬ影響を及ぼしていたはずである。（安岡章太郎「流離譚」）

〈この一戦に負けていたら、そのことは、板垣が威信を失い、ひいてはそれが（道理として）東北にあった官軍の全戦線に少なからぬ影響を及ぼしていたという筋道である。〉

10　吉村は、骨格のがっちりとした、胸の厚い、見事な体をしていた。百八十五センチというから内藤より五センチは高いはずである。（沢木耕太郎「一瞬の夏」）

〈吉村が身長百八十センチとされていることについて、それは、（理屈から言って）吉村が内藤より五センチは高いという筋道だ。〉

先の例**1**、**2**、**6**、**7**、**8**は、いずれも、この例であろう。

b 筋道用法（予定）の例

11 森本は次に自分が今大連《たいれん》で電気公園の娯楽掛りを勤めている由を書いて、来年の春には活動写真買入の用向を帯《お》びて、是非とも出京する筈《はず》だから、その節は御地《おんち》で久し振に御目に懸るのを今から楽《たの》しみにして待っていると附《つ》け加えていた。（夏目漱石「彼岸過迄」）

〈今の自分の状況について、それは、自分が来年の春上京するという筋道であるから、〜。〉

12 「高分子学」は、十二月に次の号が出る筈だから、久我象吉や真田佐平は、ちょうど今頃編集のプランを立てはじめているのかも知れなかった。（伊藤整「氾濫」）

〈今の状況について、十二月に雑誌の次の号が出る筋道であるから、〜〉

c 筋道用法（記憶）の例

13 たしかこの辺の曲がり角に看板のあるのを見た筈《はず》だがと思いながら行く。（森鷗外「普請中」）

〈自分の記憶の内容について、それは、確かにこの目で見て、この辺の曲がり角に看板があるという筋道だ。〉

14 （毛馬内さんは）東大を出て、たしか一緒の年に、花村先生のところに入った筈だ……（梶山秀之「女の警察」）

〈自分の記憶の内容について、それは、確かにこの耳で聞いていて、彼がその同じ年に花村先生のところに入ったという筋道だ。〉

d 筋道用法（当為）の例

15　私は当然自分の心をＫに打ち明けるべき筈だと思いました。（夏目漱石「こころ」）
〈世の倫理の示すところは、この場合自分は自分の心をＫに打ち明けるべきであるという筋道だ。〉

16　かくもにわかに方向を転換することは、朝廷も徳川氏に対して御遠慮あるべき筈である。（島崎藤村「夜明け前」）
〈世の倫理の示すところは、朝廷もこのように急に方向を転換することを遠慮すべきであるという筋道だ。〉

Ⅱ特殊用法は、文の特定の箇所にプロミネンスを置いて言う場合で、「はずだ」の文の基本的な意味に特殊の意味あいを加えて、やや、他の文、表現に対して補助的な役割を帯びた形で文を用いる用法である。Ⅱは、その補助的な役割の内容によって、更に二つに下位分類され、そのそれぞれが更に幾つかに下位分類される。

まず、Ⅱ(1)当然性再確認用法は、既に事態Ｑが成立している状況下で、「事態Ｘは、Ｙ（Ｑ**はず**）**だ**」と、「はずだ」にプロミネンスを置いて言うことによって、この場合元々そういうことになる筋道の状況なのだということを強調すると同時に、現にＱが成立しているのは当然だと示唆する用法である。この場合、「Ｑ**はずだ**」のＱは、直接現実の事態Ｑを指すものではなく、理屈としてのＱを意味するものなので、テンスフリーで言われることが多い。また、「現に事態Ｑが成立しているのは当然だ」という趣旨の内容は直接言表されないのが普通である。

これにも二種あって、Ⅱ(1)ａ当然性再確認用法（納得）は、「はずだ」に独特の強いプロミネンスを置き、[6]既定の事態としてＱがあり、話し手自身がそれを不思議だと思っていたところ、新たに事態Ｘに接し、「事態Ｘは、Ｙ（Ｑはず）だ」という理屈が成立することに思い至って驚くと同時に、だから事態Ｑが成立していることは当然だとその当然性に納得する気持ちを表す用法である。この場合、「はずだ」を独特の強いプロミネンスで強めることにより、Ｑは「**はず**」**な**のだ、この場合初めからＱがそうなる筋道なのだ、だから、Ｑが実現しているのは当然だったと話し手が再認識し、自ら納得する気持ちを表すことになると思われる。「はずだ」の文は、（隠れて存在する）「（だから）Qが実現しているのは当然だったな」という文に対して補助的な役割を果たしていると言える。この場合、独特の強いプロミネンスは、発話者自身の新しい認識に伴う驚きを表しているものと思われる。この用法では、しばしば「道理で」「なるほど」「これでは」「それでは」などの連用語が同時に用いられる。実例を示す。

17 気が付いてみると、家内が子供を連れて親類へ行って留守なんでしょう。成程静かな**筈だ**と思いましてね。（夏目漱石「門」）

〈妻が子供を連れて出ていることは、家の中が静かであるという筋道だ。それが**筋道な**のだ。現に静かであるのは当然だったよ。〉

18 女はまだ若く美しくて、情けありげで、源氏はふと興がうごく。これでは男が捨ておかない**はずだ**と、源氏は、女から目も離さず見つめている。（田辺聖子「新源氏物語」）

〈女が若く美しくて、情けありげであることは、世の男性がこの女性を捨て置かないという筋道だ。それが**筋道な**のだ。現に男性たちが騒いでいるのは当然だったよ。〉

先の例**3**、**4**は、この例であろう。

次に、Ⅱ(1)b当然性再確認用法（注釈）は、同じく「はずだ」に並みのプロミネンスを置き、既定の事態としてQがあり、そのことの起こる必然性が分かりにくいと思われる状況下で、事情に詳しい話し手が、別に既に事態Xがあることを承知していて、「事態Xは、Y（Q**はず**）**だ**」から、元々Qであるのが当然だと、その当然性を他の人に注釈的に説明する用法である。この場合、「はず」を並みのプロミネンスで強めることにより、Qは「**は**

ち」なのだ、もともとQがそうなる筋道なのだ、だから、Qが実現するのは当然だよと他の人に説明する気持ちを表すことになると思われる。「はずだ」の文は、（隠れて存在する）「（だから）Qが実現するのは当然だよ」という文に対して補助的な役割を果たしていると言える。Ⅱ(1)aとⅡ(1)bは似ているところがあるが、Ⅱ(1)bには、話し手が事を悟ったり、納得したりする意味合いは全くない。[7] また、この用法では、「道理で」「これでは」などの連用語が同時に用いられることもない。実例を示す。

19　御米は叔母が来るたんびに、叔母さんは若いのねと、後でよく宗助に話した。すると宗助が何時でも、若い**筈だ**、あの年になるまで、子供をたった一人しか生まないんだからと説明した。（「門」）

〈叔母があの年になるまで子供を一人しか生んでいなことは、叔母が若いままだという筋道だ。それが**筋道なのだ**。現に叔母が若いのは当然なのだよ〉

20　いままでにも何回か、そういう押し問答をくり返して来た。しかし事態はすこしも進展しない。しない**はずだ**。両者の立場が根本的にくい違っている。（石川達三「人間の壁」）

〈最初から両者の立場が根本的に違っていることは、事態がいつまでたっても進展しないという筋道だ。それが**筋道なの**だ。現に事態が少しも進展しないのは当然なのだよ。〉

Ⅱ(2)論拠提示用法は、「事態Xは、Y（Qはず）だ」の文のQの内部のポイントとなる箇所（多くは述部）に並みのプロミネンスを置き、「～はずだから」の意味あいの表現にし、先行する文（本稿でいう先行詞とはまた別の文）で、話し手の表した見解（主張）に対して、後追いの形で、そう主張する論拠を提示する用法である。[8] この場合、「Qはずだ」のQの内部の問題の箇所にプロミネンスを置くことは、「こうなることが筋道として確実だ、だから」という意味あいを生むものと考えられる。従来「確認要求」の用法と言われていたものも、実はこの用法に含まれるものであった可能性がある。(9) Ⅱ(2)の内部には、次に見るように、三つぐらいの顕著なパターンがあるようである。やはり、本質は変わらないが、実用のことを考慮して、Ⅱ(2)を更にa〜cに下位分類しておく。

Ⅱ(2)a論拠提示用法（自説一般関連）は、話し手の見解一般に対する論拠提示の用法である。「論拠提示用法」全体の中から後に述べる「論拠2用法」「論拠3用法」を除いた部分を指すと言ってもよい。「はずだ」の文の前方（ごくまれに後方に）論拠提示の対象となる話し手の見解を述べる文があるのが普通であるが、小説の地の文などでは、登場人物の見解が、例**23**のように、間接的な形で表される場合もある。

21 待ってくれ。俺は与三郎が殺されたとは言ったが、**まだどこで殺されたとも言ってない**筈だ——（「銭形平次捕物控九」）

〈待ってくれ。（以上、自分の見解）自分の確かな記憶は、被害者がどこで殺されたとも言っていない筋道だ（それをあなたが知っているのはおかしい）から。〉

22 おそらくこの少年は二つ返事で承知するだろうと外山は思った。会社の技師と研修生の関係からいって、技師に誘われたら**いやもおうもない**筈《はず》だ。（新田次郎「孤高の人」）

〈会社の技師である自分の言うことを研修生である少年は二つ返事で承知するだろう。（以上、自分の見解）技師と研修生の間には特殊な関係がある。ということは、技師の誘いに研修生はいやも応もないという筋道だから。〉

23 庄九郎は、橋をさがした。枝広城をつくるとき、**仮橋を架《か》けた**はずである。（司馬遼太郎「国盗り物語」）

〈庄九郎は橋を探した（「橋があるだろう」という見解に基づいて）。この地域では以前枝広域を作っている。ということは、そのとき、仮橋を架けたという筋道だから。〉

先の例**5**は、この例であろう。

Ⅱ(2)b論拠提示用法（不審関連）は、話し手の不審の念に対する論拠提示の用法である。事態マイナスQ（Qの反対）が実現しており、話し手がこれに対して「変だ」とか「おかしい」とかいった気持ち（見解）をもった場面で、本来「事態Xは、Y（Qはず）だ（から）」と、Qの内部のポイントとなる箇所にプロミネンスを置いて、自分の不審だという気持ちの論拠を提示する用法である。「はずだ」の文の前方に、「変だ」とか「おかしい」とかいった、話し手の不審の気持ちを表す表現があるのが普通である。ただし、「変だ」とか「おかしい」とかいった気持ちは、直接そのような言葉では表されず、間接的に表されている場合もある。

24　家からはまだ誰も来てはくれぬのか？当然連絡は行っている筈だ。母親は無理としても、幾人かの肉親が、親類が**駈かけつけてこなければならぬ**筈だ。（北杜夫「楡家の人々」）

〈家からだれも来ない（マイナスQ）というのは変だ。自分が大手術をすることになり、連絡もしている、それは、家のだれかが駆けつけて来るべき（Q）筋道だから。〉

25　おい、なん年たったら鉛筆の使い方が覚えられるのだ。紙に対して、鉛筆は常に一定の傾斜角度を保っていなければならないということは、お前たちが研修生になった**その日に教えた**筈だ。（「孤高の人」）

〈いまだに鉛筆の使い方を理解しない（マイナスQ）のはおかしい。（自分の確かな記憶では）みんなが研修生になったその日に教えて（みなが当然理解して）いる（Q）筋道だから。〉

マイナスQとは、「Qはずだ」のQに対して内容的に反対の表現という意味であり、必ずしも常にマイナスQの方が否定的表現であるということではない。例**24**、**25**は、たまたま「マイナスQ―Q」が「否定的―肯定的」の例であったが、次は、「肯定的―否定的」の例である。

26 辰三郎「お蔦。お前を呼んでいる。」お蔦「あたし？そんな人はない筈だ。」（長谷川伸「一本刀土俵入り」）

〈私を呼んでいる人がいる（マイナスQ）というが、それはおかしい。（私を取り巻く状況は）私を呼ぶような人はいない（Q）という筋道だから〉

Ⅱ⑵c論拠提示用法（事態解釈関連）は、話し手の事態解釈についての論拠提示の用法である。既に事態マイナスQ（Qの反対）がある状況において、話し手が、それは事態Xであるととらえることができるのではないかという見解を述べ、それを後追いするような形で、「でなければ（事態Xでないならば）、Qはずだ」と、先の見解の論拠を提示する用法である。既にマイナスQが実現している状況下で、殊更「Q（マイナスQの反対）」を強調しつつ、「事態Xでないならば、Qはずだ」と、裏返しの仮定をして見せることは、「事態Xである」という見解の何よりの論拠提示となるであろう。

27 いいえ、隠してはいけません。あなたは道徳の高い仙人でしょう。仙人でなければ、一夜《ひとよ》の内に私を天下第一の大金持にすることは出来ない筈です。（芥川龍之介「杜子春」）
〈あなたは私を一夜のうちに大金持ちにしてくれた。（マイナスQ）これはあなたが仙人だということでしょう。でなければ、それは、あなたがそういうことをすることは出来ない（Q）という筋道だから。〉

28 どうも人生は儚いものに違いない。理窟は抜にして真実のところは儚いものらしい。もしはかないものでないならば、たとい人はどんな境遇に堕《お》ちるとも自分が今感ずるような深い深い悲哀《かなしみ》は感じない筈《はず》だ。（国木田独歩「酒中日記」）
〈私は常に言いしれぬ深い哀しみを感じている。（マイナスQ）これは人生がはかないものだということでしょう。でないとすると、そのことは、人が今自分が感じているような深い哀しみを感じることはあり得ない（Q）

という筋道だから。〉

この場合も、QとマイナスQの関係は、Ⅱ(3)bの場合と同様である。例**27**、**28**は、たまたま「肯定的―否定的」の例であったが、次のように、「否定的―肯定的」の例も当然存在する。

29　あの玄翁《げんのう》は両手で振りおろしたものじゃない。両手で使ったら、血飛沫《ちしぶき》で全身蘇芳《すおう》を浴びたようになる筈だ。（「銭形平次捕物控二」）

〈容疑者はあまり血しぶきを浴びていない。（マイナスQ）これはあの玄翁を両手で振りおろしたものではないということだろう。でなければ、全身血飛沫で真っ赤になる（Q）という筋道だから。〉

このように見てくると、それぞれの用法は、プロミネンスのあり方だけでなく、その他にもいろいろと、それなりの特徴をもっていると言うことができるであろう。

四　おわりに

以上、「はずだ」の文について、その基本的構造、意味を再確認すると同時に、その用法を、プロミネンスの働きを中心に、考察し直してみた。プロミネンスの関係する議論は客観性に問題があり、現に本稿の議論も、筆者個人の語感に基づく面が多いわけであるが、かといってプロミネンスの働きを全く無視してよいとも思われない。今後の議論のたたき台としていただければ幸いである。

〈注〉

（1）ただし、近代以降の文学資料中に用例が皆無というわけではない。実例、

・大方死んだのだろう。生きていれば何か消息《たより》のある筈である。（夏目漱石「硝子戸の中」）

・こんな事のある筈だったのをどうして又忘れていたものだろう。（有島武郎「或る女」）

（2）やはり、近代以降の文学資料中に用例が皆無というわけではない。本稿例**1**～例**4**は、その一例。

（3）山口佳（二〇一〇）に、そのやや詳しい考察がある。

（4）山口堯（二〇〇二）も、「はずだ」に「当為」の意味の用法があることを指摘している。

（5）一つの見方として、田村（一九九五）などの考察が参考になるか。

（6）プロミネンスに、並みのプロミネンスと独特の強いプロミネンスの二種類があることは、山口佳（二〇〇四）で指摘しておいた。なお、「ものか」の文では、疑問の意味の場合に並みのプロミネンスが、反語の意味の場合に独特の強いプロミネンスが、それぞれ文中の疑問語ないしは文末の「もの」の部分に置かれると見られる。

（7）髙橋（一九七五）は、本稿でいうⅡ(1)ａ、Ⅱ(1)ｂを区別することなく、全体として「さとり用法」と呼んだ。その後、一般に、やはり全体を区別しないまま「納得用法」と呼ぶことも行われているが、特にⅡ(1)ｂに属する部分に対しては、どちらも適当な名称とは言えないであろう。なお、「納得用法」「注釈用法」に相当する用法は、「わけだ」の文、「（する）道理だ」の文にも存在することは、山口佳（二〇一一）でも触れた。

（8）原田・小谷（一九九四）は、「～はずだ」は、多様な言外の意味を表す性質をもつと主張している。例えば、

・子供：ぼく、遊びに行って来る。

　母親：あした、テストがあるはずよ。（だから遊びに行く時間はないでしょう）

・新さんあたしはまじめに聞いてちょうだいって云った筈よ。（どうしてまじめに聞いてくれないのか。おかしい）

では、それぞれカッコ内の内容が言外に表されているという。優れた指摘であるが、すべての「はずだ」の文が言外の意味をもっているとは思われないし、なぜ「言外の意味」をもつようになるのかあいまいである。「はずだ」

の文でも、特に本稿のいうⅡ(2)の場合に、言外の意味というものを表すと見ようとすれば見える場合があるということではないだろうか。

（9）本稿の例**21**、例**25**などは、その例と言えるのではないか。

参考文献

髙橋太郎（一九七五）「ことばの相談室『はずがない』と『はずじゃない』」『言語生活』289号

寺村秀夫（一九八四）『日本語のシンタクスと意味Ⅱ』くろしお出版

原田登美・小谷博泰（一九九四）「「はず」の現代と近世」『甲南国文』41

田村直子（一九九五）「ハズダの意味と用法」『日本語と日本文学』21

岡部嘉幸（一九九八）「ハズダの用法について」『東京大学国語研究室創設百周年記念国語研究集』汲古書院

山口堯二（二〇〇二）「「はずだ」の成立」『国語と国文学』七九・一一

山口佳也（二〇〇四）「「ものか」の反語文について」『十文字学園女子大学短期大学部研究紀要』35

山口佳也（二〇一〇）「「はずだ」の文の構造と意味」『十文字国文』16

山口佳也（二〇一一）「納得用法に続く第三の用法について―「はずだ」の文を中心に」『十文字国文』17

第三　「はず」をめぐって（その2）

――「はずではない」の文――

一　はじめに

前稿では、「はず」を形式名詞と見る立場から、「はずだ」の文の基本的構造、意味、用法について検討した。本稿では、続いて、「はずではない」の文について考える。

なお、「は」を除いた「〜はずでない」の形の文も、差し支えない限り、用例として用いる。ただし、「〜はずではないか」の形の文は、むしろ事実上「はずだ」の文に近い意味を表す場合が多いので、原則として、扱わないこととする。

二　「はずではない」の文の基本的構造と意味

前稿では、「はず」を形式名詞と考え、(1)「はずだ」の文を、

Xは、Y（～はず）だ。

という構造を内在させた一種の名詞述語文と見たわけであるが、これに準じて考えるならば、「はずではない」の文は、

Xは、Y（～はず）ではない。

という否定形の述語をもつ一種の名詞述語文と見るのが自然であろう。

そして、「はずではない」の文も、やはり、「はずだ」の文や、「のだ」の文、「わけだ」の文などと同様に、次のような、Ⅰ～Ⅳの四つの文型のもとに展開し、しかも、用いられるのはほとんどⅢ～Ⅳ型に限られるというのが実情であると考えられる。

Ⅰ「X（～の）は　Y（～はず）ではない」型

Ⅱ「x（先行詞）。X（指示詞を含む題目）は　Y（～はず）ではない」型

Ⅲ「x（先行詞）。《X（指示詞を含む題目）は》Y（～はず）ではない」型

Ⅳ「x（先行詞）。《X（指示詞を含む題目）は》Z（二次的題目）は　Y（～はず）ではない」型

なお、この場合の「x（先行詞）」、「X（指示詞を含む題目）」、「《　》」、「Z（二次的題目）」などについての説明は、前稿のものと同じであるので、ここでは繰り返さない。また、本稿中の文例には、前稿に準じて傍線類を施すこととする。

結局、「はずだ」の文と「はずではない」の文の関係は、基本的には、同じ形式名詞文の、肯定形の述語をもつ文と否定形の述語をもつ文の関係に帰することになる。(2)

ただ、「はずではない」の文にもAB二種があるようである。

Aは、まだ起こっていない事態Qについて、「Qはずではない」と言う場合で、（既定の事態Xがあるということは、）Qが実現する筋道ではない、そういうことが起こることは難しいだろうという意味を表す。例えば、

1　『あいつがやって来るだらうか？』『来ないでどうするんだ？』『でも、金がでけんで逃げたら――？』『お前じやアあるまいし、ね、そんな卑怯《ひけふ》な男でもなからうよ。』（略）金はできないかもしれぬが、それに対する報告をまで避けることは、以前の恩義《おんぎ》若しくは関係から云つても、まさかあるべき筈でないと思はれた。（岩野泡鳴「泡鳴五部作　付録　お鳥の苦み」）

〈彼が金ができないまま黙って逃げてしまうのではないかと皆が心配している。しかし、彼は以前こちらから恩義を受けた身である。そういうことが起こる筋道かといえば、まさかそうではないだろう。〉

のごとくである。後に掲げる例のうち、例**6**、**15**、**19**はこの種の例と見られる。なお、このAの場合、「はずではない」の部分は、ほぼ「はずがない」と交換可能のようである。

Bは、現に事態Q（又は、Qそのものではなく、Qに連動するかに見える事態）が生じている状況下で、「Qはずではない（なかった）」と言う場合で、（既定の事態Xがあるということは、）Qが実現する筋道である（あった）かといえば、そうではない、という意味を表す。この文は、当然、それなのに、現にQ（又は、Qに連動するかに見える事態）が起こっている、これは想定外だ（意外だ、不審だ…）といった含みの意味をもも表すことになるものと思われる。例えば、

2　大正九年五月十日の総選挙に、予想を裏切って楡基一郎は落選したのである。この年、選挙は行われるはずではなかった。新年早々新装なった壮麗な国技館、もはや雨天順延などということのなくなった国技館の桟敷《さじき》を持った基一郎は、養子を未来の横綱として送りこんでいることもあって、上々の機嫌で客を招待した

ものだ。ところが片方では普選要求の声が激しくなっていた。普選を迫る民衆は演説会を開き、示威行進をし、衆議院、首相官邸に殺到した。この圧力に堪えかねた原内閣は、二月末、急転直下衆議院を解散したのである。（北杜夫「楡家の人々」）

〈大正九年五月に総選挙が行われた。（その年の春先の状況は一見静かで、）総選挙が行われる筋道ではなかった（だから、選挙は関係者特に楡家にとって想定外のことだった）。〉

のごとくである。後に掲げる例は、例**1**、**6**、**15**、**19**を除けば、すべてこの種の例と見られる。なお、「Qそのものではなく、Qに連動するかに見える事態」が起こっている例としては、例**3**、**4**、**11**、**12**、**13**、**18**などが挙げられる。

以上から、「Xは、Yはずではない」の文の基本的意味は、（既定の事態Xがあるということは、）「Qが実現する道筋である（であった）かといえば、そうではない（ではなかった）」といったぐらいのものと考えてよいのではなかろうか。そして、Bの場合、微妙な含みをもった表現となっていることが多いと思われる。一般に、「はずではない」の文は、用いられる頻度が低いと言われているが、それは、「はずではない」の文が、何らかの形で、「〜はずか、どうか」が問題となっている状況下で用いられ、一定の含みを表す表現であることが多いからではないだろうか。

以下では、Ⅰ〜Ⅳ型の実例を掲げるとともに（以下、適宜筆者のとらえた解釈を示す）、右に見た「はずだ」の文の意味が正しく反映されているかどうかを確かめてみる。

Ⅰ型の例。(3)

3　お絹は、こう言ってお松を説きました。お松は（略）、自分の甲府へ行こうというのは、神尾の殿様だとか、駒井の御支配様だとかいうお方のお気に入られようと思って来たはずではないけれど、ともかくもこの場合、一通りの御用と御挨拶はつとめねばなるまいと思いました。（中里介山「大菩薩峠」）

〈自分が甲府へ行こうと考えてここまで来たことは、（自分のつもりとしては）こうした恥ずかしいことをして偉い人の気に入られようという筋道だったかといえば、決してそうではない。だから、それを実行することは本意ではない（含み）けれど、これからは、神尾の殿様や駒井の御支配に対して御用と挨拶に努めねばなるまいと思う。〉

Ⅱ型の例。

なし。

Ⅲ型の例。

4　夜の銃声——物ずきに射つものがあるはずではない——たしかに、きっぱり、物のいのちを絶とうと決心した者だけが、敢《あえ》てする業《わざ》なのだ。（三上於菟吉「雪之丞変化」）

〈夜、銃声が鳴った。単なる物好きでこういうことをする者がある筋道かといえば、（世の常態として、）全くそうではない。これは大変なことが起こったのだ（含み）。〉

Ⅳ型の例。

5　近ごろでは何も異状がありませんでした。（略）昨夜も家の中はきちんとかたづいていて、すこしも取りみだした様子がなく、冬子は役者のように盛装して、念入りに化粧《けしよう》して、とても美しく、かわいらしく、安らかに眼をつむっていました。（冬子は）決して死ぬはずじゃなかった。（石川淳「マルスの歌」）

〈冬子が死んだ。冬子が死なねばならぬ筋道だったかといえば、（近ごろの冬子は、いつものように若々しく健

康で、何の異常もなく）決してそうではなかった。冬子が死んだいうことは、全く了解できない（不審な）ことである（含み）。〉

三　「はずではない」の文の用法

「はずではない」の文が、いったん「〜はずだ」の形を取り上げた上で、それを否定する文であるということを考えると、「はずではない」の文の用法は、「はずだ」の文のそれに準じて又は対応して設定するのが最も自然と言えるであろう。

前稿で見た「はずだ」の文の用法の表を再度ここに掲げる。

- Ⅰ一般的（基本的）用法 ― (1)筋道用法
  - a 道理
  - b 予定
  - c 記憶
  - d 当為
- Ⅱ特殊（派生的）用法
  - (1)当然性再確認用法
    - a 納得〈対自〉
    - b 注釈〈対他〉
  - (2)論拠提示用法
    - a 論拠1（自説一般関連）
    - b 論拠2（不審関連）
    - c 論拠3（事態解釈関連）

「はずではない」の文の用例は、先にも見たように、どちらかと言えば多くないが、接し得た用例を見る限り、大筋として右の表が「はずではない」の文の用法にも適用できるのではないかと考えている。やはり、全体が大きく二つに分けられる。

Ⅰ一般的用法は、文の主要部[4]のどこにもプロミネンスを置かずに言う場合で、「はずではない」の文（「Xは、Y（Qはず）ではない」の文）の基本的な意味を生かして、事態X（x）が存在するということは、とりもなおさず、事態Qが成立する筋道かといえば、そうではない（全くその反対である）ということそのものを表に立てて述べる用法（筋道用法）である。Ⅰの文は、その本質は変わらないながらも、道理としてそうなるのが当然の筋道であるかといえば、全くそうではない（a道理）とか、関係者の間の心づもりとして、そうなる筋道だったかといえば、全くそうではない（b予定）とか、自分の記憶では、ほとんど間違いなくそうかといえば、全くそうではない（c記憶）とか、この場合、常識的な倫理観から言って、そうあるべき筋道かといえば、全くそうではない（d当為）とかの意味あいで用いられる場合があるので、やはり、そのように四つに下位分類しておく。

実例を挙げる。なお、Ⅰの例としたものも、読む人によって、しかるべき箇所にプロミネンスを置くことによって、Ⅱの用法に移行したと解釈できる例がある可能性があることをお断りしておく。

a筋道用法（道理）の例

6 村落《むら》の内には卯平との衝突がぱっと又伝播《でんぱ》された。然し（中略）誰も自分から彼等の間に嘴を容れようとはしない。遠い以前から紛糾《こころ》けて来た互の感情に根ざした事件がどんな些少なことであろうとも、決して快よく解決される筈でないことを知っている人々は幾ら愚《おろか》でも自ら好んでその難局に当ろうとはしないのであった。（長塚節「土」）

〈二人の間に衝突が起こった。遠い以前から感情的に紛糾してきた事件が簡単に快く解決するという筋道であるかといえば、（世の常として）決してそうでない。（周りの者が何とかしようとしても無駄だろう。）〉

7　勿論、殺したという証拠があるわけでもなし、死体に傷のあともないのだから、確かなことはいえた筈ではないのだが、誰がいうともなしに李香はその女に殺されたのだという噂が立った。（岡本綺堂「女侠伝」）

〈誰が言うともなしに李香はその女に殺されたのだという噂が立った。しかし、殺したという証拠もなく、死体に傷あともない。（そのことは）だれが殺したか確かなことが言える筋道かといえば、決してそうではない。その噂は少しまゆつばものだ（含み）。〉

b　筋道用法（予定）の例

8　「ああ、君たちも逃げおくれた組だな」マートンは気の毒そうにいった。「えっ、逃げおくれたとは……」「おや、知らないのかね、君たちは……。この宇宙艇はね、まだ出発するはずではなかったんだ。機関室で、或るまちがいの事件が起ったため、こうしてまちがって離陸したんだ」（海野十三「火星探検」）

〈君たちはまだいたのか。この宇宙艇はもう出発したが、予定がそういう筋道だったかといえば、そうではなかった。全く想定外のことだった（含み）。〉

9　決して来る筈ではなかったほんものの敵機が、失礼ですがとも何とも言わずに、輝くばかりの陽ざしにゆらぐ雲のかげから、鱶《ふか》のような巨体をぬっと現し、～。（尾崎士郎「人生劇場　夢幻篇」）

〈敵機が来た。（味方の予定では）近々敵機が来るという筋道だったかといえば、全くそうでなかった。今日来たということは、全く唐突（意外）なことだった（含み）。〉

10　「なんだ。それでお終《しま》いかい？ いやはや！僕たちは何も君のローマンスを聞く筈ではなかったのだが——」

と聴き手の一人が苦情を申し立てた。（渡辺温「嘘」）

〈おや、話はそれだけかい、（予定では、）僕たちは、君の恋物語を聞く筋道だったかといえば、決してそうではなかった。我々は不満だ（含み）。〉

ちなみに、例**2**は、この用法の例と言えるであろう。

c 筋道用法（記憶）の例

11 途中、お茶を補給しながら気がついたが、丼の底に梅干が一つあるだけで、二つ見つからない。梅の核《たね》は外に出したとも覚えない。そんなに無我夢中で食べた筈ではなかったが、見つからない二つは飯と一緒に呑みこんだらしい。（井伏鱒二「黒い雨」）

〈丼の底に梅干が二つ見つからない。（自分の覚えは）自分が無我夢中で食べたということだったかといえば（もしそうなら、理屈がつくが）、全くそうでもない。梅干しがなくなっているのは不審だ（含み）。〉

12 私は、これまで身につけた時計の数は覚えているが、これまで失ったステッキの数は覚えていない。それも、十三からステッキをついた筈ではないのに！（岸田國士「時計とステッキ」）

〈私はこれまでに数え切れないほどステッキをなくしている。（自分の記憶は）十三歳からステッキをついたということかといえば（もしそうなら、理屈がつくが）、全くそんなことではない。これまでにたくさんステッキをなくしているのは、不審だ（含み）。〉

13 そのようにして、或る晩、「マクベス」を読んでいると、お姉さまが低い声でお言いなさった。「ちょっと。」台詞をとばした筈ではなかったがと、お姉さまの方を見ると、お姉さまは、宙に眼を据えて、何かじっと聴き入っておいでになる。（豊島与志雄「牛乳と馬」）

〈あれ、お姉さんが待ったをかけた。（自分の記憶は）自分が台詞を飛ばして読んでしまったという筋道かといえば（もしそうなら、了解がつくが）、全くそうではない。お姉さんが待ったをかけたことは不審だ（含み）。〉

d 筋道用法（当爲）の例

14　又学校の教科書を見ても、女学校のものには特別に『女子用』という文字を使用している。学問そのものには決して差別があるべき筈ではないにもかかわらず、それを学ぶことに、差別を設けている。（『太陽』一九二五・一〇　三輪田元道「生活上に於ける差別撤廃論」）

〈学校の教科書を見ても、男女で差別を設けている。（理論上）学問に差別があるべき筋道かといえば、全く逆である。教育上男女で差別を設けていることは不当である（含み）。〉

15　その様な婦人のあるならば、始めより私を迎えぬがよし、また迎えし位ならば、さような事を止むべきにと、思いましたが、もとよりさる事を口外致す筈でないと、独り心に秘めまして、おもしろからぬ月日を送ッておりました。（清水紫琴「こわれ指環」）

〈夫は自分を不当に扱っている。しかし、見識のある女性がそのようなことを口にしてよい筋道かといえば、（常識の示すところは、）全くそうではない。だから、私は、黙って耐えるほかない。〉

16　その後、成瀬君は、あの本は僕に贈ったので僕が他人に渡すぐらいなら、初めから誰にも与《や》る筈ではなかったと言っているらしい。（辰野隆「書狼書豚」）

〈自分の思い入れのある本を「僕」に与えたのに、「僕」がそれを簡単に他の者にやってしまった。（それを見ると）その本をだれかにやるべき筋道だったかといえば、そうではなかった。その本は人にやるべきではなかった、失敗だ（含み）。〉

Ⅱ特殊用法は、文の特定の箇所にプロミネンスを置いて言う場合で、「はずではない」の文の基本的な意味に特殊な意味あいを加えて、他の文、表現に対して補助的な役割を帯びた形で文を用いる用法である。

Ⅱ⑴当然性再確認用法は、「はずだ」の文のⅡ⑴の用法に準じて、「Q**はずではない**」の「はずではない」の部分にプロミネンスを置くことによって、「現にQが実現していないのは当然だ」という意味を示唆する用法となるはずのものであるが、実際にそのような用法があるかどうかは何とも言えない。

まず、Ⅱ⑴a当然性再確認用法（納得）は、「はずではない」に独特の強いプロミネンス(5)を置くことによって、話し手自身が、ある事態が実現していないことが当然だったと納得する気持を表す用法であるが、実際にそのような用法があるかどうかは分からない。現在のところ、筆者はその用例を見ていない。

Ⅱ⑴b当然性再確認用法（注釈）は、「はずではない」に並みのプロミネンスを置き、（主として他の人に、）ある事態が実現していることが当然であるということを注釈する用法である、やはり、同様である。

ただし、「はずではないか」の形となると、「Qはずだ」の文に準じて、Ⅱ⑴a、Ⅱ⑴bの用法がある可能性がある。例えば、次の例などは、Ⅱ⑴bの用法に近い用法の例と言えるのではないか。

17　しかし、座敷牢へ落ちて行くまでの半蔵が心持を辿《たど》って見ようとするものも、この旧い友人の外にない。景蔵は勝重のような後進の者を前に置いて、何も蔽《おお》い隠そうとする人ではなかった。彼に言わせると、古代復帰の夢想を抱いて明治維新の成就を期した国学者仲間の動き――平田鉄胤《かねたね》翁をはじめ、篤胤《あつたね》歿後の門人と言わるる多くの同門の人達が為《な》したこと考えたことも、結局大きな失敗に終ったのであった。半蔵のような純情の人が狂いもする**筈ではなかろう**かと。（島崎藤村「夜明け前」）

〈（大きな夢を抱いた国学仲間の試みは失敗に終わった。）そのことは、純情な人が狂いもする**筋道**ではなかろう

か。〈それがこの場合の**筋道**なのだ〉半蔵のような人が狂うのも当然だろう。〉

Ⅱ⑵論拠提示用法は、「事態Ｘは、Ｙ（Ｑはず）ではない」の文のＱの内部のポイントとなる箇所に並みのプロミネンスを置き、「〜はずではないから」の意味あいの表現にし、先行する文で、話し手の表した見解に対して、後追いの形で、論拠提示をする用法である。この場合、「Ｑはずではない」のＱの内部の問題の箇所にプロミネンスを置くことは、「こういうことになる筋道ではない、だから」という意味合いを生むものと考えられる。Ⅱ⑵の内部には、論拠提示という点で共通しているものの、やはり、特に顕著に特殊化したものがあるので、三つに下位分類しておく。

Ⅱ⑵ａ論拠提示用法（自説一般関連）は、話し手の見解一般に対する論拠提示の用法である。「論拠提示用法」全体のうち、次に述べる顕著に特殊化した二つの用法を除いた部分を指すと言ってもよい。「はずではない」の文の前方に（ごくまれに後方に）、論拠提示の対象となる話し手の主張（見解）を述べる文（本稿で言う先行詞とはまた別の）があるのが普通である。ただし、話し手の主張は、直接言葉では表されず、間接的に表されている場合も多い。また、「はずではない」の文の含みとこの場合の主張（見解）とが重なる場合も多いと思われる。実例を示す。以下、強調部分は、とりあえず筆者の個人的判断による。

18　馬に乗って世渡りをして、妻子を養ってゆくだけの男を斬ったところで何になる。（略）**斯様《かよう》な愚劣極まる殺生をするために**、剣を学んだはずではなかった。（「大菩薩峠」）

〈むやみにこのような男を斬ることは自分にとって意味がない（以上が見解）。（自分の記憶は）若いころこんな愚劣極まる殺生をするために剣を学んだという筋道だったかといえば、全くそうではないから〉

19　現内閣を内輪から壊して、田中内閣を出そうなんて、人を馬鹿にした話だよ。政友会は元々積極屋で、**消**

極屋の憲政会と連立ができる筈ではない。（『太陽』一九三五・一〇　鬼谷庵「政界鬼語」）

〈現内閣を内輪から壊して、田中内閣を出そうというのは馬鹿げた話だ（以上が見解）。二政党は性格が全く正反対であり、そのことは、両者が連立ができる筋道かといえば、全くその反対であるから。〉

ちなみに、例**3**、**4**は、この用法の例と言えるであろう。

Ⅱ(2)b論拠提示用法（不審関連）は、話し手の不審の念についての論拠提示の用法である。既に事態Qが実現しており、話し手がこれに対して「変だ」とか「おかしい」とかいった気持ちをもった場面で、「既定の事態Xは（本来）、Y（Qはず）ではない（から）」と、Qの内部のポイントとなる箇所にプロミネンスを置いて、本来「Qはずではない」という理屈なのにQになっているのはおかしいと、自分の不審だという見解の論拠を提示をする用法である。「はずだ」の文の前方に、「変だ」とか「おかしい」とかいった、話し手の不審の気持ち（見解）を表す表現があるのが普通である。ただし、「変だ」とか「おかしい」とかいった気持ちは、直接そのような言葉では表されず、間接的に表されている場合もある。

20　三平は黙って、じっとうつむいていた。腹の中では「何を！」と言いたい気もちで一ぱいなのだが、しかし、どう気を張ってみたところで、吉良常の顔を見ると妙に心が怯れてくる。こんな筈ではないと思うのだが、――人間の「格」がちがうのはどうにも仕方がないらしい。（『人生劇場　青春篇』）

〈吉良常の顔を見ると気がひるんでくるのは不思議だ（見解）。自分では向こうっ気が強いつもりであって、そのことは、事態がこんな風になる筋道かといえば、全くそうではないと思うから。〉

21　済まないなあ。こんなことになるはずじゃなかったんだけど。（立原正秋「冬の旅」）

〈申し訳ない。しかし、不思議だ（見解）。（自分の予想していたことは、）事態がこんなことになるという筋道だっ

たかといえば、全くそうではなかったから。〉

ちなみに、例**5**は、この用法の例と言えるであろう

なお、従来、「〜はずではない」が、過去の思わくがはずれたときの言い方であるとか[6]、現前している事態が既成の知識から予測された帰結でないということを表すなどのように言われていたのは[7]、主としてこのⅡ(2)ｂの用法を重視したものと想像される。しかし、このⅡ(2)ｂの用法が「はずではない」の文の用法の中心を占めると考えることも、Ⅱ(2)ｂの用法の本質が「思わくはずれ」の念を表すところにあると考えることも正しいとは言えないと思われる。

Ⅱ(2)ｃ論拠提示用法（事態解釈関連）は、話し手の事態解釈についての論拠提示の用法である。既に事態Ｑがある場面で、それは事態Ｘであるととらえることができるのではないかという解釈案を立てた後、それを後追いするような形で、「でなければ（マイナスＸならば）、Ｑはずではない」と、先の見解の正当性の根拠提示をする用法である。既にＱが実現している状況で、「事態Ｘでないならば、Ｑはずではない」と現実に反する仮定をして見せることは、「事態Ｘである」という見解の何よりの論拠提示となるであろう。

22　その瞬間、おっかさんの袋を張っている姿が、幻燈のように、ぼやっと目の前にあらわれた。「あ、おっかさん！」と、思った時には、もうその姿は見えなかった。涙で、まつ毛がしっとりしていた。――だが、今までに、どうしておれは、おっかさんのことを考えなかったんだろう。おっかさんのことを思ったら、とてもこんなことはできるはずではなかったんだ。（山本有三「路傍の石」）

〈こんなことができたのは、母親のことが一瞬頭から消えていたということだ（以上、自分の見解）。こんなことができる筈だったかといえば、もし母親のことを考えていたら、全くそうではなかったから。〉

23 何が出たのかと言えば、真紅《まっか》な提灯《ちょうちん》がたった一つ、お城の天守の屋根の天辺《てっぺん》でクルクル廻っているのであります。大方、提灯だろうと思われるけれども、それとも天狗様の玉子かも知れない。もし提灯だとすれば、それを持って、あの高いところまで上る人がなければならぬ。そんなことは誰にだって出来るはずではないのであります。（「大菩薩峠」）
〈あの天守閣の屋根のてっぺんで光るものは天狗の玉子だろう（以上、自分の見解）。でなければ、だれか人が提灯のようなものをもってあがる必要があるが、そんなことができる筋道かといえば、（常識の示すところは）全くそうではないから。〉

四　おわりに

以上、「はずではない」の文について、その基本的構造、意味、用法について、考察してみた。「はずではない」の文を、基本的には、同じ形式名詞文の「はずだ」の文の、否定形の述語をもつ文ととらえた上で、「はずではない」の文の基本的構造、意味、用法が、「はずだ」の文のそれにほぼ準ずるものであることを見てきたわけであるが、どちらかと言えば、「はずではない」の文の方が、意味、用法がより微妙で複雑であるように思われる。今後更に慎重に考察を続ける必要がありそうだ。

「はずだ」の文をめぐっては、「はずではない」の文と並んで、「はずがない」の文の性格、位置づけも問題になる。続いては、その問題を考えてみたい。

〈注〉

（１）例えば、「はずではない」の「はず」の場合にも、わずかではあるが、その前接する語句中でガノ可変の現象が見られる。

・昨夜のつもりでは、こんなに落着いて朝寝のできるはずではなかったのに、疲れていたとはいえ、どうも自分は暢気《のんき》な性質に生れ過ぎているのかも知れない～（中里介山「大菩薩峠」）

・山路で、黒闇《くらやみ》で、（略）長蔵さんが事ありげに声を揚げたんである。事のあるべき筈でない時で、しかも事がありかねまじき場所でおおいと来たんだから、突然と予期が合体して、自分の頭に妙な響《ひび》きを与えた。（夏目漱石「坑夫」）

（２）学界では、時として、「はずだ」の「否定の形」が論じられ、「はずがない」をもってこれに当てるのが普通となっているようである。しかし、その「否定の形」というものが文法上のいわゆる否定形のことであるかどうかは別として、筆者は、「はずだ」を「はず＋だ」とする立場から、その否定形を「はず＋で（＋は）＋ない」とするのが適切であると考えている。この問題については、次稿でも触れるので、そちらをも参照されたい。

（３）Ⅰ型の例は非常に少ない。例**2**はその貴重な例と言えるのではないか。

（４）この場合、文の主要部とは、述部、補語（名詞＋格助詞）などを指す。それ以外の「決して、何も」などの、否定と呼応する連用語などには、プロミネンスが置かれる場合がありそうだ。

（５）山口（二〇〇四）参照。

（６）寺村（一九八四）参照。

（７）益岡・田窪（一九九二）参照。また、例えば、グループ・ジャマシイ（一九九八）は、「現実が話し手の予測と違って、失望したり後悔したりする気持ちを表す」と説明している。

参考文献

髙橋太郎（一九七五）「ことばの相談室『はずがない』と『はずじゃない』」『言語生活』289号

寺村秀夫（一九八四）『日本語のシンタクスと意味Ⅱ』くろしお出版
益岡隆志・田窪行則（一九九二）『基礎日本語文法—改訂版—』くろしお出版
松木正恵（一九九四）「「～はずだった」と「～はずがない」—過去形・否定形と話者の視点—」『学術研究国語・国文学編』42、早稲田大学
田村直子（一九九五）「ハズダの意味と用法」『日本語と日本文学』20、筑波大学
グループ・ジャマシイ（一九九八）『日本語文法辞典』くろしお出版
金子比呂子（二〇〇三）「はず」吉川武時篇『形式名詞がこれでわかる』ひつじ書房
岡部嘉幸（二〇〇四）「ハズガナイとハズデハナイについて」『中央学院大学人間・自然論議』第20号
山口佳也（二〇〇四）「ものか」の反語文について」『十文字学園女子大学短期大学部研究紀要』35
山口佳也（二〇一〇）「「はずだ」の文の構造と意味」『十文字国文』16
山口佳也（二〇一一）「納得用法に続く第三の用法について—「はずだ」の文を中心に」『十文字国文』17

第四　「はず」をめぐって（その３）
――「はずがない」の文――

一　はじめに

前二稿では、「はず」を形式名詞と見る立場から、「はずだ」「はずではない」の文の基本的構造、意味、用法について検討した。本稿では、残る「はずがない」の文の基本的構造、意味、用法について考える。

二　「はずがない」の文の基本的構造と意味

前二稿では、「はず」を「（当然そうなるべき）筋道」といったほどの意味の形式名詞と考え、「はずだ」「はずではない」の文を、それぞれ、

Ｘは　Ｙ（〜はず）だ。

Ｘは　Ｙ（〜はず）ではない。

という構造を内在させた、一種の名詞述語文と見たが、これに準じて考えるならば、「はずがない」の文は、

X（～という状況）には　Y（～はず）がない。

とする、広義の存在文[1]ととらえるのがよいということになるであろう。[2]

存在文としての「はずがない」の文では、ガ格の「Y（～はず）」がコト的名詞節であるところが特徴的であるが、それに伴って、ニ格の「X」も、具体的な場所というよりは、「～という状況（において）」などの、コト的な名詞節であると考えるのが自然であろう。ただし、この場合のXは、「Xには」という形で言表されることはほとんどなく、先行する文、又は現実の事態そのものの中で間接的に表されるのが普通である。そこで、「はずがない」の文も、「はずだ」「はずではない」の文などと同様に、次のようなⅠ～Ⅳの四つの文型のもとに展開し、しかも、もっぱらⅢ、Ⅳ型が用いられるような種類の文と仮定するのが適切であろう。[3]

Ⅰ　「X（～状況）には　Y（～はず）がない」型

Ⅱ　「x（先行詞）。X（指示詞を含む題目）には　Y（～はず）がない」型

Ⅲ　「x（先行詞）。《X（指示詞を含む題目）には》　Y（～はず）がない」型

Ⅳ　「x（先行詞）。《X（指示詞を含む題目）には》　Z（二次的題目）は　Y（～はず）がない」型

このうち、Ⅰ型の「X」は、「～の」「～こと」など事態・状況を表す名詞節であると考えられる。「x（先行詞）」は、「X（指示詞を含む題目）」の指示の対照となる事柄のことで、言語的ないしは非言語的文脈の中に存在する事態・状況を意味するが、文脈の中の何をそれと見なすか、認め方に注意が必要である。[4]《　》内は、省略された事柄であることを表す。「Z（二次的題目）」は、多くは「Y（～はず）」の内部から取り立てられた題目であると考えられる。以下、参考のために、文例中、Xに相当する部分には二重傍線を、Yに相当する部分には傍線を、

Zに相当する部分には点線傍線を施す。

「はずがない」の文は、事実上、ほとんどⅢ、Ⅳ型の形でのみ用いられるが、その基本的な意味は、内在させる「Xには　Y（Qはず）がない。」という基本的構造に基づいて「（Xという状況には、）Qという事態が実現すべき筋道が存在しない。」といったぐらいのことになるだろう。(5)

ただ、ここで注目すべきは、「はずがない」の文は、その末尾の「はずがない」の部分にプロミネンス(6)を置くのが原則となっているようだということである。このことは、「わけがない」「（する）道理がない」などの文の末尾にも共通して見られることで、これらの文の基本的性格を考える上で無視することのできない事実であると考える。この事実が何を意味するかは、更に検討する必要があるが、筆者は、反語表現の「〜はずが**ある**（もの）か」「〜わけが**ある**（もの）か」「〜道理が**ある**（もの）か」に匹敵するくらいの強い否定の表現と見たらどうかと考えている。もしそうだとすると、例えば「Qはずがない」の文の基本的意味は、「Qが実現すべき筋道がない」といったような平坦なものではなく、「Qが実現すべき筋道など初めからあり得ようがない」といったぐらいの強い否定を意図したものということになるだろう。

以下に、Ⅲ、Ⅳ型の実例を幾つかずつ掲げておく。参考のために、適宜、例文の後の〈　〉内に筆者のとらえたその文の意味あいを付記しておく。

Ⅲ型

1　それから（中略）革包《かばん》を隠す工夫に取りかかった。然し元来《もと》狭い家だから別に安全な隠くし場の有ろう**筈がない**。（国木田独歩「酒中日記」）

〈元々狭い家である。その状況においては、そこにカバンの安全な隠し場がある筋道など全くない。〉

2　美恵子は、自分で、ビールと満里子の為のレモン・スカッシュを盆にのせて運んで来た。満里子がそれに口をつける**筈がない**と感じながら、前島が見ると、満里子は～（大佛次郎「宗方姉妹」）

〈満里子の好みを考えると、そこには）満里子がそれに口をつける筋道が全くないと〉

3　岬へ赴任ときまったとき、（中略）むかしでさえも、自転車でかよった八キロの道は、あるいてかようしかなかった。とうてい、からだのつづく**はずがない**とかんがえて、親子三人岬へうつろうかといいだしたとき、（壺井栄「二十四の瞳」）

〈毎日八キロの道を歩いて通わなければならない。そういう状況においては、体が続く筋道が全くないと、〉

Ⅳ型

4　塩山という山は家の後ろで無論見える**筈がない**が、（岩野泡鳴「発展」）

〈塩山は家の後方にある。その状況においては、日常その山が見えるという筋道が全くないが、〉

5　玄関に独り突き放されていた月子は、自分で自分を収拾する力もなく、ましてこの場のさわぎを鎮めることなど出来よう**はずがなかった**。（藤原審爾「さきに愛ありて」）

〈月子がこの混乱の中に突き放され、自分で自分を収拾する力もない状況においては、月子がこの場の騒ぎを鎮めることができる筋道など全くなかった。〉

6　私さえただ苦い顔をしたという結果だけしか自覚し得なかったのだから、相手の喜いちゃんには無論それ以上解る**筈がなかった**。（夏目漱石「硝子戸の中」）

〈私自身ですらそのときの自分の気持ちが正確に把握できなかった。その状況においては、そのときの遊び相手の喜いちゃんにそれ以上私の気持ちが分かるという筋道があり得なかった。〉

三　「はずがない」の文の用法

「はずがない」の文は、どのような体系の用法をもつと言えるだろうか。

「はずがない」の文は、基本的構造の上でも、また、文末部に必ずプロミネンスが置かれるという点でも、「はずだ」「はずではない」の文と異なる性質の文と見られるので、用法の体系もこれらの文と異なると考えるのが自然かもしれない。ところが、実際に用例に当たってみると、「はずだ」「はずではない」の文の「Ⅱ特殊（派生的）用法」に相当する用法がおおむね「はずがない」の文にも存在するように見受けられる。

そこで、「はずがない」の文についても、「はずだ」「はずではない」の文の用法にほぼ対応して、次のような体系の用法をもつものと想定して考察を進めることとしたい。ただし、各用法のプロミネンスのあり方は更に複雑になることが予想され、その観察は、前二稿のそれよりも更に主観的なものになるであろうことをお断りしておく。

- Ⅰ一般的（基本的）用法 ― ⑴筋道用法
  - a未定
  - b既定
- Ⅱ特殊（派生的）用法
  - ⑴当然性再確認用法
    - a納得（対自）
    - b注釈（対他）
  - ⑵論拠提示用法
    - a論拠１（自説一般関連）
    - b論拠２（不審関連）
    - c論拠３（事態解釈関連）

以下、各用法について順次見ていくこととする。

まず、I一般的用法は、「Xには、Q**はずがない**」という文本来の構造、意味を生かして、そのことそのものを表に立てて言う言い方である。「ある状況Xがある場合、その状況においては、Q（が実現する）という筋道がほとんどあり得ない」という意味を表す。二で見たように、文末の「はずがない」の部分には、I、IIの用法を問わず、基本的な性格としてプロミネンスが置かれるが、単に「ことがない」というのでなく、「ことがほとんどありえない」といったほどの強調の意味あいを表すと考えられる。

ここで注意すべきことは、「**〜はずがない**」は、あくまでも、「そのようなことが起こることがほとんどありえない」という理屈を述べるだけで、実際はどうであるかということについてはとりあえず中立であるということである。それが、前後の状況に応じておのずと様々な意味あいを帯びることになる。とりあえずは、a「(「はずがない」の結果が）未定」、b「(「はずがない」の結果が）既定」の二つの場合があるようである。これを「はずがない」の文のI一般的用法―筋道用法の下位分類としてもよい。なお、「はずだ」「はずではない」の文のI一般的用法の下位分類、a「道理」、b「予定」、c「記憶」、d「当為」は、ここでは有効ではないようである。

a筋道用法（未定）。例えば、実際の成り行きを確認しようのない過去、未来、ないしは、現在であっても他の場所の事態については、「そのようなことが実現する筋道が存在しないから、ほとんど間違いなくそういうことにはならないだろう」という推量の意味あいをおのずと帯びることになるであろう。実例、

7 家主というのは、東京の工場主で、間接の知人であり、善意に基く貸借であったから、私たちは、追立てを食うなぞ、夢にも思っていなかった。私の家が罹災《りさい》したことも、知ってる筈だから、そんな無情なことをいう**筈がない**と、考えていたのである。しかし、〜（獅子文六「娘と私」）

8　佐渡守は夢中になって、「今はまだ遠方へ行く**はずがない**。探し出さねば許さぬ」と、八方へ人を走らせていたが、（川口松太郎「新吾十番勝負」）

先の例**2**、**3**などは、いずれもこの例であろう。

b筋道用法（既定）。実際（そのことが実現していないという）をある程度確認していて、それが当然だと思われる事態については、「元々そのようなことが起こる筋道は存在しないし、当然実際にも実現していない」という意味あいが強くなると思われる。実例、

9　私の両親は私が生れ落ちると間もなく、私を里に遣《や》ってしまった。その里というのは、無論私の記憶に残っている**筈がない**けれども、成人の後《のち》聞いて見ると、～（「硝子戸の中」）

先の例**1**、**4**～**6**などは、いずれもこの例であろう。特に、例**5**、**6**のような「～するはずがなかった」という過去形の場合は、この意味あいになることが多いと思われる。また、このbの場合、「もとより」「無論」「もちろん」などの副詞類がしばしば共起する（例**4**、**6**、**9**など）。

なお、個々の場を離れて、一般論的に「はずがない」の文を用いる場合がある。この場合は、理屈の上で、初めから、そのようなことが成立することはあり得ないことになっていると言えるので、とりあえず、この既定用法の一つと考えておきたい。実例、

10　彼は寒さで磁石が凍るということを聞いていた。磁石が凍る**はずがない**から、それは、磁石を動かす回転部分の油でも凍ることだと思っていた。（新田次郎「孤高の人」）

〈（常識においては、）磁石そのものが凍る筋道など全くないから、～〉

Ⅱ特殊用法は、文の特定の箇所にプロミネンスを置いて言う場合で、「はずがない」の文の基本的な意味に特

殊な意味あいを加えて、他の文ないしは表現に対してやや補助的な役割を帯びた形で文を用いる用法である。

Ⅱ⑴当然性再確認用法は、「はずだ」の文の用法Ⅱ⑴に準じて、「Qはずがない」の「はずがない」の部分にプロミネンスを置くことによって、「現にマイナスQが実現しているのは当然だ」という意味を示唆する用法である。ただ、「はずがない」の文の場合、既に、文末の「はずがない」の部分に、すべての用法に共通の（並みの）プロミネンスが置かれることになっているので、この二つのプロミネンスの関係をどう考えるかが問題である。以下、個別に検討していく。

Ⅱ⑴にも、a、bの二種類があるが、まず、Ⅱ⑴a当然性再確認用法（納得）は、「はずがない」の部分に独特の強いプロミネンス[7]を置き、既定の事態としてマイナスQ（Qの反対）があり、話し手自身がそれを不思議だと思っていたところ、新たに事態Xが成立していることを発見し、「事態Xには、Y（Qはず）がない」という理屈が成立することに思い至って驚くと同時に、だから事態マイナスQが成立していること（Qが成立していないこと）は当然だったとその当然性に納得する気持ちを表す用法である。この場合、「はずがない」を独特の強いプロミネンスで強めることにより、事態Xには、Qする「**はずがない**」のだ、この場合初めからQが実現する**筋道がない**のだ、だから、Qが実現していないのは当然だったと話し手が再認識し、自ら納得する気持ちを表すことになると思われる。ここで究極的に言いたいことは、「Qが成立する筋道がない」ということではなく、「現にQが成立していないのは当然だ」ということにほかならない。「はずがない」の文は、（隠れて存在する）「（だから）Qが実現していないのは当然だった」という文に対して補助的な役割を果たしていると言える。独特の強いプロミネンスは、発話者自身の新しい認識に伴う驚きを表しているものと考えられる。なお、この場合、最初から存在する文末の「はずがない」の部分の並みのプロミネンスは、Ⅱ⑴a用法の独特の強いプロミネンスに包摂されて事実上見えなくなっているものと思われる。ただし、「はずがない」の文にⅡ⑴ａの用法があるとしても、あまり多くは用いられないようである。見かける用例も少なく、実際に筆者の目に触れたそれかと思われる用例は、次のものを含めて数例に過ぎない。[8]

11　公判は検事の思い通りに進んでいる。弁護団からの反証は何一つ出てこない。被告の席の後ろからイビキがして、驚いて振りむくと飯野老人だった。こんな有様では検事の本証に対抗できる反証を出せる**はずがない**。（加賀乙彦「湿原」）

〈弁護団からの反証は全く出てこない。（マイナスＱ）こんな有様では、反証が出てくる（Ｑ）筋道などあり得ない。反証が出てこないのは当然だ。〉

Ⅱ⑴ｂ当然性再確認用法（注釈）は、文末の「はずがない」の部分に並みのプロミネンスを置き、既定の事態としてマイナスＱがあり、そのことの起こる必然性が分かりにくいと思われる状況下で、事情に詳しい話し手が、既に別に事態Ｘがあることを承知していて、「事態Ｘには、Ｑはずがないから、この場合マイナスＱが成立していること（Ｑが成立していないこと）が当然だと、その当然性を他の人に注釈的に説明する用法である。この場合、「はずがない」を並みのプロミネンスで強めることにより、Ｑは「**はずがない**」のだ、もともとＱが実現する**筋道がない**のだ、だから、Ｑが実現していないのは当然だよと他の人に説明する気持ちを表すことになると思われる。「はずがない」の文は、（隠れて存在する）「（だから）Ｑが実現していないのは当然だよ」という文に対して補助的な役割を果たしていると言える。Ⅱ⑴ｂには、Ⅱ⑴ａと違って、話し手自身が事を悟ったり、納得したりする意味あいは全くない。[6]なお、この場合、最初から存在する文末の「はずがない」の部分の並みのプロミネンスは、Ⅱ⑴ｂ用法の並みのプロミネンスと重なって、やはり事実上見えなくなっていると言えると思われる。

その結果、プロミネンスのあり方から見る限り、Ⅰ一般的用法とⅡ⑴b当然性再確認用法（注釈）とは区別できないように見えるが、Ⅱ⑴b用法では、Ⅰ用法と違って、既定の事態としてマイナスQが必ず存在するなどの他の条件から両者が紛れることはないと思われる。実例を示す。

12 鉄鋼、セメント、建設、電機の四業種・大手業者からなるカルテルの会員たちは、佐本の示した計画に、挙《こぞ》って賛成を唱えた。国鉄が相手だから、代金のとりっぱぐれはない。工期も昭和四十七年三月までと、めずらしく長い。その一、七〇〇億円の工事を、独占できるのなら、誰にも文句があろう**筈がない**。（梶山秀之「女の警察」）

〈カルテルの会員たちはこぞって賛成した（マイナスQ）。だれにとっても、有利な点が多く、賛成しない（Q）筋道などあり得ない。だから、みなが賛成したのは当然だ。〉

13 小夜子が哲也かと思ったその人は、成程背格構《せいかっこう》なら、歩行付《あるきつ》きなら、哲也に全然《そっくり》そのままではあったが、此方《こちら》向いた面《かお》を視れば、似ても似つかぬ余処《よそ》の人であったので、小夜子は落胆《がっかり》して、しかし考えて見ると、今頃こんな処で逢う**筈がない**、我ながら馬鹿々々しいと思う傍《かたわら》から、～（二葉亭四迷「其面影」）

〈小夜子が見かけた人は哲也ではなかった（マイナスQ）。しかし、考えて見ると、今ごろこんな所で会う人が哲也である（Q）筋道などあり得ない。だから、会った人が哲也でなく、よその人であったことは当然だ。〉

次の例では、本文の中に直接「～は当然だ」という言葉が現れている。

14 内藤は大きく溜息《ためいき》をつくと、素裸になり、タオルを腰に巻いて隣のシャワー室に駆け込んでいった。長いシャワーだった。試合のあとのシャワー、それも勝利のあとのシャワーなのだ。たとえ、それがどういう勝利であったとしても、気持のよくない**はずがない**。シャワーが長くなるのはむしろ当然のことだった。（沢

木耕太郎「一瞬の夏」）、

〈試合の後の内藤のシャワーは気持ちよく長いものだった（マイナスＱ）。勝利試合の後だ。気持のよくない（Ｑ）筋道などあり得ない。内藤が気持ちよく長いシャワーを楽しんだのは当然だ。〉

問題となる既定の事態マイナスＱは、「はずがない」の文の前方に現れるのが普通であるが、次の例のように時に後方に現れることもあるようである。

15　いうまでもなく、台湾総督府は星に対する粗製モルヒネの払い下げを、依然として停止しつづけた。といって、この産業を廃止するわけでもなかった。専売局の工場は従来どおりに仕事を継続し、そのため、倉庫のなかには製品にすれば六百万円にもなる粗製モルヒネの滞貨ができあがった。これをほかの製薬業者たちが見のがす**はずがない**。（中略）この払い下げを受けようと、大小さまざまな社が公然と運動を開始した。（星新一「人民は弱し官吏は強し」）

〈当然のことに、各社が抜け目なく公然と運動を開始した。〉

Ⅱ⑵論拠提示用法では、「（事態Ｘには、）Ｑはずがない」の文のＱの内部のポイントとなる箇所（多くは述部）に並みのプロミネンスを置き、「〜はずがないから」の意味あいの表現にし、先行する文（本稿でいう先行詞とはまた別の文）で、話し手の表した見解（主張）に対して、後追いの形で、そう主張する論拠を提示する用法である。この場合、「Ｑはずがない」のＱの内部の問題の箇所にプロミネンスを置くことは、「特にそういう筋道はあり得ない、だから」という意味あいを生むものと考えられる。Ⅱ⑵には、論拠提示という点で共通しているものの、やはり顕著に特殊化したものがあるので、更にａ〜ｃの三つに下位分類しておく。

Ⅱ⑵ａ論拠提示用法（自説一般関連）は、話し手の見解一般に対する論拠提示の用法である。「論拠提示用法」

全体の中から後に述べる「論拠2用法」「論拠3用法」を除いた部分を指すと言ってもよい。「はずだ」の文の前方（ごくまれに後方）に論拠提示の対象となる話し手の見解を述べる文があるのが普通である。話し手の見解一般と言っても、強いて言えば、更に様々なものが含まれる。以下、思い付くものを列挙しながら実例を示す。Ⅱ(2)用法特有のプロミネンス部分は、とりあえず筆者の個人的判断により、太字斜体で示す。その後に重ねて、共通の「はずがない」のプロミネンス部分が続くはずである。これを太字で示す。

ア、ごく一般的な見解の場合。

16 安田は二十日の上野発十九時十五分の《十和田》で青森に出発したと言っているから、彼はかならず二十日の午後までは東京にいたに違いない。あとから調査されることを予想している彼のことだから、二十日をまるで東京を留守にしているような**不用意をするはずがない**。（松本清張「点と線」）

17 頼安は九段から多門を呼び、「新吾は老中と対決の覚悟だぞ」と、不安な声で、「どれほどの力量があろうとも単身では勝てまい」と、いった。「とうてい勝てません。**一人で切れるはずがない**のです」と、多門も驚き、（「新吾十番勝負」）

イ、相手に働きかける語の場合（命令、勧め、禁止など）。

18 「そんなことを言わないで飲めよ。**飲めない筈がない**。いつか飲んでたじゃないか。」（福永武彦「死の島」）

19 「よけいなことを言うようだが、ここを出たら、復学した方がいいと思うな」行助は、寺西保男をみて言った。「なぜ？」寺西保男が訊きかえした。「なぜって……だいたい、きみの家庭で、きみが**バーテンになるのを許すはずがない**だろう。～」（立原正秋「冬の旅」）

20 「矢沢さんには奥さんがないんですし、いっそ、あのマダムと結婚なさったらいかがですか」「ム、無茶をいうなよ」章太郎は、自分でもみっともないくらい狼狽しながら、「第一、そんなこと、かりにあの女が承諾しても、**子供たちがうんというはずがない**からね」（源氏鶏太「停年退職」）

ウ、他の人の説に対する賛否の応答の語の場合（賛成、反対など）。相手に直接に反対する場合、続く「はずがない」の文を含めて、全体として反論の意味あいを帯びる傾向がある。

21　素子さん何を考えているの。さあ、当てて御覧なさい。分らないわ。そう、**あなたに分る筈がない**。あなたは生きるために生れて来た。あなたは生き続ける。あなたはめそめそして泣くことはあっても、生きるための強い張りのようなものを持っている、どんな痛手にもまた立ち直るだけの生れつきの生命力のようなものがある。そういう人には分らない。（福永武彦「死の島」）

22　「〜然しこの男も正義の士ではありませんね」「勿論だ。正しい人間が**こんな愚かなことをするはずがない**」（「新吾十番勝負」）

23　女の子は、さいきん、学生のあいだでささやかれている評判を思いうかべた。哲学の土岐講師は頭の具合が少しおかしいらしいというのだった。（とんでもない）と彼女は、間もなく運ばれてきた洋菓子にフォークを入れながら、つぶやいた。（こんなすばらしい課外講義を聴かせてくださる先生が、**キチガイでなんかあるはずがない**わ）（青山光二「われらが風教の師」）

エ、特に話し手の見解は示されず、論拠提示の「はずがない」の文そのものによって、暗示される場合。

24　ここで顎髭は爪先立ちをし、普通席の奥まで睨《ね》め回した。「いいか。この張り縄からこっちはお召列車と同じなんだ。いわば聖域だ。足指一本だろうと踏み込んでもらっては困る。お召列車に踏み込んだらどうなるか、みんな、それは承知のはずだが」「こんなもの、**お召列車のはずがない**じゃないか」またもや孝が修吉の肩を掴んで弾みをつけ勢いよく立ちあがった。（井上ひさし「下駄の上の卵」）

例えば例**24**の場合、「はずがない」の文の前方に、「馬鹿を言うな」とか「それはおかしい」とかの見解が暗示されていると見られるであろう。

Ⅱ(2)b論拠提示用法（不審関連）は、話し手の不審の念に対する論拠提示の用法である。事態Qが実現しており、話し手がこれに対して「変だ」とか「おかしい」とかいった気持ち（見解）をもった場面で、本来「事態Xには、Qはずがない（から）」と、Qの内部のポイントとなる箇所にプロミネンスを置いて、自分の不審だという気持ちの論拠を提示する用法である。「はずがない」の文の前方に、「変だ」とか「おかしい」とかいった、話し手の不審の気持ちを表す表現があるのが普通である。ただし、「変だ」とか「おかしい」とかいった気持ちは、直接そのような言葉では表されず、間接的に表されている場合もある。

25 夜は大分更けた様だ。台所の雨戸にトントンと二返ばかり軽く中《あた》った者がある。はてな**今頃人の来る筈がない**。大方例の鼠だろう、（夏目漱石「吾輩は猫である」）

26 「だけど、――」照代は皮肉な微笑をうかべながら、「そのはなしは少しおかしいわ、――だって、そんな女のひとがそんなときに電話口に**出る筈がない**じゃないの？」（尾崎士郎「人生劇場　愛欲篇」）

27 煙突の煙の量が次第に多くなっていくようだった。神戸の港で、出港の間際《まぎわ》の船舶の煙突を見るように、その煙はたくましく太かった。へんだなと加藤は思った。ストーブに薪《まき》を燃しているだけであれほど多量の煙を**出すはずがない**と思った。なにか薪以外のものを多量に一度にストーブに投入したのかも知れない。（「孤高の人」）

Ⅱ(2)c論拠提示用法（事態解釈関連）は、話し手の事態解釈についての論拠提示の用法である。既に事態Qが実現している状況において、話し手が、それは事態Xであるととらえることができるのではないかという見解を述べ、それを後追いするような形で、「でなければ（事態Xでないならば）、Qはずがない」と、先の見解の論拠を提示する用法である。殊更既に実現しているQを強調しつつ、「事態Xでないならば、Qはずがない」と、裏返しの仮定をして見せることは、「事態Xである」という見解の何よりの論拠提示となるであろう。

28 いや、きみは迷っている。迷っていなければ、**そんなくだらない質問をする筈がない**。（「孤高の人」）

29 私は、運命があなたと私を逢わせたと信じています。それでなくて、ひと目みて**こんなに心を奪われるはずがない**。（田辺聖子「新源氏物語」）

30 私は、お嬢さんは女性としてきっと何か大きな深い哀《かな》しみを味わった方だと感じていた。そうでなければ、女性で、しかもあの若さで、モーツァルトの音楽の秘密を、一瞬のうちに、この私よりも鮮やかに掬《すく》い取ることなど**出来る筈がない**。（宮本輝「錦繍」）

八 「はずがない」の文の問題、補遺

最後に、足りないところを補う意味で、「はずがない」の文をめぐる幾つかの問題について触れておきたい。

(1)まず、「はずだ」の文と「はずがない」の文の関係について。

現在、一般に、「はずだ」「はずではない」「はずがない」をそれぞれ別の一つの助動詞と認めた上で、「はずだ」の否定の形を、「はずではない」でなく、「はずがない」であるとする考え方が有力になっている。例えば、

a 彼は出席するはずだ。

b　彼は出席するはずではない。
c　彼は出席する**はずがない**。

の三者を比べてみると、bは前後の事情が不明の状態では何を言っているのか分からない感じがあるのに対して、aとcは内容的に反対のことを表す関係にあるように見え、先の説がもっとものように思われないでもない。しかし、活用語の文法的な否定の形は、「活用語未然形[9]+ない（助動詞）」ないしは「活用語連用形+ない（形式形容詞[10]）」の形であるべきで、それ以外の形又は別語をこれに当てることはできないはずである。「否定の形」の定義をめぐってどこかに混乱があるように思われる。

筆者は、「はず」をあくまでも形式名詞と考え、「はずだ」「はずではない」の文を、それぞれ、

Xは　Y（Qはず）だ。
Xは　Y（Qはず）ではない。

という構造を内在させた、一種の名詞述語文と見、「はずがない」の文を、

X（〜という状況）には　Y（Qはず）がない。

という構造を内在させた、広義の存在文と見ているが、これによれば、当然、「はずだ」の否定の形は「はずではない」の方であるということになるであろう。[11]一方、「はずだ」の文と「はずがない」の文とは、構文論的に直接的な関係はないということになる。ここで注意すべきは、「Qはずではない」という文で否定の対象として問題となっているのは、「はずであるか、どうか」という部分であって、「はず」の内容の「Q」の部分は問題となっていないということである。先の稿で、「はずではない」の文は、「〜はずであるかと言えば、そうではない」といったような意味を表すと述べたのは、そのような意味においてであった。

もっとも、そのような意味を表す「はずではない」の文は、日常ひんぱんに用いるような種類のものとは言いがたい。それに対して、「Qはずがない」という文は、文法的に直接的な関係はないとはいえ、結果として、「Qはずだ」という文の「Qはず（筋道）」が存在しないこと、つまり、内容的に「Q」が実現する可能性がないことを表すことができ、しかも、比較的自由に使える。これは、実用的な日本語教育の文法などでは、有用な情報と言える。とすれば、無用な術語の混乱を招くことのないように、「否定の形」という言い方に代えて、「内容的に反対を表す形」など別の適当な言い方を用いるようにしてみたらどうだろうか。

なお、「（〜する）はずだ」の「内容的に反対を表す形」としては、ほかに、「（〜し）ないはずだ」という形を挙げることもできそうだ。

⑵次に、その「（〜し）ないはずだ」と「（〜する）はずがない」の違いについて。

文の構造の違いから、「（〜し）ないはずだ」は、しないという、そういう筋道であるということを、「（〜する）はずがない」は、するという筋道が存在しない（するということはあり得ない）ということを表すと見られるが、表す論理的内容に大差はないと思われる。では、最大の違いは何か。「（〜し）ないはずだ」は、初めから淡々と「しない（はず）」と言い切っているのに対し、「（〜する）はずがない」は、いったん「する（はず）」と言った後、「（〜はず）がない」とその存在を強く打ち消している。両者の違いは、「（〜し）ないはずだ」は、「（〜する）はずだ」の、穏やかな「内容的に反対を表す形」、一方、「（〜する）はずがない」は、やや強烈な、「（〜する）はずだ」の「内容的に反対を表す形」と言えるのではないか。このことは、幾つかの点から観察できる。その一は、二でも見たとおり、文末の「はずがない」の部分に等しくプロミネンスが置かれることである。これは、「はずがない」の文が強い否定を意図したものであることを如実に示したものであると言えるだろう。その二は、文末の「はずがない」と呼応して、しばしば「無論、もちろん、だいたい」などの連用語が用いられることである。（例えば、例**4**、**6**、**9**、**19**）これらは当然「〜はずがない」を言うまでもないこととして強調していると言える。その三は、［Qはずがない」のQの部分には、（置かれた状況において）Qという事態が最初から実現しそうもないと思わせるような誇張した表現が多用される傾向があるということである。[12] 例えば、「〜など〜はず（がない）」（例**5**、**30**）、「そんな無情な〜はず（がない）」（例**7**）、「こんな処で〜はず（がない）」（例**13**）、「〜ような不用意を〜はず（がない）」（例**16**）、「こんな愚かな〜はず（がない）」（例**22**）、「こんなもの（が）〜はず（がない）」（例**24**）、「そんな女の人がそんなときに〜はず（がない）」（例**26**）、「そんなくだらない〜はず（がない）」（例**28**）、「こんなに〜はず（がない）」（例**29**）など。同様のことが「Qはずではない」のQでも見られるが、これは、後方の「（はず）がない」とか「（はず）ではない」とかと呼応し、後方でそのように否定されることを前提として表現したものと言えるのではないか。その四は、比較的古い時代の、「はずがない」の文の用例中にしばしば「〜活用語＋う／よう（助動詞）＋はずがない」という形が見られることである。（例えば、例**1**、**5**、**12**）このことは、そういう事態が、現実にはもちろん、仮定としても、起こる筋道が存在しないということを強調しているようにも見られるであろう。

九　おわりに

以上、「はずがない」の文の構造、意味、用法について見てきた。やや駆け足的であったため、説明不足の部分が多かったのではないかと思われる。さらに、「はずはない」の文の特徴、また、「はずがない」の文と、類似の「わけがない」「（する）道理がない」などの文との相違など、残された問題は多い。今後の課題としていきたい。
最後に、筆者は、文の構造、意味、用法の分析の上で、プロミネンスに関する配慮が欠かせないと考えているが、門外漢であるための誤りも少なくないのではないかと想像している。専門の方々のご助言がいただければ幸いである。

〈注〉

（１）例えば、益岡・田窪（一九九二）は、「人やものの存在を表す表現は、「（場所）ニ＋（存在の主体）ガ＋イル／アル」の構文を基本とする」とし、これを「存在・所有の構文」と呼んでいる。これは、三上（一九五九）の「動詞をカナメとする、一の乙型」の構文につながるものと言えるであろう。なお、「はずがない」の文が存在文であるとすると、「Xに（は）、Y（～はず）がある」の形も多く用いられてしかるべきであるが、「～はずがありません」「～はずがあるか」「～はずがあるものか」など、結果として、（丁寧な）否定や反語の意味を表す場合以外は用いられないということがある。その理由を明らかにする必要があるが、本稿ではこれ以上深く触れない。

なお、「はずだ」の文、「はずではない」の文、「はずがない」の文、三者をほぼ対等の資格で比較対照することができるように、ここでは、後に提題の「は」を付した。

X（～という状況）には、Y（～はず）がない。

という形を、「はずがない」の文の基本的な形と考えておきたい。

（２）岡部（二〇〇四）も、「はずがない」の文を存在文ととらえるには至っていないが、「はず」を「理屈の上での必然的な筋書き」という意味の形式名詞であるとした上で、「はずがない」の基本的意味を、「理屈の上では当該の事態が決して成立しえない（「～はず」というものが存在しない）ということを語る」ものとしている。

（３）山口佳（一九七五）、山口佳（二〇一〇）など参照。

（4）「先行詞」の表され方の種々相については、山口佳（二〇一〇）、山口佳（二〇一一）その他でも触れているので、詳しくは、そちらをも参照されたい。

（5）例えば、白川他（二〇〇一）は、「はずがない」について、「論理や既存知識に基づいてそのことがらが実現する可能性を否定する場合に用いられます」と述べているが、従来の「〜はずがない」の意味に関する説明は、「はず」に名詞性を認めるか否かにかかわりなく、概して、文の全体的な構造に根ざしたものになっていなかったと言わざるを得ない。

（6）同じプロミネンスと言っても、普通の総記を表すものの場合は、「**何**を食べたいですか（→食べたいのは何ですか）」「**果物**が食べたいです（→食べたいのは**果物**です）」のように、その部分だけを強調している感じがするが、「〜はずがない」の文の場合、「ないのは〜はずだ」という意味でないことは明らかで、「〜はず」の部分だけを強調しているようには見えない。別種の文にも、注釈用法的な使い方をする場合があるが、その場合にも、似たような現象が見られる。例えば、「彼は委員としてあまり適任ではない。第一、**やる気がない**」では、「やる気（が）」にプロミネンスが置かれているようにも見えるが、「ないのはやる気だ」の意味ではない。これらの場合、「〜はずがある」「やる気がある」に対するものとして、「**〜はずがない**」「**やる気がない**」全体が強調されていると考えることはできないだろうか。

（7）山口佳（二〇一一）など参照。

（8）高橋（一九七五）は、「はずがない」でも、過去形にはさとりの用法があるとして、

・先生自身の経験を持たない私は無論其処に気付く筈がなかった。（夏目漱石「こころ」）

を例示しているが、筆者には、「経験不足で、私がそのことに気付く筋道がなかった（実際、私は気付かなかった）」程度の一般的な意味しか読み取れず、不審である。松木（一九九四）、岡部（二〇〇四）は、それぞれ、「はずがない」のさとり用法（ないしは納得用法）を認め、例文を掲げているが、残念ながら、いずれも作例であるため、前後関係がやや明確でない。

（9）ここでは、便宜的に伝統的な国文法の活用観に従っておく。

（10）形式形容詞の「ない」は、実は「ある＋ない（助動詞）」相当であるので、「活用語連用形＋ない（形式形容詞）」は、究極的には「活用語未然形＋ない（助動詞）」に包摂されるべきものと考えられる。
（11）特にA種の「はずではない」の文は、完全に「はずだ」の文の否定の形と言えると思われる。
（12）このその三、次のその四で取り上げた事実については、基本的立場は異なるが、山口堯（二〇〇二）にも言及がある。

参考文献

三上章（一九五九）「構文の研究（博士論文）」（二〇〇二年、刀江書院から出版）
高橋太郎（一九七五）「ことばの相談室『はずがない』と『はずじゃない』」『言語生活』No.289
寺村秀夫（一九八四）『日本語のシンタクスと意味Ⅱ』くろしお出版
森田良行・松木正恵（一九八九）『日本語表現文型』アルク
益岡隆志・田窪行則（一九九二）『基礎日本語文法—改訂版—』くろしお出版
松木正恵（一九九四）「「〜はずだった」と「〜はずがない」過去形・否定形と話者の視点」『学術研究—国語・国文編—』第42号（早稲田大学）
白川博之他（二〇〇一）『日本語文法ハンドブック』スリーエーネットワーク
宮崎和人、安達太郎、野田春美、高梨信乃（二〇〇二）『モダリティ』くろしお出版
山口堯二（二〇〇二）「「はずだ」の成立」『国語と国文学』七九・一一
岡部嘉幸（二〇〇四）「ハズガナイとハズデハナイについて」『中央学院大学 人間・自然論叢』第20号
富田英夫（二〇〇七）『日本語文法の要点』くろしお出版
山口佳也（一九七五）「「のだ」の文について」『国文学研究』第56集
山口佳也（二〇一〇）「「はずだ」の文について」『十文字国文』第16号
山口佳也（二〇一一）「納得用法に続く第三の用法について—「はずだ」の文の場合を中心に—」『文字国文』第17

号

第二部

第五　「もの」の用法概観

一　はじめに

「もの」が日本語の語彙の中で最も基本的な語の一つであることは今更言うまでもない。ちなみに、昭和二十八（一九五三）年から翌年にかけて発行された雑誌十三種の語彙調査を行ってまとめた国立国語研究所（一九五七）によると、「モノ（物・者）」の出現率は、異なり語数約一五、〇〇〇のうち、第7位となっている。また、「もの」は、そのように単独で名詞として多用されるだけでなく、他の形態素と結び付いて、多くの、ほとんどすべての品詞にわたる合成語を作ることにも貢献している。その全体を眺めれば、その用法は実に多彩であると言うほかはない。

そのような、「もの」やそれを含む合成語の意味・用法を研究する場合、従来、個々の用法をばらばらに取り上げる傾向がなかったとは言えない。しかし、本質を見失わないためには、それらを、品詞横断的に関係付け、その全体の中に位置付けつつ考察していくことが必要ではないかと思われる。

本研究では、そのための基礎作業として、とりあえず、適宜古典語の例を参照しつつ、主に現代語について、「もの」の、単純語としての用法、並びに合成語の語要素としての用法の有機的な全体像を、大づかみに把握することを試みてみたい。ただし、「モノ」のうち、人を指す「モノ（者）」は、意味・用法の上でさしたる問題もないと思われるので、ここでは考察の対象から除外することとする。

なお、資料としては、主に、夏目漱石『吾輩は猫である』（新書版『漱石全集』第一・二巻、岩波書店、一九五六）を用いた。同書から用例を引用するに際しては、仮名遣いを現代仮名遣いに改め、出典名を便宜「猫」と略記することとする。

二 「もの」とそれを含む合成語

まず、「もの」が、単純語としてまた語要素として用いられるすべての場合を、大まかに整理してみる。

(一) 「もの」は、単純語として用いる場合は、いうまでもなく、名詞として用いる。これを、現れる環境や、意味を参考に、幾つかのタイプに分ける。

まず、

1 ものとものとがぶっつかる音がする。

2 机の上にあるその赤いもの。

のように、連体修飾語を伴うことなく単独で用いることもでき、また、連体修飾語を伴って用いることもできる種類の「もの」を、「ものA」と呼ぶこととする。一般に「物体・物品」の意味を表すとされるものに相当すると言える。

次に、

3　其《その》勢は非常に猛烈なものである。（猫）

4　衆を頼んで騒ぎ出すのは、人の気に酔っ払った結果、正気を取り落したるものと認めて差し支えあるまい。（猫）

のように、常に連体修飾語を伴って用いられ、「物体・物品」や「者」を含みつつ更に上位の概念を表す種類の「もの」を、「ものB」と呼ぶこととする。一般に形式名詞的な用法のものとされるものに相当する。

さらに、

5　ものを言う。

6　ものが分かる。

7　ものは言いよう。

8　ものにする。

9　ものともしない。

のように、普通、連体修飾語なしで用い、しかも、「物体・物品」の意味を表さず、漠然と何かを指す「もの」がある。慣用的表現をなしている場合も多く、「おなかをこわして、ものが食べられない」のように、前後の関係から、結果として「物体・物品」（この場合は食べ物）の意味を表すように見えることもあるが、元々語そのものとしてそのような意味を表しているわけではない。この種の「もの」は、単独で用いるという意味で「ものB」と逆であるが、意味的に漠然としているという点では、むしろ「ものA」に遠く、「ものB」に近いと言える。

この種の「もの」を、「ものC」と呼んでおく。
同じ慣用的表現でも、
10 成程《なるほど》親は有り難いものだ。（猫）
11 一日中動かずに居たものだから、胃の具合が妙で苦しい。（猫）
12 そう人様の事を悪く云うものではない。（猫）
13 今日は御近所を通行致したもので、御礼旁々《かたがた》伺った訳で、（猫）
14 此《この》脂たる頗《すこぶ》る執着の強い者で、もし一たび、毛の先へくっ付け様ものなら、雷が鳴ってもバルチック艦隊が全滅しても決して離れない。（猫）
15 とは云うものの少々暑い。（猫）
16 只さえあんなに赤くなって居るものを、こう擦ってはたまるまい。（猫）
17 あんなものの娘を誰が貰うものか。（猫）
18 駄目だよ、自分の子供の歳さえ知らないんだもの。（猫）
などのような、いわゆる辞的な慣用的表現においては、重要なのは、それぞれの、全体としての意味あいであって、「もの」の部分だけの意味はもはや問題外であるようにも見える。これらの形中の「もの」が、口頭語においてしばしば「もん」となるのも、そのことと無関係ではないであろう。ちなみに、例**18**の「もの」は、主に口頭語で用いられるものであるが、元々例**16**の「ものを」と同じものが文末で用いられる過程で、意味が微妙に変化すると同時に、「を」が脱落して生じたものと言われている。以上のようなことから、これらの形は、現在、全体で一つの複合辞ないしは助詞・助動詞として扱われることが普通になっている。しかし、早くから全体で一語扱いをされてきた、「ものの」「ものを」、文末の「ものか」「もの（もん）」などの場合はともかく、それ以外の形における「もの」は、意外と、「ものB」を用いて作られた形と紛らわしい場合があることも事実である。例えば、

19　事件は大概逆上から出る者だ。（猫）

20　「もっと下がれ、おれの小桶に湯が這入《はい》っていかん」と怒鳴《どな》るのは無論主人である。物は見様でどうでもなるものだから、此怒号をただ逆上の結果と許《ばか》り判断する必要はない。（猫）

などは、原文では明らかに「ものB」の例であるが、そこだけ取り出して見れば、それぞれ慣用的表現の「ものだ」「ものだから」の例と読むこともできないわけではない。慣用的表現の中の「もの」と純然とした名詞の「もの」とは、どこかでつながりがあると考えるのが自然であろう。辞的な慣用的表現の形を、品詞論的に、全体として一つのものと見るべきであるかどうかは別として、ここでは、その中の「もの」の部分だけに注目して、これを「ものD」と呼んでおくこととする。

㈡　「もの」を語要素として含む合成名詞（多くは複合名詞）も多い。

大部分はア「もの〜」、イ「〜もの」のいずれかの形であるが、アないしはイが更に他の形態素と結び付いて、結果としてウ「〜もの〜」の形をとるものもある。

ア「もの〜」の例

a「もの＋動詞連用形」

もの案じ、もの言い、もの忌み、もの売り、もの置き、ものおじ、もの惜しみ、もの覚え、もの思い、もの書き、もの語り、もの狂い、もの乞い、もの越し、もの差し、もの知り、（もの知らず）、もの好き、もの尽

くし、もの取り、もの干し、もの学び、ものまね、もの見、もの持ち、もの詣で、ものもらい、もの分かり、もの別れ、もの忘れ、もの笑い

b「もの＋の＋名詞」

もののあわれ、ものの数、ものの具、もののけ、ものの上手、もののついで、ものの道理、もののはずみ、ものの本

c「もの＋名詞」

もの音、ものかげ、もの心、もの腰、もの事

d「もの＋接辞」

（ものども）

eその他

ものぐさ、ものは付け

イ「〜もの」の例

a「名詞＋もの」

時代もの、年代もの、宝もの、丼もの、縁起もの、毛もの（獣）、土産もの、男もの、夏もの、傷もの、水もの、瀬戸もの、金もの、品もの、刃もの、噴飯もの

b「名詞＋だ＋もの」

木だもの（果物）、毛だもの

c「動詞語幹＋もの」

賜もの、（到来もの、洗濯もの、びくびくもの、ひやひやもの）

d「動詞・助動詞連用形＋もの」

買いもの、考えもの、着もの、置きもの、戴きもの、呼びもの、食べもの、飲みもの、もてあそびもの、比べもの、残りもの、催しもの、食わせもの

e「形容詞・形容動詞語幹＋もの」

薄もの、安もの、荒もの、鈍もの、古もの、悪もの、生臭もの

f「接辞＋もの」

小もの、駄もの、新もの

gその他

旗指しもの、お召しもの、香のもの、酢のもの、こっちのもの、お手のもの

ウ「〜もの〜」の例

安もの買い、着もの姿

㈢「もの」を語要素として含む合成動詞には、ア「もの＋動詞」の構成のもの、イ「もの」を語要素として含む名詞を語幹とするサ変動詞、ウその他がある。

ア「もの＋動詞」の例

もの語る、ものする、もの足りる、もの慣れる、もの申す

イ「もの」を語要素として含む名詞を語幹とするサ変動詞の例

ものおじする、もの見する、もの忘れする

ウその他の例
もののけだつ、もの語りめく
㈣「もの」を語要素として含む形容詞には、ア「もの＋形容詞」の構成のもの、イその他があるが、アが大部分を占める。
ア「もの＋形容詞」の例
もの憂い、もの恐ろしい、もの堅い、もの悲しい、もの狂おしい、もの寂しい、もの騒がしい、ものすごい、もの珍しい、もの柔らかい、（もの足りない）
イその他の例
もの見高い、ものものしい、（古典語ものし）
㈤「もの」を語要素として含む形容動詞は、ア「もの＋形容動詞」の構成のものだけのようである。
ア「もの＋形容動詞」の例
もの憂げだ、もの思わしげだ、ものぐさだ、もの静かだ、もの好きだ、もの欲しげだ、もの欲しそうだ、もの柔らかだ
㈥「もの」を語要素として含む副詞は、現代語には見当たらない。古典語には、「たとえば（ものでいうならば）、どうせ、どっちみち」の意を表す「ものなら」という副詞があったとされるが、現在は用いない。
㈦「もの」を語要素として含む連体詞として挙げられるのは、数を表す語の上に付いて「たかだか、せいぜい」の意を表す「ものの」一語にとどまる。
㈧「もの」を語要素として含む感動詞は、現代語には見当たらない。古典語としては、「もしもし、ごめんく

だい」の意を表す「ものもう（ものまう）」「ものも」「もの」などが挙げられるが、現在は用いない。

(九)「もの」を語要素として含む助詞・助動詞としては、挙げるとすれば、「もの（もん）」「ものか（もんか）」（古典語「ものかな」「ものかは」）（以上終助詞）「ものを」「ものの」「ものでも（もんで）」「ものなら（もんなら）」「ものだから（もんだから）」（古典語「ものゆえ」「ものから」「ものは」）（以上接続助詞）「ものだ（もんだ）／ものではない（もんではない）」（以上助動詞）などが挙げられるであろうが、本稿では、これらについての品詞論的な判断をひとまず保留し、先に見たように、これらの形の中に現れる「もの」を、仮に、「ものD」と呼んで、名詞に準ずるものとしておく。

三　「もの」の基本的な意味

「もの」は、以上のように様々な形で用いられるわけであるが、これらは相互にどのようにつながりをもち、また、それらに共通に流れる意味の要素は何だろうか。

「もの」の意味ですぐ思い浮かぶのは、いわゆる実質名詞として用いる場合の、「物体・物品」の意味であろう。しかし、これが「もの」の最も基本的な意味と言えるかどうかは速断を許さない。

「もの」の意味を考える上で忘れてならないのは、本居宣長『古事記伝』（一七九八）の、かつて「神（霊的存在）」を「もの」と呼んだとする説と、同『源氏物語玉の小櫛』（一七九六）の「もののあはれ」論であろう。その前者から、折口信夫の有名な「もの即霊魂」説が生まれ、一方、後者から、和辻哲郎「『もののあはれ』について」（『日本精神史研究』所収、一九二六）の「『もの』『こと』」の論が生まれ、その流れに沿って、民俗学、文学、文化史学、哲学などの立場から多くの優れた論考が排出した歴史については、東辻保和（一九九七）の総序第二節「『もの』『こと』研究史」を通してうかがうことができる。詳しくはそちらに譲るほかないが、その中で、出隆（一九三九）が、「『もの』―単語的と考える。『こと』―命題的と考える。『もの』を何らか一つにまとまった概念だとすれば、『こと』はそれの二つに割れた判断の如きである。『もの』を同一的、一体的、統一的、独存的、求心的と言えるとすれば、『こと』は異別的、両頭的、分裂的、関係的、遠心的とでも言えようか。」と述べていること、高木市之助（一九四九）が、「『もの』の形は空間的であり、『こと』の形は時間的である。」としていること、大野晋（一九七二）が、「『こと』は時間という次元で展開する事実を指し、『もの』は時間的展開をしない事実・物体を指す」と述べていることなどは、国語学的にも示唆に富む意見と言える。

最近では、これに加えて、「もの」「こと」を、固定した対象を示すものではなく、認識の様式に関係した範疇であるという考え方も強くなっているようである。池上嘉彦（一九八一）は、「〈もの〉と〈こと〉は、外界における存在と相互排他的に区分する範疇ではなく、もっぱらわれわれの認識の様式に関係した範疇ということになる。〈もの〉は固体中心的な見方から生み出されるものであるし、〈こと〉は〈全体的状況〉中心的な見方から生み出されるものである。」と述べ、山梨正明（一九九五）も、「外部世界の事象は、時間軸にそった連続的でダイナミックな〈過程〉としてとらえる場合と、時間的なプロセスの側面を捨象し、非連続的にスタティックな構成体としての〈モノ〉としてとらえる場合が考えられる。一般に、この二つの認知のモードのうち、前者の〈過程〉的な認知は動詞によって、また後者の〈モノ〉的な認知は名詞によって表現される。」と述べている。

国語学の立場からは、研究の一層の客観化への模索も進められている。寺村秀夫（一九八一）は、広松渉（一九七五）が、「もの」と「こと」の認識論的分析の予備作業として、「…というもの」「…ということ」の「…」部に入る語類を考えるという作業を行ったことを受けて、モノとコトの指示対象の類別をするために、①「…スルモノ／コトガナイ」、②「…トイウモノ」「…トイウコト」、③「…モノ／コト」の指示する前後の語句又は文、などのフレームワークを設けての考察を行い、コトが、五感で知覚される「物理的具体的存在」や、「旅」「運命」「波乱」「情欲性」「楽しみ」など、それぞれの文脈、状況での特定のそれらであるという限りにおいての「心理的具体的存在」を対象とするのに対し、「コトの対象は、命題で表わされるような内容や、動詞、形容詞で表わされる動作、作用、変化、状態、属性などを一般的に概念として表わしたもの、である。モノが個別的であるのに対してコトは一般的、モノが感覚（五感）ないしそれに準ずる心理作用によって把握される対象であるのに対して、コトは思考によって把握される対象、発話や知識である。」と結論づけている。現代語を対象としたものでも、「もの」「こと」の原義論を目指したものでもないが、東辻保和（一九九七）も、ある意味では、「ものなり」・「ことなり」、「ものの」連語・「ことの」連語、複合もの名詞・複合こと名詞、「もの」・「こと」の類義語、「もの」語彙・「こと」語彙、などのフレームワークを設けての「もの」「こと」の考察と言えよう。

四　「ものC」の意味と用法

「もの」の表す基本的概念がかなり抽象度の高いものであることは改めて言うまでもないことであるが、以上のように見てくると、その抽象度は、「物体・物品」の意味のもつ抽象度より更に上の抽象度と言わなければならない。そのことに関連して、改めてもっと注目されてよいと思われるのは、現代語の例ではないが、狂言の結びなどで、登場人物が返答に窮して用いる「もの…」のことである。

「思い出いた」「何と」「ものと」（八幡の前）
「今おもひ出た」「なんぞ」「物じゃ」（薩摩の守）
「やそなたはみしらぬか」「みしらぬとは、しらぬものにことばをかくるものか、しった」「みどもはものの人じゃ」（磁石）

言葉がすぐ思い付かないとき、故意にぼかして言うときなど、現在であれば「あれ、例の」などの語を用いて、何が何して何とやら式に言う場合に、いわば代理名詞的に「もの」を用いる例である。この場合、「もの」は、別の言葉で言うとすれば「あれ（が）」とか「なに（が）」とかしか言いようのないある一まとまりの対象を意味するだけで、何ら実質的な内容をもっていない。「もの」の抽象性とは、その程度にまで高度に具体性を捨象した抽象性ではないかと考えられるのである。

考えてみると、「ものを言う」「ものが分かる」「ものともしない」などと言うときの「もの」（本稿でいう「ものC」）も、本来そのような性質のものではなかったであろうか。表現すべきは、（口を利いて）何かを「言う」こと、何かが（何事も）要領を得て「分かる」こと、何かしかるべきこと（まともに取り上げるべきこと）と「しない」ことであって、「何」の具体的内容は問題ではない。これらの「もの」は、後に続く動詞に対する補足語を仮に言葉で（代理名詞的に）表しているにすぎないであろう。例えば、「ものを言う」の「もの」は「言葉」のことであるかなどと詮索する必要は本来ない。古典語の例で、「ものへまかる」と言った場合の「もの」は、具体的に神社仏閣の意味で理解するとよく分かる場合が多いが、これも、本来は、何か（あるところ）へ行くとぼかして言ったまでで、「もの」そのものに神社仏閣の意味があるわけではなかったであろう。

本稿で複合名詞に分類した「もの＋の＋名詞」の形における「もの」も、同様の用法のものと言えるであろう。

「もののはずみ」は何かのはずみ、「ものの本」は何かの（その道のしかるべき）本、といったぐらいの意味。怪しい霊的な存在を意味する「もののけ」は、本来は何かの気配という意味だったようである。(1) 例の「もののあはれ」も、本来は、（特に対象がはっきりしているのでない）何かのしみじみとした感じといったような意味のものだった可能性が強い。「もの＋動詞連用形」（例「もの思い」「ものまね」）の「もの」も似た用法のものであろう。ただし、「もの＋名詞」（例「もの心」）の中には、「ものA＋名詞」の構造ではないかと疑われるものもある。（例「もの音」「ものかげ」）これについては、更に検討してみる必要がある。

「もの」形容詞や「もの」形容動詞の「もの」は、一般に「何となく」の意の接頭語と説明されることが多いが、やはり、（特にこれと明確に対象を指定できない）何かという意味で解釈できる。(2) 例えば、「もの悲しい」は、ある、はっきりとした出来事があるわけではなくて何かが悲しいのである。結局は、何となく悲しいということになるが、「もの」に元々何となくという意味があるわけではない。「もの」は、本来は、後に続く形容詞・形容動詞に対するガ格語の役割で、代理名詞的に用いられたものだったはずである。

「もの」動詞の「もの」も、同様に解釈できる。例えば、「もの申す」は本来何かを「申す」の意、「もの語る」は本来何かを「語る」の意、「もの慣れる」は本来何かに「慣れる」の意と見る。これらの場合の「もの」は、本来、後に続く動詞に対して、ヲ格語、ニ格語などの役割で、代理名詞的に用いられたものと考えられる。ついでながら、「ものする」は、現在、詩や文章などを作り上げる意にかたよっているが、古くは代理動詞そのものであった。

連体詞「ものの」の「もの」については、「ものC」的なものと想像されるだけで、今のところそれ以上の手掛かりがない。今後の研究にまちたいと思う。

五　「ものB」「ものA」の意味と用法

「ものB」も、本質的に「ものC」とそれほど異なるものとは思われない。「ものB」の特徴として、常に連体修飾語を伴って用いられるということが挙げられるが、それは、常に連体修飾語を必要とするほど「ものB」の意味内容が希薄であるからではなく、その被連体修飾語の位置に来得る名詞を代表して（代理名詞的に）、とりあえず「ものB」がその位置を占めているということではないか。もしそうだとすれば、「ものB」は、それに耐えるほど抽象度の高い名詞であるということになる。

21　危きに臨めば平常なし能わざる所のものを為し能う。（猫）

では、「（平常なし能わざる所の）もの」の「もの」がどのような物事であるかはさしあたり問題ではなく、ともかくその位置に来得るすべての名詞を代表して「もの」が用いられているわけである。

また、「ものB」は、「Xは（連体修飾語）ものだ」の形で用いられることが多いが、その「X」の位置には、原則的にどんな名詞又は名詞節も来ることができ、「（連体修飾語）ものだ」はそのすべての述語の役割を果たすことができる。

22　首縊《くく》りは重《おも》に自殺の方法として行われた者であります。（猫）

23　絞罪の刑は此時代から行われたものに違いないと思われます。（猫）

24　大和魂はどんなものかと聞いたら、（猫）

25　夫《それ》で是《これ》から力学的に第一の場合は到底成立すべきものでないと云う事を証拠立てて御覧に入れます。（猫）

26　鼠を捕るのは思ったより六ずかしい者である。（猫）

例**19**、**20**もここに挙げてよい例と言える。

「Xは（連体修飾語）ものだ」の形が「（名詞節）は（連体修飾節）ものだ」の形又はそれに準ずる形となる場合は、これこれの事態は、言い換えれば、これこれの事態であるというような、複雑な内容の文になることがある。寺村（一九八四）のいう解説的な用法はこれに相当すると言えそうである。

27　衆を頼んで騒ぎ出すのは、人の気に酔っ払った結果、正気を取り落したものと認めて差支《さしつかえ》あるまい。（猫）

28　そんな大家を例に引くのは雑魚《ざこ》が鯨を以て自ら喩《たと》える様なものだ。（猫）

題目は、往々にして場面や文脈に依存して省略されることがあるので、上記の表現から次のような変形した形が生まれる。

29　主人は夫にも頓着なく笑う。アンドレア、デル、サルトに罹《かか》ったのは自分一人でないと云う事を知ったので急に愉快になったものと見える。（猫）

30　主人も其気になったものか、何とも云わずに黙って居る。（猫）

「（Xほど〜）ものはない」の形も、「ものB」の使われる形と言っていいだろう。

31　人間の心理程理解し難いものはない。（猫）

32　美程尊いものはない。（猫）

ところで、「ものA」は、有形の「物体・物品」の意を表す。「ものA」と「ものB」「ものC」とでは、どちらがより基本的な「もの」であるかについては議論のあるところであるが、意味の抽象度が異なるので、両者に混同はないはずであるが、時にどちらの例か分かりにくい場合もある。先の「Xは（連体修飾語）ものだ」「（Xほど〜）ものはない」などの形でも、

33　蟷螂はあまり旨い物ではない。（猫）

34　松の幹程滑らないものはない。（猫）

のように、「X」の部分が「物体・物品」的になると、後の「もの」も「ものA」的になるようである。しかし、これを「ものA」と言っていいかは、よく分からない。

「（Xという）もの」の形の場合はどうか。

35　鏡というものは、（猫）

36　人間の命と云うものは、（猫）

37　尼抔と云うものは元来意地のわるい女のうちでも尤も意地のわるいものであるが、（猫）

38　当分の間というものは、（猫）

39　それより以来と云うものは、（作例）

のような例を見ると、例**35**は「ものA」的、例**36**は「ものB」的、例**37**、**38**、**39**は、よく分からないが、少なくとも「ものA」の例ではない。これらは、やはり、全体として「ものB」の例と見るべきであろうか。

「何か（連体修飾語）もの」「Xの（連体修飾語）もの」などの形も、判定に困難を感じる例である。

40　何か 変ったものを食おう。（猫）

41　一般猫児の毛の生えたもの位に思って、（猫）

同様の形に、「Xそのもの」「Xなんてもの」「Xのようなもの」「X如きもの」その他がある。さらに、「Xともあろうもの」「Xと名づくべきもの」「Xと名のつくもの」「Xと称するもの」「Xなるもの」「Xたるもの」「Xたるべきもの」などでは、「者」との区別も問題になる。これらについて、用例はすべて省略に従う。

合成名詞のうちの「〜もの」の形をとるタイプも微妙な形と言える。「名詞＋もの」の例のうち、例えば、「年代もの」「品もの」などは「ものA」的、「時代もの」「噴飯もの」などは「ものB」的に見える。「動詞語幹＋もの」の例でも、例えば、「洗濯もの」などは「ものA」的、「びくびくもの」などは「ものB」的に見える。

また、「動詞・助動詞連用形＋もの」の例のうち、「置きもの」「着もの」などは「ものA」的、「考えもの」「呼びもの」などは「ものB」的に見える。「買いもの」「縫いもの」は、買う品物、縫う品物の意なら「ものA」的、ショッピング、裁縫の意なら「ものB」的である。これらについては、更に考えていく必要がある。

六　「ものD」の意味と用法

「ものD」とは、先にも見たように、「ものだ／ものではない」「ものか」「もので」「ものだから」「ものなら」「ものを」「ものの」「もの（文末）」など、辞的な慣用的表現の中で用いられる「もの」のことをいう。全体で一つの助詞・助動詞相当の語句であるとはいえ、その中で「もの」が用いられている事情を理解することが相変わらず重要であるという認識から、その種の「もの」を仮に束ねてそう呼んだわけであるが、これらの「もの」が最初から同一の性格のものであると保証されているわけではない。個々の形で「もの」が用いられている理由やその「もの」の性格について明らかにすることは、今後の課題と言わなければならない。

ところで、筆者には、偶然の一致かもしれないが、本稿で「ものD」としたものに共通した点がないわけではないように思える。それは、いずれの形においても、「もの」（又は、それを含む文のすぐ前方）の部分に強勢(3)（プロミネンス）が置かれているのではないかということである。

まず、「ものだ」の意味あいとしてよく指摘されているのは、次のようなものである。

42 バイオリンも三挺位になると下手でも聞かれるものですね。（傾向）

43 他人のことは放っとくものだ。（当為）

44 昔は私もよく山に登ったものだ。（習慣）

45 私はこの小花を見て自分もファーブルのような道を進みたいと小さな胸にしっかりと思ったものです。（回想）

46 世の中には間の抜けた男がいるものだ。（感嘆、感慨）

47 一度そこへ行ってみたいものだ。（願望）

このうち、「傾向」「当為」の意味は、「ものではない」の形からも生まれ得る。

48 彼のバイオリンなど聞けたものではない。

49 他人のことは口出しするものではない。

ところで、これらの文の「もの」（又は、それを含む文のすぐ前方）の部分には、強勢が置かれるのが普通である。その強勢は、はずして言うことができない。仮にできたとしても、そのときは、「性質」ないしは「解説」の意味の文（「ものB＋だ」の文）になってしまう。強勢が、慣用的表現としての「ものだ」の文にとっていかに本質的なものであるかが、そのことからもうかがえるであろう。

慣用的表現としての「ものか」は、既に万葉集でも用いられ、現在は全体として一つの反語の終助詞のような扱いを受けているが、「ものか」がなぜ反語の意味になるのかは、解明されているとは言えない。反語は、「自分の考えと逆の形で問いかけ、それを否定させて、意図どおりの結論に導く強調表現」(4)などのように説明されているが、そのような意味あいが生まれてくる仕組みそのものが今一つよく分からない。

今、一種の反語表現の例として、

50　二階位から飛び降りて腰を抜かす奴があるか。（坊っちゃん）

を見ると、「あるか」の「ある」に強勢を置き、「か」で強く押さえ付けるように音程を下げることによって、「二階位から飛び降りて腰を抜かす奴はいない（はずだ。それなのに腰を抜かすとは情けない）」ということを表しているらしいことが分かる。話者にとっては、「二階位から飛び降りて腰を抜かす奴」が「ある」はずはないのであるが、その否定されるべき「ある」を故意に一旦強調した上で、「か」と強く相手に問いかけている。そこから、先のような意味が反語的詰問的に表されることになるのではないかと思われる。

この文を、次のように、「ものか」の文に変えてみたらどうか。

51　二階位から飛び降りて腰を抜かす奴があるものか。

もちろん反語の文であることに変わりはなく、やはり「あるものか」の「ある」ないしは「もの」に強勢が置かれることになるようである。「二階位から飛び降りて腰を抜かす奴」は「あるもの（である）」はずはない。その否定されるべき「あるもの（である）」を故意に一旦強調し、次いで「か」と強く低く（この場合は自問的に?）問い収める、そこから、反語的意味が生まれてくると考えることはできないであろうか。また、

52　あんなものの娘を誰がもらうものか。（猫）

では、「誰が」に強勢が置かれていると見られるが、「あんなものの娘をもらうもの」がいるはずがないと思われ

る状況下で、そのいるはずのないものを「誰が」と故意に強調して問いたて、文末で「か」と強く低く自問的に問い収めている。その問いに対する答え（そんな人物がいるはずがないという）は、初めから用意されていたと言えるであろう。反語文にとっても、強勢の果たす役割が大きいということは、間違いないようである。

　なお、「ものか」の文が感動の意味を表す場合がある。

53　他の庭内に忍び入りたるものが斯く迄平気に睡られるものかと、（猫）

ただし、この場合は、強勢が置かれるとしても、反語の場合とは違うようである。[5] その理由については、更に考えてみたい。

　慣用的表現としての「もので」「ものだから」にも、強勢が置かれるのが普通である。理由（正確には、理由の内容）を強調し、単に「〜ので」「〜から」と言うより、よんどころない事情によるものであることを述べ立てている感じが強い。その後方に、しばしば「つい」などの副詞が用いられる。

54　いつか参上の上御高話を拝聴致そうと存じて居りました所、幸い今日は御近所を通行致したもので、御礼旁伺った訳で、（猫）

55　先生が余り真面目だものですから、つい気がつきませんでした。（猫）

「ものなら」についても、同様である。通り一遍の仮定をしているのではなく、仮にそのようなことがあったら、とんでもないことになるといった意味あいが感じられる。しばしば、「〜ようものなら」の形をとる。

56　比脂たる頗る執着心の強い者で、もし一たび、毛の先へくっ付け様ものなら、雷が鳴ってもバルチック艦隊が全滅しても決して離れない。（猫）

「ものか」と並んで古い「ものの」「ものを」も、栂井道敏『てには網引綱』（一七七〇）などに指摘があるように、やはり強調に関係のある言い方であったと思われる。そのことは、これらの語句の現在の発音の習慣からも、うかがわれる。(6)

慣用的表現としての「ものだ」以下の形がいずれも強調表現であるらしいことを見てきたが、個々の形において、その事実が何を意味するのか、また、そこに「もの」が使われている理由は何か、その「もの」は「ものA」「ものB」とどんな関係にあるのかなどを、国語史的な観点も加えて、検討していくことが今後の課題と言える。

七　おわりに

以上、「もの」の、単純語としての諸用法、また合成語の語要素としての諸用法を概観してきた。単純語としての「もの」を、ア単独でも連体修飾語を伴っても用いるもの（ものA）、イ常に連体修飾語を伴って用いるもの（ものB）、ウ常に単独で用いるもの（ものC）、エ慣用的表現の中で用いるもの（ものD）のように分け、それを合成語の語要素としての用法に敷衍していったわけであるが、あるいは、前三者は、ア「物体・物品」の意を表す実質名詞的なもの（ものA）、イ実質的な意味をほとんどもたず、代理名詞的に用いるもの（ものB＋ものC）のように二分する方法もあり得たかもしれない。

本稿では、全体を見通すことに主眼を置いたために、細部にわたる問題にはほとんど立ち入ることができなかった。本研究で培った視点のもとに、そういった個々の問題に検討を加えていくことが今後の課題であることはいうまでもない。

〈注〉

（1）中田ほか編『古語大辞典』（小学館）「もののけ」の項参照。

（2）東辻（一九九七）第三部第一章第一節参照。なお、「もの足りない」は、正確には「もの＋形容詞」の構成とは言えないが、ひとまずここに入れておく。

（3）ある部分に強勢が置かれるときは、その部分が強く発音されると同時に、語音の低高又は高低の差も拡大強調される。

（4）『集英社国語辞典』（一九九三）「反語」の項による。

（5）主語の「忍び入りたるもの」の方に強勢が置かれているように感じられる

（6）ただし、一方で、古典語と現代語の間の意味・用法上の変化に対する配慮も忘れてはならない。

参考文献

松下大三郎（一九二八）『改撰標準日本文法』中文館書店
出隆（一九三九）「「もの」と「こと」によせて」『思想』昭一四・一
高木市之助（一九四九）「物語―もののあはれの課題―」『源氏物語講座』
北山谿太（一九五一）『源氏物語の語法』刀江書院
土井忠生（一九五五）「ロドリゲス日本大文典に於ける形式名詞の取扱」『国語国文』二四―一一
国立国語研究所（一九五七）『国立国語研究所報告12　現代語の語彙調査総合雑誌の用語前編』集英出版
西下経一（一九五七）「源氏物語の「世」と「物」」『季刊文学・語学』6
中田祝夫・竹岡正夫（一九六〇）『あゆひ抄新注』風間書房
田中章夫（一九六四）「～するわけだ・～することだ」『口語文法講座３　ゆれている文法』明治書院
比島正年（一九六六）『国語助詞の研究―助詞史の素描―』桜楓社
松村明編（一九六九）『古典語現代語　助詞助動詞詳説』学灯社

野村和世（一九七〇）「狂言の留めに用いる「もの」について」『国語研究』30、国学院大学
大野晋（一九七二）「こと・ことば・ことのは」『学習院大学文学部研究年報』18
大野晋（一九七四）『岩波古語辞典』（「こと」「もの」の項）
阪倉篤義（一九七五）『文章と表現』角川書店
広松渉（一九七五）「物と事の存在的区別—語法を手掛かりにしての予備作業」『理想』昭五〇・一〇
安達隆一（一九七七）「名詞句構造における「モノ」「コト」「ノ」—統語論的構造の差異を中心として—」『国語国文学報』31、愛知教育大学
池上嘉彦（一九八一）『「する」と「なる」の言語学』大修館
寺村秀夫（一九八一）「「モノ」と「コト」」『馬淵和夫博士退官記念国語学論集』大修館書店
山内洋一郎（一九八一）「接続助詞「ものから」「ものの」について」『奈良教育大学国文研究と教育』5
比島正年（一九八一）「接続助詞「もの——」の語群」『湘南文学』15
東郷吉男（一九八二）「平安時代に於ける重複型語幹の形容詞ついて—かな系文学作品の用例を中心に—」『国語学』130
荒木博之（一九八三）『やまとことばの人類学　日本語から日本人を考える』朝日新聞社
比島正年（一九八三）『助動詞・助詞概説』桜楓社
東辻保和（一九八三）「文末助詞「ものか」考」『河』17
寺村秀夫（一九八四）『日本語のシンタクスと意味Ⅰ』くろしお出版
高市和久（一九八六）「「形式名詞」と名詞の形式化」『国語学研究』26、東北大学
高市和久（一九八七）「形式的な名詞述語文」『国語学研究』27、東北大学
森田良行（一九八九）『基礎日本語辞典』角川書店
森田良行・松木正恵（一九八九）『日本語表現文型』アルク
守屋三千代（一九九〇）「「モノダ」に関する考察」『早稲田大学日本語研究教育センター紀要』1

守屋三千代（一九九〇）「形式名詞の文末における用法について」『津田塾大学紀要』22
揚妻祐樹（一九九〇）「形式的用法の「もの」の構文と意味―〈解説〉の「ものだ」の場合―」『国語学研究』30、東北大学
益岡隆志（一九九一）『モダリティの文法』くろしお出版
揚妻祐樹（一九九一）「実質名詞「もの」と形式的用法とのつながり」『東北大学文学部日本学科論集』1
益岡隆志・田窪行則（一九九二）『基礎日本語文法―改定版―』くろしお出版
籾山洋介（一九九二）「接頭辞「モノ」を含む形容詞・形容動詞の意味分析」田島ほか編『日本語論究3』和泉書院
高市和久（一九九二）「述語での「もの」の用法」『日本文芸論集』23・24、山梨英和短期大学
籾山洋介（一九九二）「文末の「モノダ」の多義構造」『名古屋大学言語文化部言語文化論集』XⅣ-1
阪倉篤義（一九九三）『日本語表現の流れ』岩波書店
揚妻祐樹（一九九三）「格成分として用いられる「もの」［単純用法］と［被修飾用法］」『藤女子大学国文学雑誌』50
坪井由香里（一九九四）「「ものだ」に関する一考察」『日本語教育』84
土井忠生訳（一九九五）『ロドリゲス日本大文典』（復刻版）三省堂
野田春美（一九九五）「モノダとコトダとノダ―名詞性助動詞の当為的な用法―」『日本語類義表現の文法（上）単文編』くろしお出版
山梨正明（一九九五）『認知文法論』ひつじ書房
小谷博泰（一九九七）『日本語文法の原理と教育』和泉書院
東辻保和（一九九七）『もの語彙こと語彙の国語学史的研究』汲古書院
池上嘉彦（一九九八）「〈モノ〉と〈トコロ〉の反転」『東京大学国語研究室創設百周年記念国語研究論集』汲古書院

第六　「ものか」の反語文について

一　はじめに

「ものか」という形を末尾に持つ文は、古くから、多く、反語を表す文や、詠嘆（意外なことに対する驚き）を表す文となることが知られている。本稿は、とりあえず、そのうち、反語を表す文について、その反語の意味の生まれてくる仕組みを、近・現代語の用例をもとに、主に構文論的な観点に立って探ってみようとするものである。以下、「ものか」というときは、特に断らない限り、反語文におけるそれを指すこととする。

資料には、夏目漱石「吾輩は猫である」（CD―ROM版『新潮文庫　明治の文豪』による、以下出典名としては「猫」と略記）と、「CD―ROM版『新潮文庫の１００冊』を用い、補足的に適宜その他の明治以後の文学作品の用例を使用する。なお、その場合、「もんか」「ものですか」「もんですか」などは、「ものか」の変化形と認める。

二 「ものか」の反語文の構造

周知のように、「ものか」を末尾にもち、反語を表す文（以下、「ものか」の反語文と呼ぶ）は、上代から現代に至るまで、各時代を通じて引き続き用いられてきた。そのためもあってか、現在、文法書や国語辞典・古語辞典の中には、「ものか」を、全体で一語の、反語（及び詠嘆）の終助詞の扱いとしているものが少なくない。[1]

しかし、改めて考えてみるに、「ものか」は、本来、形式名詞「もの」に疑問の助詞「か」が結びついてできた連語であることは明らかであり、文末にそのような形をとるについては、構文論的にそれなりの理由があったと考えられる。そして、その特徴が近・現代語において全く消滅しているとは考えにくい。それを考慮に入れずに、単に「ものか」を反語の終助詞として済ますことは、「ものか」の文から反語の意味が生まれてくる仕組みを追究する手掛かりを自ら放棄するばかりでなく、「ものか」の文の真に正確な意味あいを見誤ることにもなりかねない。我々としては、「もの＋か」という本来の語句の組み立てにこだわったところから出発するのが適当であろう。

その立場から、まず再確認しておくべきことは、次の二点である。

1 「ものか」の「か」は「であるか」相当であるということ。

2 「もの（か）」に前接する一連の語句は、主文を構成する語句ではなく、連体修飾節を構成する語句であるということ。

上代から現代に至るまで、文末において、「断定の助動詞＋か」とあるべき箇所を、多く単に「か」で済ませていることは、周知のことであろう。[2] 現代語でも、口頭語において最も標準的な断定の助動詞「だ」に助詞「か」

を付けて言うとき、例えば、「学生だ」「暖かくなったからだ」などを疑問の形で言うときは、普通、単に「学生か」「暖かくなったからか」などと言う。[3] この場合の「か」は、「であるか」相当の「か」であると言える。なお、丁寧表現において、「学生ですか」「暖かくなったからですか」、「学生でございますか」「暖かくなったからでございますか」、また、文章語において、「学生であるか」「暖かくなったからであるか」などの形が用いられるが、このことは、とりもなおさず、「学生か」「暖かくなったからか」などの「か」が「であるか」相当であることを傍証していると言える。反語文における「〜ものか」についても同様で、丁寧表現では、「〜ものですか」「〜ものでございますか」が用いられる。ただし、文章語としては、反語文でも、「〜ものであるか」でなく、やはり、「〜ものか」が用いられる。いずれにしても、これらの「か」が本来「であるか」相当であることに変わりはない。

次に、「もの＋か」の「もの」が本来形式名詞であるということ、また、それに前接する語句が本来連体修飾節であるということは、だれも認めることであろう。この際、そのことが構文論的に持つ本来の意味を改めて思い返してみる必要がある。

以上から、「ものか」の反語文は、単に文末に「ものか」が付いた文というよりは、本来「連体修飾節＋もの（＋断定の助動詞）」の形の述部を持つ一種の名詞文に、更に「か」が付いた文と見るのが正しいと思われる。

典型的な名詞文は、

Xは　Yだ／である

という構造と言えるが（X、Yには、名詞ないしは名詞相当語句が来るものとする。以下、Xに相当する部分には二重傍線、Yに相当する部分には傍線を施す）、そのことから、典型的な「ものか」の反語文の構造は、一応、

Xは　連体修飾節＋もの　（である）　か　…………Ⅰ

という構造であることが想定される。ただし、この場合の連体修飾節の連体修飾が「内の関係」のそれであるか、「外の関係」のそれであるか(4)は、この段階では不明であるとしておく。

三　修正「ものか」の反語文の構造

では、実際の状況はどうであろうか。試みに、「吾輩は猫である」について調べてみたところ、出現した「ものか」の反語文は、「～ものか」の形のもの37例、「～ものですか」の形のもの7例、「～もんか」の形のもの7例、「～もんですか」の形のもの11例、計62例であった。これを、「Xは」「Xが」などの現れ方から再分類した内訳は、次のとおりである。

①　「X[1]は（X[2]が）～もの（である）か」の形のもの　1例

この場合の「X[2]が」が「もの」にかかる連体修飾節中の要素であるかどうかは、この段階では、不明。

1　心の落着は死ぬまで焦ったって片付く事があるものか。（「猫」）

②　「Xが（「Xも」「XもXも」を含む）～もの（である）か」の形のもの　40例

この場合の「Xが」が「もの」にかかる連体修飾節中の要素であるかどうかは、この段階では、不明。

2　そんな古いものが役に立つものか。（「猫」）

3　九時に出頭しろと云いながら十一時まで待たせる法があるものか。（「猫」）

4　なに、己《おれ》がそんな卑劣な男なものか。（森鷗外「雁」）

5　意味も何もあるものか。（「猫」）

など。

6　そんな愚な男がどこの国に居るものか。（「猫」）

7　誰が警察から油壺を貰ってくるものか。（「猫」）

③　「～もの（である）か」の形のもの（「Xは」も「Xが」も現れない形）　21例

8　「こいつは大変だ。奥方はちゃんと居るぜ、君」「ウフフフフ」と主人は笑いながら「構うものか」と云った。（「猫」）

9　「叔父さんの様なのは一人も居ないわね」「居るものですか。無類ですよ」（「猫」）

10　「夫で先ず実験上差し支えない位な球を作って見様と思いましてね。先達てからやり始めたのです」「出来たかい」と主人が訳のない様にきく。「出来るものですか」と寒月君が云ったが、（「猫」）

11　小供は平気なもので「あら、でも今日は御休みよ」と支度をする景色がない。「お休みなもんですか、早くなさい」と叱る様に言って聞かせると、（「猫」）

など。

このうち、③は、①ないしは②のタイプの文の省略文であると考えるべきであろう。反語文は、やや感情にまかせて、吐き出すように言い放つことも多く、当事者（特に話し手）に自明のことは、言語化しないで済ませてしまうことがありがちなことは理解されよう。ちなみに、我々の語感から言って、例**8**では「私が／だれが（そんなことに）」、例**9**では「叔父さんの様な人が」、例**10**では「（私に）そんな球が」、例**11**では「今日が」などが、省略された語句として、想定されるであろう。

このようにして、③が②に準ずるものとすれば、「ものか」の反語文の大勢は、②で占められていることになる。

そこで、改めて、例えば例**2**について、その構造を考えてみるに、まず、「そんな古いものが役に立つ」の全体を、「もの」に前接する連体修飾節と見る見方があり得る。その場合、自動詞相当の「役に立つ」に対する必須補語は、「そんな古いものが」ですべて出尽くしているところから、その連体修飾節は、「外の関係」の連体修飾として「もの」にかかっていると考えられる。その場合、「Xは」に相当する語句が省略されていることになる。省略されている「Xは」としては、「のだ」の文や、解説的な用法の「ものだ」の文の場合にならって、言語的又は非言語的文脈中のある事態を先行詞とした「それは」などの語句を想定することができそうだ。[5] これを図式的に示せば、

2' （ある事態に関して）それは　そんな古いものが役に立つもの（である）か。

ということになり、意味は、「（ある事態に関して）それは、そんな古いものが役に立つという事態であるか。（いや、そんな事態ではない。）」といったぐらいのことになろうか。しかし、原文に当たってみても、前後に、「それは」の先行詞となりそうな事態は見当たらないし、文の意味そのものも、上記のようなものとは思われない。

もう一つの見方として考えられるのは、「役に立つ」の部分だけを、「もの」に前接する連体修飾節と見る見方であろう。この場合は、「役に立つ」に対する必須補語として、「〜が」が欠けているので、その連体修飾節は、「内の関係」の連体修飾として「もの」にかかっていると見るのが適当であろう。一方、「Xは」に相当する語句がなく、代わりに、「Xが」（「そんな古いものが」）が存在することが注目される。この、二番目の見方によれば、初めに想定された形とは異なる、次のような形が現出していることになる。

2" そんな古いものが　役に立つもの（である）か。

次に例**7**について考えてみる。この例でも、一応、例**2**の場合と同様に、「誰が警察から油壺を貰ってくる」

を前接の連体修飾節とし、それが「外の関係」の連体修飾として「もの」にかかっていると見て、「(ある事態について) それは、誰が警察から油壺を貰ってくるという事態であるか。(いや、そんな事態ではない。)」という意味の文と考えてみることができる。しかし、やはり、これも、実情に即したものとは思われない。

一方、「警察から油壺を貰ってくる」を前接の連体修飾節とし、それが「内の関係」の連体修飾として「もの」にかかっていると見た場合、初めに想定された形と異なり、やはり**2"**と同種の、次のような形を認めることになる。

7"　誰が　警察から油壺を貰ってくるもの (である) か。

このように見てくると、標準的な「ものか」の反語文の構造を、次のように想定し直すのが適当ではないかと思われる。(6)

Xが　連体修飾節＋もの (である) か。　…………Ⅱ

この場合の連体修飾節の連体修飾は、「内の関係」のそれである。(「Xが」は「もの」にかかる連体修飾節の中に含まれない)

「ものか」の反語文では、例**7**のように、「X」の位置に、もともと「は」を伴って題目となる可能性のない「疑問語」が現れることが少なくないという事実も、この形を標準形として立てることの妥当性を示しているように思われる。ちなみに、「ものか」の反語文に限らず、一般に、反語文は、題目を持たない無題文であるのが普通のようである。例、

12　「どうしたんでしょう」「おれが知るか。(略)」(井上ひさし「下駄の上の卵」)

13　二階位から飛び降りて腰を抜かす奴があるか。(夏目漱石「坊っちゃん」)

例**1**のような、題目を備えた反語文は、数が極端に少ないだけでなく、やや特殊な感じがする。Ⅰは、Ⅱから派生した、特殊な文と考えるべきではなかろうか。これについては、後でもう一度取り上げる。

Ⅱは、いわば無題の名詞文ということになるが、文法的に特に許されない形とは言えないであろう。連体節や一部の連用節、また、述部節の内部では、「彼が学生であることは、〜」「彼が学生であるならば、〜」「私の家では、長男が大学生で、次男が高校生です。」などのように、ごく普通に「XがYだ」の形が現れる。「ものか」の反語文中の「Xが〜もの（である）か」も、それらの形に準ずるものと考えてはどうだろう。なお、反語文の裏返しともいうべき、「ものではない」の文というのがある（例「そんな角張った事をして物が纏まるものじゃない」（猫）、「そのあいだ中、わたしが夫人にへばりついていられるものではない」（原田康子「挽歌」））。その場合も、「〜もので（はない）」に対応するのは、「Xが」である。

なお、一般に、主語に「Xは」でなく「Xが」を持つ名詞文では、その「Xが」にプロミネンスが置かれて、いわゆる総記(7)の意味となるのが普通であるが、連体節や一部の連用節、また、述語節の内部の「XがYだ」の「Xが」は、プロミネンスが置かれることもなく、総記の意味でもない。「ものか」の反語文や、反語文の裏返しの「ものではない」の文の「Xが」も同様である。（「ものか」の反語文にも、プロミネンスが置かれるが、その置かれ方は、総記の文のそれとは全くの別物である。(8)これについても、後で触れる。）

四　Ⅱの形の問題点

Ⅱを「ものか」の反語文の標準的な形と認める上で、幾つか疑問が生ずる可能性があるので、それについて考えを述べておく。

その第1は、当然のことながら、「〜もの（である）」という形で必ず形式名詞「もの」が用いられるわけであるが、それらの「もの」に共通した意味が存在していると言えるだろうかということである。実は、形式名詞の「もの」について、筆者は、先に、別稿[9]で、かなり抽象度の高い意味しか表さないもので、常に被連体修飾語の位置に立ち、とりあえず名詞の役割を果たす代理名詞的性格のものではないかということを論じた。「もの」が、そのような、「物」的・「者」的・「こと」的などの意味を超越した性格のものであることによって、「Xは〜ものだ」の文において、次のように、「X」の位置にどのような名詞（相当語句）が来ても、「もの」は、うまく、その「X」と対応して、その役割を果たすことができることになると考えられる。

14　大和魂はどんなものかと聞いたら、〜（「猫」）

15　絞罪の刑は此時代から行われたものに違いないと思われます。（「猫」）

16　鼠を捕るのは思ったより六ずかしい者である。（「猫」）

17　衆を頼んで騒ぎ出すのは、人の気に酔っ払った結果、正気を取り落としたものと認めて差支あるまい。（「猫」）

「ものだ」の文の「もの」が、時に、「物」的、「者」的、「こと」的などに見える場合もあるが、それは、単に「Xは」の「X」の意味に引きずられて、そう見えるにすぎない。「Xが〜もの（である）か」の文の「もの」についても全く同じことが言えるのではなかろうか

その第2は、「ものか」の「もの」に前接する部分では、いわゆる「ガノ交替」の現象が見られないが、それはなぜかということである。「ガノ交替」は、従属節（現代語では、主として連体修飾節（名詞節））中での特有の

現象であるので、それが生じないことは、それを取り巻く一連の語句が連体修飾節（名詞節）でないことの証拠とされることが多い。確かに、筆者が今回調査した資料でも、「ものか」の「もの」を修飾すると見なされた一連の語句中に「名詞＋が」の代わりに「名詞＋の」が用いられた例は見当たらなかった。「もの（か）」に前接する一連の語句が連体修飾節の性格を薄めつつあることは否定できないようである。しかし、この場合は、もともと連体修飾節中にガ格語が現れる可能性が少ない構造になっているふしがあることに注目しておきたい。よく観察すると、「ものか」の「もの」に前接する連体修飾節の連体修飾は、「内の関係」のそれであり、しかも、ガ格の名詞が底（被連体修飾語）に回る関係になっているもの（事実上、その底の位置を代理名詞「もの」が占めているわけであるが）がほとんどであるということが分かる。つまり、「ものか」の反語文の場合、もともと、「もの」に前接する連体修飾節中には、ほとんどガ格語が現れない構造になっているのである。なお、ついでに触れると、その結果、「ものか」の反語文では、あたかも文の主語の「X＋が」と「もの」にかかる連体修飾節中の述語とが主述関係を構成し、「か」でなく「ものか」が終助詞であるかのような様相を呈することになっている。例えば、例**1**では、「そんな古いものが」と「役に立つもの（である）」が主述の関係をなし、それを終助詞「か」が包んでいるのではなく、「そんな古いものが」と「役に立つ」が主述の関係をなし、それを終助詞「ものか」が包んでいるかのように見えるわけである。これを図示すれば、次のようになる。

〔そんな古いものが役に立つもの（である）〕か。……………（本当の構造）

〔そんな古いものが役に立つ〕ものか。……………（見かけ上の構造）

その第3は、第1、第2に続いて起こってくる問題で、例**12**、例**13**などのように、普通の述語に「か」を付けた形（右の、見かけ上の構造の「ものか」を「か」に替えた形）で十分反語文となり得るのに、なぜ、多くの反語文では、述語をわざわざ「～もの（である）」と名詞述語化し、それに「か」を付けた構造をとる必要があるのかということである。特に、例**4**のように、「卑劣な男だ」という名詞述語を、さらに「卑劣な男なもの（である）」と二重に名詞述語化した文では、その感が更に強い。これについては、広く「ものだ」の文と絡めて考える必要があるので、ここで結論的なことを言うことはできないが、筆者は、例えば、「動く」とか「悲しい」とか言うよりも、「動くものである」「悲しいものである」などとする方が、一般論としての表現の性格をより強める効果があるのではないかと考えている。これは、六で述べることとも関係があると思われるので、そちらも参照されたい。

その第4は、語順の関係で、厳密にどの部分を連体修飾節と認めるべきかということである。分かりにくい例があることは確かである。例えば、

18　どこの国に頭の試験をして及第したら嫁にくるなんてものが在るもんですか。（「猫」）

では、「在る」の部分だけを連体修飾節と認めると、「どこの国に」のかかり先がなくなってしまう。この場合は、意味から言って、語順にこだわらずに、「どこの国に在る」を連体修飾節と認めるのがよいと思われる。語順を変えて言うのも、何らかの強調意識の表れではないかと思われる。反語文には、同様の例が少なくない。例、

19　女なんかに何がわかるものか。（「猫」）

20　あんなものの娘を誰が貰うものか。（「猫」）

なお、例**6**、例**7**のように、穏やかな語順で述べた例も、もちろん存在する。

五　「ものか」の文に反語の意味が生まれる理由

Ⅱを「ものか」の反語文の標準的な形と認めるとして、では、そこからどのようにして反語の意味が生まれてくるのであろうか。ポイントになることは、三つあると思われる。

その一は、この形には、「Xが　連体修飾節＋もの（である）」という名詞文が含まれているわけであるが、その「X」と「Y（連体修飾節＋もの）」に、その発話の当事者（主に話し手、ついでに聞き手）にとって、元々「XがYだ」という形で結びつけられるはずのないものがことさら並べられている傾向があるということである。例えば、例**2**では、「そんな古いもの」が「役に立つもの」であるはずはないが、その両者が「そんな古いものが役に立つもの（である）」と結び付けられている。例**8**では、自他共に認めるように、「（この）私」が「（そんなことに）構うもの」であるはずはないが、「（私がそんなことに）構うもの（である）」と結びつけられている。また、例**20**では、「あんな娘を貰うもの」がいるはずがないのに、そのいるはずのないものを故意に強調して「誰が」と問い立て、それが「あんな娘を貰うもの（である）」と結びつけられている。

その二は、上のように結びつけられた「Xが　連体修飾節＋もの（である）」の全体を、助詞「か」が意味的に包み、疑問の対象（スコープ）としていることである。ことさら矛盾する「X」と「連体修飾節＋もの」を「XがYだ」という形で結びつけた上で、そのようなことがあり得るかと問い立てていることになる。導き出される回答は、当然否定的なものになると予想される。この場合、「Xが」を「Xは」としたらどうなるか。「Xは」が疑問のスコープに入るかどうか、議論の分かれるところであろうが、ここでは、少なくとも一旦はスコープからはずれると考えておく。反語文で、「Xは」でなく、基本として「Xが」が用いられるのは、そのためではないだろうか。

　その三は、「ものか」の反語文に限らず、反語文において、独特の強いプロミネンスが置かれることである。ここでは、とりあえず「ものか」の反語文に絞って論ずることにすると、そのプロミネンスの置かれ方に二つのパターンがあるようである。まず、文中に疑問語が存在しない場合は、「ものか」の「もの」の部分、又はその直前の、前接する連体修飾節中の述語にプロミネンスが置かれる。「彼がそんなことを言う**もの**か」「彼がそんなことを**言う**もんか」「そんな所から飛び降りる奴がある**もの**か」「そんな所から飛び降りる奴が**ある**もんか」など。また、文中に疑問語が存在する場合は、その疑問語にプロミネンスが置かれる。「**だれ**がそんなことを言うものか」「そんなこと、**だれ**が知るものか」など。反語文におけるプロミネンスが独特と言うのは、それが、普通のプロミネンスと比較して、音の高低差・強さが更に大きいと見られるからである。[10]「これは私が今日買ってきたものだ」（平叙文、プロミネンスなし）、「彼の活躍ぶりは大したものだ」（感歎文、普通のプロミネンス）、「そんなこと構うものですか」（反語文、反語文のプロミネンス）の三つの文の「モ」の発音、また、「だれかが来た」（平叙文）、「今日はだれが来ますか」（疑問文）、「だれがそんなこと言うものですか」（反語文）の三つの文の「ダ」の発音を比較してみれば、そのことが了解されるのではなかろうか。反語文、とりわけ「ものか」の反語文における特有なプロミネンスが何を意味するものであるかは慎重に検討する必要があるが、ここでは、「X」又は「連体修飾節＋もの」の一方を、より強くないしは感情的に強調して、「Xが　連体修飾節＋もの（＋である）」という結びつきの矛盾を一層際だたせる働きをもつものと考えておく。

　以上により、Ⅱの形の「ものか」の文が反語の意味を表すに至る事情はおのずから明らかになったと考える。

六　「ものか」の反語文の一特徴

「ものか」の反語文の特徴で、更に一つ触れておくべきことがある。それは、「もの」に直接する活用語が常にル形をとっていると見られることである。

21　「それで地蔵様は動いたの？」「動くもんですか」（『猫』）

22　「ある日藤さんが散歩に出たあとで、よせばいいのに苦沙彌君が一寸盗んで飲んだ所が……」「おれが鈴木の味醂抔《など》を飲むものか、（略）」と主人は突然大きな声を出した。（『猫』）

これらは、相手がタ形の動詞を用いて表した過去の事柄に関して、いずれも、「（Xが）～ル形動詞＋もの（である）か」の形で答えている。このことは、「ものか」の反語文が、「X」について、それが、テンスを超越した、ある一般化した性質をもつ何か（存在）であるかと問う（そして、自らそれを言外に否定する）、一般論の世界の表現であるということを意味しているのではあるまいか。もっとも、例えば、例**21**、例**22**を、「（地蔵が）動くか」「おれが味醂などを飲むか」のように、「か」の反語文に変えても、やはり、「か」の直前の活用語はル形をとるようなので、これは「ものか」の反語文だけの特徴ではないかもしれないが、「ものか」の反語文で特に顕著であるとは言えるであろう。

ところで、論理の世界の表現といっても、表現のあやでそのような体裁をとっているだけで、事実上、（「ものか」の）反語文が現実の時（テンス）にかかわる事柄に関して何も表現しないというわけではもちろんない。例えば、例**21**では、「地蔵」が動く存在であるかどうかを一般論として問題にする体裁をとっているが、結果として、言うまでもなく「地蔵」はその問題のとき動かなかったということを表していると見られる。また、

23　さあ云えだなんて、そんな横柄づくで**誰**が云うもんですか。（「猫」）

では、「誰」がそんな横柄づくな質問に答える存在であるかを一般論として問題にする体裁をとっているが、結果として、自分は絶対に答えないつもりだということを表していると見られる。

七　有題の「ものか」の反語文

これまで、無題文であるⅡを「ものか」の反語文の標準的な形と考えてきたが、題目を備えた「ものか」の反語文がないわけではないようである。ただし、出現頻度はそれほど高くない。「吾輩は猫である」では、先に見たように、「ものか」の反語文62例中1例で、これは既に例**1**として掲げた。また、「CD-ROM版『新潮文庫の100冊』中の、純粋に「〜ものか」の形（「〜ものですか」などを含まない）の例を調査したところ、全214例中、題目をもつもの（対比強調のものを除く）は、6例であった。その全例を次に掲げる。

24　人殺しの罪は変るものか。（芥川龍之介「好色」）

25　もともと、正室、側室に上下はあるものか。（司馬遼太郎「国盗り物語」）

26　相談などは、おのれらにするものか。（同）

27　あなたがおとなになったら、私はもう決して、よそへなんかいくものか。（田辺聖子「新源氏物語」）

28　こんなことはあてになるものか。（武者小路実篤「友情」）

29　自分はもう杉子のことなんか思ってやるものか。（同）

このような例が存在することをどのように考えたらよいだろうか。筆者は、Ⅱを退けて、ことさらⅠを「ものか」の反語文の標準的な形と考える必要はないと考えている。

まず、これらの文の題目は、いずれも、本来「Xが　連体修飾節＋もの（である）か」というⅡの文の中に収まる要素が取り立てられたものと見なすことができる。例**1**は「X」にかかる連体修飾節中の要素を題目に掲げたもの、例**26**は「もの」に前接する連体修飾節中の要素を題目に掲げたもの（ただし、「Xが（だれが／私が）」は省略されている）、残る5例は、本来の「X」そのものを題目に掲げたものと見られる。

また、題目を備えた「ものか」の反語文は、相対的に、数も少なく、実際の例を見ると、表現にどこか不自然さのあるものが多いように感じられる。題目を備えた「ものか」の反語文が存在するのは、反語文でも、時に、何らかの理由で、題目を立てて言わなければならない必要が生じるため、そのときは、Ⅱを変形する形で文が作られるといった風に考えておきたい。

八　おわりに

以上、いわゆる「ものか」の反語文について、本来の文構造を考え、そこから、反語の意味が生まれてくる仕組みを考えてみた。「ものか」の「もの」が名詞性を失いかけていることは否定しようのない事実であろう。しかし、「ものか」の反語文には、文末に「ものか」という一つの終助詞が付いてできたとするだけでは済まされない、様々な、本来の構文論的な姿の痕跡が残されているように思われる。「ものか」を、今しばらくは連語というあいまいな扱いにしておくのも、それなりに意味のあることかもしれない。

なお、反語文は、「ものか」のそれに限らず、上代語から存在するものであるから、その研究は、上代語を資料とするところから出発すべきであったかもしれないが、用例が得やすいこと、プロミネンスの観察に有利なことなどの理由で、とりあえず近・現代語を資料として考察を進めることになった。これには、古典語と近・現代語の間に、「ものか」の反語文の基本的な構造の上で一貫するものがあるだろうという想定があった。このことは、当然、通時的な考察によって確かめられなければならないであろう。

その他、そもそも反語文とは何か、「ものか」の反語文はその反語文全体の中にどのように位置づけられるはずのものかなど、まだまだ考察すべきことは少なくない。すべて、今後の課題としていきたい。

〈注〉

（1）一例を挙げれば、保科（一九一一）、木枝（一九三七）、時枝（一九五〇）、鈴木・林（一九七三）／松村（一九六九）、松村（一九七一）、中田・和田・北原（一九八三）など。山崎（一九五八）には、「名詞「もの」と助詞「か」の結びついた「ものか」もまた、「かしら」と共に、話手の気持を直接的に表わす助詞であることに変りがありません」とある。

（2）例えば、時枝（一九五四）では、「人はなれたるところに心とけて寝ぬるものか（源氏　夕顔）」について、「寝ぬるものか」は「寝ぬるものなるか」の省略であるとしている。

（3）ただし、共通語でも、「さあ、それは、どうだか」のように、慣用的に「〜だか」の形を用いる場合がある。

（4）「内の関係」「外の関係」の用語は、寺村秀夫『日本語のシンタクスと意味Ⅱ』（くろしお出版　一九八四年）による。

（5）拙論、「「のだ」の文について」（「国文学研究」77　一九七五年）、「いわゆる解説的な用法の「ものだ」の文」（『十文字国文』8　二〇〇二年）参照。

（6）湯沢（一九三六）では、「さうして居るといふ事があるものか」（「近松歌舞伎狂言上」）などの「ものか」について、一語の助詞として扱いながらも、「この場合の「もの」は、未だいくらか本来の意を保って、上の「事」を承けて居ると見られる様である」としている。

(7)「総記」の考え方は、久野暲『日本文法研究』(大修館一九七三年)による。

(8) 実は、反語文の裏返しの「ものではない」の文の「Xが」にもプロミネンスが置かれるようであるが、文全体の音調は、総記の場合のそれとも、反語文のそれとも、異なるようである。この間の事情については、更に検討してみる必要がある。

(9) 山口(二〇〇〇)参照。

(10) ただし、このことはなお主観的判断の域を出ないと言わざるを得ない。今後客観的に証明されることを期待したい。

参考までに、今石元久編『音声研究入門』付属の「音声録聞見(フリー版)」を利用して、筆者が個人的に行った実験では、

①だれかが(そう言いました。)
②だれが(そう言いましたか?)
③だれが(そんなことを言うものですか。)

の傍線部のピッチ曲線(基本周波数の軌跡)は、下図のとおりであった。高低差は、明らかに①だれかが〈②だれが〈③だれが であるように見える。

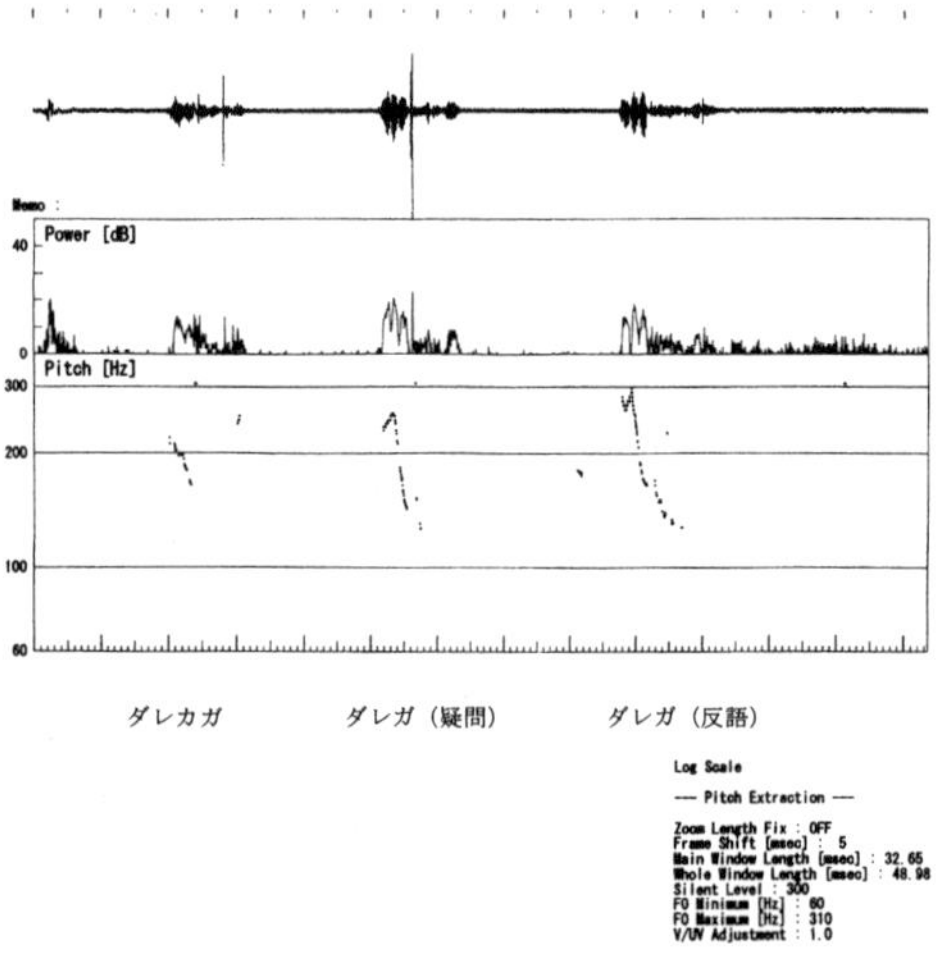

参考文献

保科孝一（一九一一）『日本口語法』（同文館）
湯沢幸吉郎（一九三六）『徳川時代言語の研究』（刀江書院）
木枝増一（一九三七）『高等国文法新講』（東洋図書）
時枝誠記（一九五〇）『日本文法　口語編』（岩波書店）
時枝誠記（一九五四）『日本文法　文語編』（岩波書店）
山崎良幸（一九五八）『現代語の文法』（武蔵野書院）
鈴木一彦、林巨樹編（一九七三）『品詞別日本文法講座　助詞』（明治書院）
松村明編（一九六九）『古典語現代語　助詞助動詞詳説』（学燈社）
松村明編（一九七一）『日本文法大辞典』（明治書院）
中田祝夫・和田利政・北原保雄編（一九八三）『古語大辞典』（小学館）
森田良行・松木正恵（一九八九）『日本語表現文型』（アルク）
グループ・ジャマシイ（一九九八）『日本語文型辞典』（くろしお出版）
山口佳也（二〇〇〇）「「もの」の用法概観」『私学研修』第154・155号（私学研修福祉会）
日本語記述文法研究会（二〇〇三）『現代日本語文法４　第８部モダリティ』（くろしお出版）

第七　「二度ない」その他
――「ある＋ない」相当の「ない」をめぐって――

一　はじめに

現代語において、動詞の打ち消しの形は、その未然形にいわゆる助動詞の「ない」を付けて作るが、ただ「ある」という動詞にだけはその言い方がない。佐久間鼎『日本語学』[1]（一九五二）では、そのことに触れて、次のように述べている。

存在をあらわす「ある」の打消しは「ない」だけで十分なので、「あらない」の形はつかわれません。

しかし、意味論的にはともかく、構文論的には、「ある＋ない」の形が用いられず、その代わりに「ない」を用いていることが、不都合をきたしていないとは言えないようである。本稿では、そのことについて述べてみようと思う。

二　「連用語＋ない」のかかり受けの構造二種

「ある＋ない」と形容詞の「ない」とを比較した場合、その部分に限って意味の上から見れば、両者に違いがないか、あっても日常的に無視できる程度の違いしかないと言ってよいかもしれない。それでは、構文論的に見た場合にも、「ある＋ない」と「ない」との間にほとんど違いがないと言うことができるであろうか。

今、一般的に、「連用語＋動詞＋ない」(2)という形について考えてみるに、そのとり得る文構造は、次の二つであると考えられる。(3)

A　連用語＋動詞＋ない

B　〔連用語＋動詞〕＋ない

Aの例としては、例えば、次のようなものを挙げることができる。

1　鼠は決して取らない。(夏目漱石「吾輩は猫である」)

2　たゞ議論のための議論をされる位なら、最初から取り合わない方が余っ程増しだった。(同「明暗」)

この場合、連用語「決して」「最初から」は、それぞれ、「取る」「取り合う」にかかるのではなく、直接「取らない」「取り合わない」の全体にかかっていると考えられる。

Bの例としては、次のようなものが挙げられる。

3　お勝は〔無理にすすめ〕なかった。(山本周五郎「かあちゃん」)

4　若し出さねばならぬものなら、何故〔出発してから出さ〕ないのだ。(志賀直哉「邦子」)

この場合、連用語「無理に」「出発してから」は、それぞれ、「すすめなかっ(た)」「出さない」にかかるのではなく、いったん「すすめる」「出す」にかかり、その全体を助動詞「ない」が包んで、打ち消すような構造になっていると考えられる。

ところで、今仮に、「連用語＋ある＋ない」という形が存在するとしたら、そのとり得る文構造は、やはり、先のA、Bに相当する次の二つとなるはずである。

A　連用語＋ある＋ない

B　〔連用語＋ある〕＋ない

ところが、現代語では、「ある＋ない」は形容詞の「ない」が代行するわけであるが、それがどのような構造のものとして実現するかが問題である。Aに対応する形については、一応次のように考えて問題がなかろう。

A'　連用語＋ない

Bに対応する形については、「ない」イコール「ある＋ない」の趣旨からすれば、本来「ある」にかかるべき「連用語」を形容詞「ない」の中の「ある」の要素が受け止め、更にその全体を「ない」の中の助動詞「ない」の要素がまとめて打ち消すという構造をとることになるはずであるが、そのように考えることが構文論的に本当に容認され得るものかどうか不明であるし、また、今のところそれを示す方法も見つからない。そこで、ここでは、仮にこれを次のように表示しておくこととする。

B'　連用語＋ない

このB'は、文構造上問題がないとは言えないであろう。

もっとも、実際には、例えば、

〔(大雨が)しばしば＋ある〕＋ない

に相当する内容を表す場合

（大雨が）しばしばない。

と言うことは余りなく、(4)

〔（大雨が）しばしばある〕ということはない。

〔（大雨が）しばしばある〕わけではない。

などのような言い方をするのが普通である、といった具合に、B’の構造の表現をできるだけ用いないで済まそうとする傾向が強いとは言える。

しかし、特定の形を中心に、B’の構造をもつ表現が用いられることも決して少なくない。

三　B’の構造の典型例

B’の構造をもつと見られる例を、以下に幾つか示してみる。

5　一度あったことは二度ないと言えないんだからね。（武田泰淳「審判」）

6　おめえだってそんな覚えが二度や三度ねえこたあねえだろう。（山本周五郎「ちいさこべ」）

この場合の「二度ない」「二度や三度ない」を、それぞれ、

二度＋ない

二度や三度＋ない

の構造のものと見ると、「ないことが二度である」「ないことが二度や三度である」というような意味になるはず

である。しかし、これらは、前後の関係から、「（一度あるだけで）二度あることはない」「二度や三度あるということがない（ことはない）。」というような意味を表していると考えられるから、本来、

〔二度＋ある〕＋ない

〔二度や三度＋ある〕＋ない

という構造をもつべきものが、「ある＋ない」相当の「ない」を使用することによって、結果としてB'の構造のものとなっていると考えることができる。

7　そうして君程又損得利害をよく心得ている男は世間にたんとないんだ。（「明暗」）

この場合の「たんとない」も、

たんと＋ない

の構造のものならば、「ないことがたんと（たくさん）である」というような意味になるはずであるが、実際は、「たんとあるということはない」というような意味であると考えられるから、やはり、本来、

〔たんと＋ある〕＋ない

という構造をもつべきものが、「ある＋ない」相当の「ない」を使用することによって、結果としてB'の構造のものとなっていると考えることができる。

8　姑と繋ぎあった麻縄を、どのようにしてその松へ絡みつけたか、自分でそうしたのではなく偶然に絡みついたものかはっきり覚えがない。（山本周五郎「花筵」）

9　この山椒魚に幾らかその傾向がなかったと誰がいえよう。（井伏鱒二「山椒魚」）

この場合の「はっきり覚えがない」「幾らかその傾向がない」も、それぞれ

はっきり＋覚えが＋ない
幾らか＋その傾向が＋ない

の構造のものと考えるのでは、意味をなさない。これらは、本来、

〔はっきり＋覚えが＋ある〕＋ない
〔幾らか＋その傾向が＋ある〕＋ない

という構造をもつべきものが、やはり、「ある＋ない」相当の「ない」を使用することによって、

はっきり＋覚えが＋ない
幾らか＋その傾向が＋ない

のような構造のものとなっていると考えることができるであろう。

四　その他の例

10　薄暗い部屋のなかで、薄暗い人から此言葉を聞いた小野さんは、つくづく若いうちの事だと思った、若いうちは二度とないと思った。（夏目漱石「虞美人草」）

11　立木は、またとないいい男だよ。（瀬戸内晴美「女の海」）

この場合の「二度とない」「またとない」については、

二度と＋ない
またと＋ない

の構造のものと見てよいという意見もあるかもしれない。というのは、「二度と」「またと」などのように、度数や分量などを表す語句に「と」が付いてできた連用語は、単に「二度」「また」のように「と」を付けないで言うのと違って、

12　いまの名は二度と口にしないでくれ。（山本周五郎「ちくしょう谷」）

13　江戸からゆく者は三年と続かない。（同「いさましい話」）

14　それから二十分と経たないうちに、病人はすやすや寝入った。（夏目漱石「門」）

15　朝飯は殆んど五分とかからなかった。（「明暗」）

のように、下に打ち消しの表現を伴う場合がほとんどであるため、直接「ない」にかかっていると考えていいようにも考えられるからである。

しかし、「二度と」などの連用語が、次のように、下に打ち消しの表現を伴っていない例も、見られないわけではない。

16　御前さんが外国へ行く時なんか、もう二度と生きて会う事は六づかしかろうと思ったのに、それでもよくまあ達者で帰って来られたのね。（夏目漱石「道草」）

この例の場合、「もう二度と生きて会う事はできないだろう」「もう二度と生きて会うことはないだろう」などとする方が普通の言い方だと言えるかもしれないが、その場合でも、

二度と　生きて会う事はできない

二度と　生きて会う事はない

などの構造と見るよりは、

〔二度と　生きて会う〕事はできない
〔二度と　生きて会う〕事はない

などの構造と見る方がよいのではなかろうか。「二度と再び」という言い方もあるように、「二度と」と「再び」とが互いに類義語であると見られるところからも、そのことが言えると思う。

同様に、

17　あんなところへ二度と行くものではない。（作例）

18　この位切実な経験は自分の生涯中に二度とありゃしない。（夏目漱石「坑夫」）

19　ここに集まっている連中は一度は、不合格という傷を受けた者たちばかりだったから、二度とあの時の苦い気持を味わいたくないのである。（遠藤周作「灯のうるむ頃」）

の「二度と行くものではない」「二度とありやしない」「二度とあの時の苦い気持を味わいたくない」についても、それぞれ、

二度と　行くものではない
二度と　ありやしない
二度と　あの時の苦い気持を味わいたくない

の構造のものと見るよりは、やはり、

〔二度と　行く〕ものではない
〔二度と　あり〕やしない
〔二度と　あの時の苦い気持を味わい〕たくない

の構造のものと見る方がよいであろう。先の例**12**、**13**、**14**、**15**の「二度と口にしない」「三年と続かない」「二十分と経たない」「五分とかからない」なども、同様の構造のものと見ることができる。

このように見てくると、例**10**、**11**の「二度とない」「またとない」なども、本来、

〔二度と＋ある〕＋ない

〔またと＋ある〕＋ない

の構造であるべきものが、結果としてB'の構造のものとなっていると見るのが妥当ではないかと思われる。

下に打ち消しの表現を伴うことが多い副詞で、そのかかりが必ずしもその打ち消しの語にまで及んでいないと思われるものは、他にも少なくない。そのような副詞に形容詞の「ない」が続いている形は、ほとんどB'の構造のものとなっていると言ってよいであろう。[5] 以下に、そのような例をいくつか挙げてみる。

「それほどない」「さほどない」「そんなにない」「さしてない」「たいしてない」「ろくにない」「ろくろくない」など―

「それほど」以下の語は、下にほとんど又は必ず打ち消しの表現を伴うが、これらは、「それほどの」「さほどの」「さしたる」「たいした」「ろくな」などのように、その大部分が対応する連体修飾の形をもっており、また、その意味が、「とりたてて言うほどのさま」「まともで、満足できるさま」[6] などといったようなものであるところから見て、元々打ち消しの語にかかっていく語とは言えないと考えられる。

また、「それほど」以下の語のかかりが、常に下の打ち消しの語にまで及ぶものでないことは、次のような例によってもうかがうことができるであろう。

20 外はまだ降っているが、それほど強い降りではないし、（山本周五郎「あんちゃん」）

21　故国に妻子のない私は、漂泊の民となってユダヤ人の仲間入りするのがさして　不自然とも思われなかった。（「審判」）

22　あなたのお父さんみたいに、ああヤキモキしても仕方ないよ。世の中のことはそんなに　騒がないでもかたづくもんですからな。（同）

23　これまで三十年大して　面白くもない田舎芝居や浪花節を一手に引き受けて、四国中回してきたのも、いってみればいつか一度は伊予の牛相撲を東京か大阪の桧舞台へ持って行くという夢があったればこそです。（井上靖「闘牛」）

24　それから田代が何を言ったか、津上はろくに　聞いていなかった。（同）

「むやみにない」「やたらにない」「めったやたらにない」「めったにない」など──

25　旗本二千石といえば、それほどむやみに　貧しくはない。（山本周五郎「七日七夜」）

26　めったに　そんなことを言うものではない。（作例）

などのような例によって、「むやみに」以下の語についても、そのかかりが常に下の打ち消しの語にまで及ぶものでないことがうかがわれる。

五　「～てない」の場合

「動詞（連用形）＋て＋ある」の打ち消しの形に相当する「動詞（連用形）＋て＋ない」[7]も、広い意味で、B'の構造をもった言い方と考えるべきではないかと思われる。

まず、「動詞（連用形）＋て＋ある」の形における「動詞（連用形）＋て」は、あるものごとがどういう状態において「ある」かを形容する、広義の連用語であると考えられるから、そのかかりは当然「ある」に向けられたものと言える。そこで、「動詞（連用形）＋て＋ある」の打ち消しの形は、

〔動詞（連用形）＋て＋ある〕＋ない

という構造のものであるべきはずであるが、現代語では「ある＋ない」相当の「ない」を用いているために、やはり、

動詞（連用形）＋て＋ない

のようなB'の構造のものとなっていると考えられるわけである。

「―てある」「―てない」と言うときの「ある」「ない」は、

27 落書きは既に消してある。（作例）

28 稲はまだ刈り取ってない。（作例）

などの例を見ても分かるように、単にものごとが存在するか否かということを表す域を脱して、意味がかなり形式化しているために、補助用言（補助動詞、補助形容詞）などとして、独立で用いられるいわゆる本動詞の「ある」、本形容詞の「ない」と品詞論的に区別して考える考え方もある。(8) しかし、かかり受けの面だけに限って言えば、「―てない」における「―て」と「ない」の関係は、例**5**、**6**、**7**、**8**、**9**、**10**、**11**などにおける「二度」以下の連用語と「ない」の関係とほぼ同じであると言わなければならない。

六　補助形容詞「ない」の場合

「高くない」「静かでない」「学生でない」のように、形容詞、形容動詞、断定の助動詞「だ」などの連用形に「ない」の付いた形も、広い意味で、B'の構造をもった言い方と考えるべきではないかと思われる。

文語では、本来、形容詞、形容動詞、断定の助動詞などを直接打ち消す形がなく、代わりに、それらの連用形に「あり＋ず」を付した形、又はその縮約形が主として用いられた。現代語では、これに相当する形として、前述したように、それらの連用形に直接「ない」を付けた形が用いられているが、これらは、文語の言い方に照らして見て、「形容詞（連用形）＋ある＋ない」「形容動詞（連用形）＋ある＋ない」「断定の助動詞（連用形）＋ある＋ない」などの形をとるべきところを、「ある＋ない」相当の「ない」を用いることによって、生じているものと考えるのが穏当であろう。[9]

この場合、「形容詞（連用形）」「形容動詞（連用形）」「（体言＋）断定の助動詞（連用形）」などは、本来「ある」にかかる連用語のはずであるから、上の形は、それぞれ次のようにB'の構造のものと見なされることになるわけである。[10]

形容詞（連用形）→＋ない

形容動詞（連用形）→＋ない

体言＋断定の助動詞（連用形）→＋ない

もっとも、「形容詞（連用形）」「形容動詞（連用形）」「断定の助動詞（連用形）」などに付く「ない」を、「動詞（未然形）」に付く「ない」と同じ助動詞と見る見方もあり、[11] あるいは一般の人にはその方が分かりやすいかもしれない。その主な理由としては、上の形から「ない」を除いた場合に、結果として形容詞、形容動詞、断定の助動詞などだけが残る点が、「動詞（未然形）＋ない」の形の場合と似ていること、また、上の形で用いられている「ない」の意味が、形容詞の「ない」のもつ非存在の意味を脱して、形式化していることなどを挙げることができる。

しかし、「形容詞（連用形）＋ない」「形容動詞（連用形）＋ない」「断定の助動詞（連用形）＋ない」と「動詞（未然形）＋ない」とを比較した場合、前者では、「ない」がそれぞれ活用語の連用形に付き、間にそのまま助詞「は」「も」「さえ」「など」等を挿入し得るのに対し、後者では、「ない」が動詞の未然形に付き、間に「は」以下の助詞を挿入し得ないなどの違いがあることから、[12] 両者の「ない」を品詞論的に別種のものとして扱うのが一般的である。[13]

「高く（は）あるまい」「静かで（は）あるまい」「学生で（は）あるまい」、また、「高く（は）ありません」「静かで（は）ありません」「学生で（は）ありません」のように、現代語においても、形容詞、形容動詞、断定の助動詞などが、打ち消しの意味を含む「まい」に続くとき、また、「ます」を介するとはいえ打ち消しの「ん（ぬ）」に続くときなどには、間に「ある」が現れるところから見ても、「形容詞（連用形）＋ない」以下の形における「ない」は、やはり、「動詞（未然形）＋ない」の「ない」と違って、「ある＋ない」相当のものと見ておくのが適切のように思われる。

七　おわりに

以上、ごく大ざっぱであるが、本稿でいうB'の構造を持つと見られる言い方の主なものを見てきた。これらの多くは、日常高い頻度で用いられるものであり、また、特に違和感の強いものというわけでもないが、構文論の上から見れば、やはり、変則的なものであると言わざるを得ないであろう。このことは、これまで、構文論的にそれはど大きく取り上げられてこなかったが、特にかかり受けの側面に視点を置いて文の構造を考えていこうとする立場からは、軽く見ることのできない事実であると考える。

なお、一般に、「連用語＋ない」の形には、A'の構造のものか、B'の構造のものか、判定に迷うものが少なくない。本稿で取り上げなかったもので、当然取り上げてよいものが、ほかにも多いのではないかと想像される。(14)このようなことも含めて、「ある＋ない」相当の「ない」については、考えてみるべきことが、まだまだありそうである。

〈注〉

（1）同書119ページ。

（2）ここでは、特定の「連用語」と「動詞」並びに「ない」との関係だけを問題として、他の要素はすべて捨象している。「連用語」は、広義の連用修飾語の略称。

（3）厳密に考えると更に複雑に分かれる可能性もあるが、ここでは簡便にこう考えておく。

（4）このような言い方も、「―と」など、ある種の文型の中では、用いて変でない場合がある。例、

　この島では大雨がしばしばないと飲み水に困る。（作例）

ついでながら、連用語「しばしば」に助詞の「は」を付けて、

　（大雨が）しばしばはない。

のようにすると、それほど変に感じなくなる。

（5）一般に、連用語のかかりの及ぶ範囲は、強勢の有無などの条件によって微妙に変化するのが普通なので、断定

的な言い方がしにくい。

（6）『日本国語大辞典』（小学館）では、次のように説明している。

「たいして」の④

（下に打消表現を伴って、程度がはなはだしくはないことをいう）とりたてていうほど。さほどに。

「ろく（陸・碌）」の⑤

（ふつう後に打消の語を伴う）物事の様子、性質などが正しいこと。まともであること。完全であること。十分であること。また、そのさま。…

（7）「動詞（連用形）＋て＋いる」の縮約形「—てる」の打ち消しの形も、「—てない」となるが、この「ない」は、「いる＋ない」相当ということになるので、ここでは、特に問題としないこととする

（8）橋本進吉『新文典別記　上級用』（一九三四）、森田良行『基礎日本語1』（一九七七）など。

（9）これはほとんど定説となっているといってよい。「あらず」から「なし」への変遷の過程については、小林賢次「『否定表現の変遷—「あらず」から「なし」への交替現象について—』（『国語学』75集一九六八）などに詳しい。

（10）北原保雄「助動詞によるムード表現の史的展開」（『講座日本語学2　文法史』、一九八二）では次のように述べているが、いかがなものか。

②「美しくない」の「ない」は、⑤「花がない」の「ない」のようには非存在の実質概念をもっていないが、それでも、「美しい状態で存在しない」というように、なお非存在の概念を保っているので、「美しく」と「ない」とには連用修飾と被修飾の関係が認められる。

橋本進吉『国文法体系論』の考え方もこれに近い。

（11）時枝誠記『日本文法　口語篇』（一九五〇）、吉田金彦『現代語助動詞の史的研究』（一九七一）など。

（12）両者の「ない」の相違点については、三尾砂『話言葉の文法（言葉遣篇）』（一九四二）、本田良治「日本語の否定構文（1）」（『静岡大学教養部研究報告　人文・社会科学』17－2、一九八二）などに詳しい。

(13) 動詞の未然形に付く「ない」を助動詞、一方、形容詞、形容動詞、断定の助動詞「だ」などの連用形に付く「ない」を形容詞とするのが一般的であるが、前者を複語尾、後者を形容詞とする山田孝雄『日本口語法講義』(一九二二)の説など、他に様々の説がある。最近では、後者の「ない」をいわゆる本形容詞の「ない」と区別して、補助形容詞(形式形容詞)と呼ぶこともしばしば行われている。

(14) 例えば、「どことなく」のような言い方も、B'の構造のものである可能性が強い。

(用例は、すべて現代仮名遣いによった。)

第八　可能表現としての「できる」の用法

一　はじめに

現代語の可能の表現には様々のものがある。本稿では、そのうち、動詞「できる」の可能表現としての用法について、「する（サ変動詞）＋られる」相当の用法を中心に、構文論的な考察を試みる。

二　可能表現の種類

小矢野哲夫氏は、現代の可能表現の形式として、次のようなものを挙げておられる。(1) 用例は、必要に応じて、小矢野氏の掲げられたものを簡略化して示す。

Ⅰ　可能動詞を用いるもの。

Ⅱ　可能の助動詞「れる」「られる」を用いるもの。
Ⅲ　動詞の「できる」を用いるもの。
　a　「コト名詞＋が＋できる」の形。例「潮干がりができる浜」
　b　「モノ名詞＋が＋できる」の形。例「自分に合った音楽ができるかどうか」
　c　「コト名詞＋できる」の形。例「空間が利用できる」
　d　「節＋形式名詞コト＋が＋できる」の形。例「好転させることができる」
　e　その他の形。例「非公開にできる」「口にできない」「見たり聞いたりできる」
Ⅳ　「可能だ」「不可能だ」を用いるもの。
　a　「コト名詞＋が＋（不）可能だ」の形
　b　「節＋形式名詞コト＋が＋（不）可能だ」の形
Ⅴ　「動詞＋得る」を用いるもの。
Ⅵ　「動詞＋かねる」を用いるもの。
Ⅶ　「コト名詞＋が＋ならない」を用いるもの。
Ⅷ　「動詞＋がたい」を用いるもの。
Ⅸ　「動詞＋にくい」を用いるもの。
Ⅹ　「動詞＋ようがない」を用いるもの。
Ⅺ　「見える」「聞こえる」「わかる」のある種の用法。
Ⅻ　「うかる」「たすかる」「とまる」「もうかる」などの用法。

このうち、伝統的に、可能表現の代表的な形式とされてきたのは、何といっても、Ⅱであろう。[2]この「動詞＋れる・られる」（古くは「動詞＋る・らる」）という形式は、可能のほか、受身・尊敬・自発を表現する形式でもあるということはよく知られている。ところが、この形式は、次第に受身専用に向かいつつあるようである。可能の表現に即して言えば、Ⅱの形式のうち、「五段動詞＋れる」（例「行かれる」）については、中世末期ごろに別に可能動詞（Ⅰの形式に相当する。例「行ける」）というものが発生し、[3]現代では、文章語、口頭語とも、専ら可能動詞の方が用いられ、「五段動詞＋れる」は余り用いられないといった状態になっている。「上一段・下一段・カ変動詞＋られる」についても、現在なおこの形が正統なものと認められてはいるものの、近年、若年層の口頭語を中心に、いわゆる「ら抜き言葉」（例「見られる」「出られる」「来られる」に対する「見れる」「出れる」「来れる」）が盛行し、今後一層定着していくであろうことが予想されている。[4]この「ら抜き言葉」は、その名のとおり、一般には、本来「〜られる」と言うべきところを、「ら」を抜いて、「〜れる」と言う言い方（又は、助動詞「られる」を用いるべきところに「れる」を用いた言い方）と考えられているようであるが、それは結果としてそうなっているだけで、実際には、上一段・下一段・カ変動詞にもそれに対応する可能動詞が生まれつつあると考えるべきもののようである。[5]最後に、「サ変動詞＋られる」については、本来の「（○○）せられる」〈後に、「しられる」「される」とも〉は、文章語として時に用いられる程度で、その代わりに、本来の意味に加えて可能の意味を帯びるに至った動詞「（○○）できる」が多く用いられているというのが現状である。[6]「（○○）できる」は、現在サ変動詞に対応する可能動詞の位置を占めていると見ることも可能であろう。[7]

このように見てくると、先の可能表現の諸形式のうちの、Ⅰ、Ⅱ、Ⅲは、単に並列されるべき関係にあるのではなく、代替の関係（ⅡとⅠ）、ないしは相互補完の関係（ⅠとⅢ）にあるものと言わなければならない。ただ、「できる」は、先にも述べたように、様々な意味で用いられる語であり、「できる」の用法のうちどれが「サ変動詞＋られる」に相当するものであるかを明確にしていく必要がある。本稿では、結局、この両者の微妙な関係をにらみつつ、可能表現としての「できる」の用法を検討していくことになる。

三　「する＋られる」相当の「できる」の種類

今、動詞「できる」が全体としてどのような意味で用いられるかを知るために、『日本国語大辞典　第一版』（小学館）の「できる」（自動詞カ行上一段活用）の項を見てみると、次のように意味分類がされている。用例は、必ずしも本文によらず、適宜筆者が付したものである。

一　出てくる。現われる。

二　新しく存在するようになる。
①　物事が生じる。発生する。生まれる。起こる。例「急用ができる」
②　作り上げられる。設けられる。しあがる。完成する。例「用意ができる」
③　みのる。収穫がある。生産される。とれる。例「スイカができる」
④　手に入る。得る。例「お金ができる」

三　能力や可能性をもつ。

①　物事をよくする。学問や技芸にたくみである。その方面の能力がある。長じている。例「英語ができる」
②　人柄が円満ですぐれている。精神的修養をつんでいる。苦労している。例「若いのによくできた人」
③　することが可能である。することが許される。動作を表わす語をうけて、その動作をすることが可能である意を表わす。例「理解ができる」
四　男と女が愛情をかわす。男女がなかよくなる。
五　賭博が開帳される。

このうちで可能表現と一番結び付きそうなものは三であろうが、厳密に「する＋られる」に相当する意味の場合を抜き出すとすれば、そのなかでも③のみということになるであろう。(8)なお、③の中に、「することが可能である」のほかに「することが許される」の意味があることは注目すべきことであるが、ここでは、後者は前者の特殊な場合であるとして、特に問題としないこととする。

以上の考察に基づいて、ここで、改めて、先の小矢野氏の示された可能表現の諸形式のうちのⅢを見直してみると、まず、aの「できる」は、「潮干狩り＋を＋する＋られる」→「潮干狩り＋が＋できる」の関係が認められるので、当然、「する＋られる」相当と考えられる。

bは、「音楽ができる」の意味が明確でないが、「音楽が出来上がる」の意味であるならば、先の意味分類の二②に相当する場合ということになる。一方、「音楽を作ることができる」の意味ならば、「作る」の可能表現に相当するものということになるであろう。その場合、一応可能表現であるとは言えるが、「する＋られる」相当とは言われない。いずれにしても、本稿では、bは除外して考えてよいであろう。ただし、いわゆる「モノ名詞＋

が＋できる」の形でも、

1　あんな間抜けな野郎でも、鼠小僧を名乗ったばかりに、大きな面が出来た事を思や、鼠小僧もさぞ本望だろう。（芥川龍之介「鼠小僧次郎吉」）

のような場合は、「できる」が、三③の意味であるように見える。この例1の特徴は、背景に「大きな面をする」のような形をもっていることである。「が」の直上の名詞がコト名詞かモノ名詞かということはあまり本質的なことではないようである。ここでは、a、bの分類を離れて、背景に「名詞＋を＋する」という形をもつ「名詞＋が＋できる」だけを取り上げるということにしたい。

cについては、複合サ変動詞の可能表現に相当するものと考えられるので、当然取り上げることになる。ただし、この場合の「できる」は、aの場合と違って、厳密には、「サ変動詞活用語尾（する）＋られる」相当である。なお、サ変動詞の語幹には、「のんびり（する）」「うっかり（する）」などのように、「コト名詞」と呼ぶにふさわしくない例もあるので、cを、「サ変動詞語幹＋できる」ととらえ直しておく。

dの「ことができる」の「できる」は、「する＋られる」相当と言えるかどうか、明確でないところがある。「～ができる」の形をとる点では、aなどと共通しているが、背景に「～ことをする」という形をもつかどうかいまひとつはっきりしないからである。一応、本稿では、「～ことをする」という形式が存在すると想定して、この形を取り上げていくのが適当であろう。

最後に、eは、特に詳しい説明がないが、挙げられている用例から推察すると、「口にする」「非公開にする」「～たり～たりする」のように、やはり「～する」という形を背景にもつ形であると言える。これらは、やはり、aに近いものとして、取り上げていくのが適当であろう。ただし、この三者のうち、前二者は、「～を口にする」「～

を非公開にする」のように、「する」の直上ではないが、「〜を」をとり得るようである。後一者にはそういうことがない。最後の例のような場合は、背景にある「する」が自動詞の「する」であると考えられる。

以下、A「できる」を含む形、B「サ変動詞語幹＋できる」を含む形、C「連体修飾節＋こと＋が＋できる」を含む形、の順で具体的に見ていくこととする。

四　「できる」を含む形

A　単独の「できる」（「する＋られる」相当）を含む形を、前節のａ、ｅに従って、次のように分けて考察する。[9]

(1)「名詞＋を＋する（他動詞）＋られる」に由来する形→「名詞＋が＋できる」
(2)「名詞＋を＋ある種の連用語＋する（他動詞）＋られる」に由来する形→「名詞＋が＋ある種の連用語＋できる」
(3)「連用語＋する（自動詞）＋られる」に由来する形→「連用語＋できる」

Aの(1)を、更に次の二つの形に分けておく。
ア「名詞$_1$＋に（＋連用語）＋名詞$_2$＋が＋できる」
イ「名詞$_1$＋が（＋連用語）＋名詞$_2$＋が＋できる」
「名詞$_1$」は、いわゆる主語に相当する。ア、イの違いは、主格語を、「に」で示すか、「が」で示すかの違いであると言える。「名詞[2]＋が」はいわゆる対象語格に相当すると考えられる。「名詞[2]」は、結果として、小矢野氏のいうコト名詞であることが多い。なお、「連用語」とは、この場合、ガ格補語、ヲ格（目的格）補語以外の補語[10]と、副詞的な連用語類である。まず、「連用語」を含まない例を掲げておく。

ア**2**　人間に、そんなことが　できるわけはないのです。（柴田翔「されどわれらが日々」）

3　彼には返事が　できなかった。（野間宏「顔の中の赤い月」）

イ**4**　会社員なんてものは、上になればなる程旨い事が　出来るもんでね。（夏目漱石「それから」）

5　これで僕も安心が　できる。（芥川龍之介「山鴫」）

次に、「他の補語」、ないしは「副詞的な連用語類」を含む用例を示す。ただし、アの例ともイの例とも区別できないものが多い。例**6**はイの例である。

6　杉がKに答えが　できない間も、（芹沢光治朗「女に生まれて」）

7　もう表も居なくなったら、却ってゆっくりお玉さんと話ができる（と）（室生犀星「性に目覚める頃」）

8　母の膝に抱かれてみると、加納の目からも　母と加納の自分を中心にした話からも避難ができて、（丹羽文雄「象形文字」）

9　だが、誰一人として、このけしからぬ一組の男女が、その夜、天の結婚を完成せんとしつつあると、推察は　できなかった。（武田泰淳「愛の誓ひ[11]」）

この「他の補語」、「副詞的な連用語類」を含む形の場合に、構文論的に微妙な現象が生じていることを知る必要がある。すなわち、この形では、（「名詞[1]＋に」と）「名詞[1]＋が」及び「名詞[2]＋が」は、それぞれ下の「できる」と全体的に関係し合うので問題ないが、「他の補語」、「副詞的な連用語類」は、多くの場合、「できる」の背景に隠れた「する＋られる」の「する」とだけ関係し合うので、表面上かかり先を失って見える。例えば、例**6**、**7**は、本来、

杉がKに　答えが　［する＋られる＋ない］

ゆっくり　お玉さんと　話が　［する＋られる］

のような構造のものと思われるものが、「する＋られる」が「できる」に代替されることによって、

杉がKに　答えが　［できる＋ない］

ゆっくり　お玉さんと話が　［できる］

のように、「Kに」「お玉さんと」（副詞「ゆっくり」も）の正確なかかり先（「する」）が、表面上見えなくなっているわけである。さらに、「副詞的な連用語類」として、程度副詞と「〜て」の例を示しておく。

10 〜、自分はまだまだこの世界にいるのだと幾らか　安心が　出来るのだった。（「象形文字」）

11 着物をつけて競争が　出来なければ化物なりで競争をやる。（夏目漱石「吾輩は猫である」）

同様のことが、後に取り上げるAの(2)、(3)、また、Bの形にも見られるが、煩雑になるので、個々の箇所で繰り返すことはしないこととする。

ところで、イの「〜が〜ができる」のほかに、「〜が〜をできる」という形は認められるだろうか。現在のと

ころでは、これに否定的な考え方の方が一般的のようである。[12] 確かに、そのような実例は多くなく、また、本来の動詞「できる」が自動詞であるとされていることから、それもうなずけないことではない。しかし、例えば、「字が書ける」「字を書ける」がともに文法的と認められている事実と比べた場合、例えば、「我慢ができる」「我慢をできる」と並べた後者を非文法的とするのは、整合性に欠けるように思われる。可能表現に用いる「できる」は、「する＋られる」相当（柴谷方良氏に従えば、[13]「する＋られる」の補充形）と考えられるものであり、「〜を＋できる」は、実は「〜を＋する（他動詞）＋られる」であると考えれば、文法的にも十分説明がつく。現に、後で見るように、「名詞＋が＋名詞＋を＋〜＋できる」（Aの(2)の㋑）の形が特に珍しいものではないということも、見逃せない事実である。現在はともかく、いずれは、「〜をできる」という形がそれほどおかしくないと感じられるときが来るのではあるまいか。この形を仮にAの(1)の㋑として区別しておく。用例、

12　運転を｜できる女（武田泰淳「東海道五十三次[14]」）

13　そんな事を｜こっそり出来るものでしょうか。（佐藤春夫「女人焚死」）

14　だからこそ、〜、援助された方もその恩返しを｜出来たと聞きます。（柴田翔「我が心は石にあらず」）

なお、可能表現としての「できる」を、国語辞典などで単純に自動詞「できる」の一用法として扱うことに問題がないかどうか、改めて検討してみる必要がある。

Aの(1)のア、イ（又は㋑）における題目は、「名詞$_1$＋に」又は「名詞$_1$＋が」を取り立てたものである場合が多い。ただし、実例を挙げるに至らないが、「名詞$_2$＋が」（又は「名詞$_2$＋を」）や「他の補語」を取り立てた題目が存在する可能性は十分にある。

なお、筆者は、ア、イにおける「他の補語」の中に、ヲ格（目的語）補語は含まれないと考えているが、次の

例では、ヲ格補語が題目として取り立てられているようにも見える。

15　～人間界の語は其儘ここにも応用が　出来るのである。（「吾輩は猫である」）

しかし、これは、「其儘ここにも人間界の語が応用出来る」と本稿でいうＢの形で言うべきところを、誤って、「其儘ここにも人間界の語が応用出来る」とＡの形で言った上で、本来の「名詞＋が」を題目として取り立てたものである可能性が高い。Ａの形を誤ってＢの形で言ったと見られる例としては、他に次のようなものが挙げられる。

16　俺は人から甘ちゃんにさせられることは我慢が　できない。（高見順「或るリベラリスト」）

17　あなたがもう少し年をとって入らっしゃれば、ここが御相続が　できますものを（夏目漱石「坊っちゃん」）

これらは、それぞれ、「～ことは我慢できない」「ここが御相続できます」とＢの形で言うのが正しいと見られる。

Ａの(2)も、背景にある「する」が他動詞と考えられるので、本質的には(1)と変わらないが、「名詞$_2$＋が」の定位置が「できる」の直上にない形である。この場合も、(1)にならって、次の二つに分けて考える。

ア　「名詞$_1$＋に（＋連用語）＋名詞$_2$＋が＋ある種の連用語＋できる」の形。

イ　「名詞$_1$＋が（＋連用語）＋名詞$_2$＋が＋ある種の連用語＋できる」の形。

この場合の「ある種の連用語」としては、ニ格補語、ト格補語、形容詞・形容動詞連用形などが挙げられる。用例を示す。やはり大部分がアの例ともイの例とも区別できないものである。ただし、例**18**はイの例と見られる。

18　あたしそんなこと本気に　できやしないわ。（山本周五郎「つゆのひぬま」）

19　猫だって粗末にできぬ。（「吾輩は猫である」）

Aの(2)のイの「名詞$_{2}$+が」を「名詞$_{2}$+を」としている例は決して少なくない。これを、仮にAの(2)の㋑として区別する。用例を示す。

20　表ももうすこし生きて居れば、何とかあなたのことを　具体的にできたのでしょうけれど。（「性に目覚める頃」）

21　（二人は）地球の両側にわかれても、二年間、愛の手紙を書きあい、将来を誓ったが、不幸な事件が起きてついに運命を　ともにできなかった。（「女に生まれて」）

22　杉はその放言を　きき流しにできなくて、（「女に生まれて」）

23　といって未だ脈のある病人を　見殺しに出来ますか。（中山義秀「厚物咲」）

24　鈴子を　不幸にはできません。（武田泰淳「審判」）

自動詞「する」に由来する「できる」を用いた形を、Aの(3)とする。これについては、次の一つの形を設定すればよいと思われる。

ア　「名詞$_{1}$+が（+連用語）+できる」

この形では、背景に隠れている「する」が自動詞なので、もちろん、「名詞$_{2}$+が」も「名詞$_{2}$+を」も現れない。

先の「〜たり〜たりできる」のほかに、「〜とおりにできる」「〜ようにできる」などが挙げられる。用例、

25　到底あなたの仰やる通りにや、出来ません。（「坊っちゃん」）

26　退校にならない様に出来ないでしょうか。（「吾輩は猫である」）

なお、自動詞「する」に由来する例のように見えても、

27 こんどの家は広すぎて、電気代だけでも一万円以上かかるので、ウッカリ出来ない。（安岡章太郎「良友・悪友」）

28 のんびりできましたからこそ、～、「平安・ゆにおん」とかいう会をお作りになりました。（曾野綾子「海の御墓」）

のような例は、「ウッカリする」「のんびりする」というサ変動詞からできたものと考えられ、次節で触れるBの例ということになる。また、

29 是は迂闊には出来ないと、（「吾輩は猫である」）

については、「迂闊にする」というサ変動詞はないが、「ウッカリする」からの類推と考えられるので、やはりBの例と見ておく。

五 「サ変動詞語幹＋できる」を含む形

B 語幹をもつ「〇〇できる」（「〇〇する＋られる」相当）を含む形を、次のように分けて考察する。

(1)「（連用語＋）名詞＋を＋〇〇する（他動詞）＋られる」に由来する形→「（連用語＋）名詞＋が＋〇〇できる」

(2)「（連用語＋）名詞＋を＋ある種の連用語＋〇〇する（他動詞）＋られる」に由来する形→「（連用語＋）名詞＋が＋ある種の連用語＋〇〇できる」

(3)「（連用語＋）〇〇する（自動詞）＋られる」に由来する形→「（連用語＋）〇〇できる」

Bの(1)を、更に次の二つに分ける。
ア「名詞$_1$＋に（＋連用語）＋名詞$_2$＋が＋〇〇できる」の形。
イ「名詞$_1$＋が（＋連用語）＋名詞$_2$＋が＋〇〇できる」の形。
用例を示す。

ア **30**　杉にもその盛儀が　想像できた。（「女に生まれて」）

31　折角届け出た役所の連中にもその貴重さが　理解できなかったに違いない。（井上靖「敦煌」）

イ **32**　父はもう一度フランスへ行くということを夢みていてそれが　実現できなくて、（芹沢光治朗「春の谷間」）

33　（人間は）万物の霊だ抔《など》とどこへでも万物の霊を担いであるくかと思うと、是《これ》しきの事実が　理解できない。（「吾輩は猫である」）

Bの(1)のイの「名詞$_2$＋が」を「名詞$_2$＋を」とした例は多い。[15] この形を、仮にBの(1)の㋑として区別する。例、

34　自分は今お前以外の人間を　信用できない。（「敦煌」）

35　この俘虜となって以来初めて見る同胞の顔を私は　正視出来ないのである。（大岡昇平「俘虜記」）

36　花田中尉は或いは生命を　全う出来るかも知れない。（梅崎春生「日の果て」）

37　私は～、それ故に一そうものあわれに貧乏たらしく見えるそのなりゆきを、理解出来るような気がしたものです（曾野綾子「遠来の客たち」）

38　（礼子は）～、時たま　杉と　高原を　散歩できる[16]のを唯一のたのしみにした。（「女に生まれて」）

Bの(1)のア、イ（又は㋑）の題目は、「名詞$_1$＋に」又は「名詞$_1$＋が」を取り立てたものが多いが、「名詞$_2$＋が」（又

は「名詞$_2$+を」)を取り立てたものである場合もある。用例、

39 それは水面に散った一片の白い花弁によって証明できるであろう。(井伏鱒二「山椒魚」)

40 〜、それはその説明でうまく納得できないと思うんですけど。(「審判」)

次に、Bの(2)についても、一応ア、イの区別を設ける。

ア「名詞$_1$+に(+連用語)+名詞$_2$+が+ある種の連用語+○○できる」の形。

イ「名詞$_1$+が(+連用語)+名詞$_2$+が+ある種の連用語+○○できる」の形。

この場合の「ある種の連用語」も、具体的には、ニ格補語、ト格補語、形容詞・形容動詞連用形などであると考えられる。また、イの「名詞$_2$+が」を「名詞$_2$+を」で言う㋑に相当する形があってもおかしくない。例えば、イの例として「AがBに転換できる」、㋑の例として「AをBに転換できる」のごとくである。これを仮にBの(2)の㋑としておく。しかし、Bの(2)の用例は少ないらしく、今その実例を掲げることができない。

Bの(3)については、次の一つの形を設定すれば足りる。

ア「名詞$_1$+が(+連用語)+○○できる」の形。

この場合の「連用語」の中には、当然ヲ格(目的格)補語は含まれない。実例を示しておく。

41 彼が〜兎も角も勉強に専心出来るようになった時、(「厚物咲」)

42 私は私の正面からも米兵が来たのを見て、伍長の一隊もこの方面から脱出出来ず、正面の銃座へ立て籠もって「最後の一戦」を交えているものと想像した。(「俘虜記」)

43　で我々はつまらぬ細目でわざと書記を無視して仕事を進め、彼が中隊長に返事出来ないような破目にしたりした。（「俘虜記」）

44　しかし、この第二の点については、僕はセンベイに賛成できなかった。（小沼丹「村のエトランジェ」）

45　本当のところをうかがえれば安心出来るんだ。（三島由紀夫「仮面の告白」）

六　「連体修飾節＋こと＋が＋できる」を含む形

C「～ことができる」（「～ことを＋する＋られる」相当？）の形を、次の二つに分ける。

⑴「名詞＋に＋連体修飾節＋こと＋が＋できる」の形。

⑵「名詞＋が＋連体修飾節＋こと＋が＋できる」の形。

Cの⑴、⑵の基本的な構造は、それぞれAの⑴のア、イと同じであるといってよいであろう。当然、この場合の「～ことが」は対象語格に相当するものということになる。また、「できる」は、一応、「する（他動詞）＋られる」相当のものと考えることが可能であろう。ただし、後の点に関しては、「～ことをする」という言い方がやや不自然に感じられること、また、「～が～ことをできる」という形は、今のところ存在しないと考えられることなどから、やや不安もある。用例を示しておく。

⑴

46　実際、仙三に加代をどうすることが出来るであろう。（椎名麟三「深夜の酒宴」）

47　しかし、彼にはいまそれをうけいれることができない。（山本周五郎「山魚女川」）

(2)
48 ひとがその姉や妹に異性を感することが　できないように、(「山魚女川」)
49 彼の捨てることの　出来ないもの(椎名麟三「神の道化師」)
50 吾輩抔は(垣根の)目の間から、自由自在に往来する事が　出来る。(「吾輩は猫である」)
51 おかげでこちらも〜、ごくアタリマエのような顔で挨拶することが　できた。(「良友・悪友」)
この形の「〜こと」の内部には、ガ格補語は現れないようである。ただし、次のようなやや強引な表現の場合に現れる可能性がないとは言えない。
52 彼は、好きなときにお腹が痛くなることが　できる。(作例)
次の例の場合はどうであろうか。
53 病人が出れば〜診察し看護し、死人が出れば、覚君がお経をとなえることが　できるだけだ。われわれには何もできない。(「我が心は石にあらず」)
「(われわれの会としては、会員の一人である)覚君がお経をとなえることができるだけだ」のような構造ととれば、ガ格補語が「〜こと」の内部に現れていることになる。やはり、特殊なケースと言うべきであろうか。

この形の文の題目は、文頭の「名詞＋に」ないしは「名詞＋が」が取り立てられたものである場合が多いが「〜こと」の内部の補語が取り立てられたものである場合もある。実例、
54 まだ宵の口であったから、火はすぐ揉み消すことが　できた。(「性に目覚める頃」)
55 露台へは美乃の室からも行くことが　出来た。(「象形文字」)
56 人間からはなかなかそのようなものを受け取ることが　出来ない。(川端康成「禽獣」)
また、「可能」の主体が不特定である場合は、文頭の「名詞＋に」ないしは「名詞＋が」は普通表現されない。

その場合に、題目として、「〜こと」の内部のヲ格の名詞が取り立てられると、その名詞があたかも「可能」の状態をもつ主体のように見えてくる。(17)

57　このきのこは食べることが　できる。（作例）

先にも見たように、「ことができる」の「(〜)ことが」は、形式上、あくまでも対象語格と考えられるが、右のようなことがあるためか、実際には、「ことができる」を全体で一つの複合辞のようなものとして用いる意識も強いようだ。(18)

そのようなものとして見れば、この形は、可能表現を作る形式として、なかなか便利である。まず、この形の文では、文の末尾に「ことができる」を付けるだけで済み、「(○○)できる」(ひいては可能動詞)を用いる場合のように、ヲ格以下の補語、程度副詞、状態副詞などのかかり先が不自然になるという事態が生じることもない。また、「ことができる」は、サ変を含むすべての活用の動詞に付くだけではなく、それに「せる・させる」、場合によっては、「れる・られる(受身)」「ない(打消)」の付いたものなどにも付いて、比較的自由に可能表現を作ることができる。(19)

ただし、「ことができる」は、発音上、「ことが」と「できる」の間で切れる場合が多く、必ずしも一体的ではないし、次のように「〜すること」又は「できる」の一方だけを強調する文の場合には、明らかに一体性は損なわれる

58　実際、仙三に加代をどうすることが　できるであろう。（「深夜の酒宴」）

59　なぜわけを云ってくれなかったの、はっきり云ってくれれば、あの癖を直すことだって　できたかもしれないじゃないの。（山本周五郎「倫盗」）

60　～、条件がどんなに悪くとも、この生活を毀すことが　できるものか。（山本周五郎「その木戸を通って」）

「ことができる」は、中間的な性格を帯びていると見るべきかもしれない。

ところで、外形はCの(1)、(2)に似てそれとは違う、次のような構造の形があるようである。これを、とりあえず、Cの(3)としておこう。

(3)「(「名詞＋が」を含む)連体修飾節＋こと＋が＋できる」

実例、

61　一つの民族が永久にこの土地を征服していることは　できない。(「敦煌」)

この例の場合、「一つの民族が」は、「征服している」にかかるものとしか考えられず、「～こと」の内部に収まるものということになるであろう。また、「～することができる」を「～ことをできる」とすることもできない。この形の場合、「できる」が「することが可能である」という意味より、「あり得る」といったぐらいの意味になっていることが特徴的である。この形の「できる」は、「する＋られる」相当ではない可能性が強い。

七　おわりに

以上、できるだけ実例に従いながら、動詞「できる」の可能表現としての用法を見てきたが、そのうち、AとBの形で用いる「できる」は、「する＋られる」相当と言える。(厳密に言えば、Bの形で用いるものは、「複合サ変動詞活用語尾(する)＋られる」相当。)Aの「できる」、Bの「○○できる」は、不完全ながら、サ変動詞に対応する可能動詞と見ることも可能であろう。

Cの(1)、(2)の形で用いる「できる」は、基本的には、Aの形で用いる「できる」と同じものと見てよいと思われるが、「できる」というよりは、「ことができる」を、全体として一つの、可能表現を作る複合辞のように意識して用いられている場合が多いようである。

Cの(3)も、広い意味では可能表現と言えるが、「する＋られる」相当の「し得る」という意味でなく、「あり得る」という意味で用いられている感じがする。このCの(3)のような形がどのようにして生まれてきたか、また、Cの(3)と、Cの(1)、(2)とは、どのような関係にあるのかなど、改めて検討してみる必要がある。

「できる」には、ほかに、三で触れた「自分に合った音楽ができるかどうか」の例に見るように、「作り得る」の意味でも用いられている可能性がある。もし、それが事実だとすると、「〜を＋する＋られる」→「〜が＋できる」(「〜を＋できる」)のルートのほかに、「〜を＋作る＋られる」→「〜が＋できる」(「〜を＋できる」)というルートがつけられたことになる。[20]「今年度中に＋体育館を＋完成する(他動詞)＋られる」→「今年度中に＋体育館が＋完成できる」などからの類推によって生じたのかもしれない。更に状況を見守っていきたい。

ともかく、本稿では、構文論的考察に終始し、「できる」の歴史的な考察や、口頭語的であるか、文章語的であるかといった様式論的な考察にはほとんど手を広げることができなかった。すべて今後の課題としたい。

〈注〉

(1)　小矢野哲夫「現代日本語可能表現の意味と用法1」(『大阪外国語大学学報』45、一九七九)

(2)　渡辺実「『行ける』『見れる』〜口語における助動詞複合の問題〜」(『月刊文法』一九六九・六)

（3）鶴岡昭夫「江戸語・東京語における可能表現の変遷について」（『国文学言語と文芸』54、一九六七）、坂梨隆三「いわゆる可能動詞の成立について」（『国語と国文学』四六の一一、一九六九）、吉田金彦『現代語助動詞の史的研究』（明治書院、一九七一）など。

（4）遠藤織枝「現代語の可能表現―調査からみた一側面」（『国文』47、一九七七）、中込潔人「現代語における可能表現―一段可能動詞をめぐって―」（『中央大学国文』31、一九八八）、加藤和男「現代首都圏女子大生における可能表現使用の一実態」（『和洋国文研究』23、一九八八）など。

（5）神田寿美子「見れる・出れる―可能表現の動き―」（『口語文法講座3』明治書院、一九六四）、渡辺注2文献、吉田注3文献など。なお、吉田氏は、これを、新可能動詞と呼んでおられる。

（6）吉田注3文献、森田良行『基礎日本語1』（角川書店、一九七七）、小矢野哲夫「現代日本語可能表現の意味と用法2」（『大阪外国語大学学報』48、一九八〇）、金子尚一「可能表現の形式と意味（一）」（『共立女子短期大学（文科）紀要』23、一九八〇）など。ただし、サ変動詞のうち、①語幹が漢字一字の漢語のもの（例「処する」「擬する」）、②語幹が撥音で終わる和語のもの（例「おもんずる」「かろんずる」）、③語幹が二音節以下の和語のものの一部（例「ものする」）などは、「〇〇できる」の形にすることができない。なお、「〇〇」は、サ変動詞語幹を示す。以下同じ。

（7）ただし、吉田注3文献では、本稿でいうA、Bの「できる」と、Cの「ことができる」の全体とを、共に補助動詞としている。

（8）奥田靖雄「現実・可能・必然」（『ことばの科学Ⅰ』（むぎ書房、一九八六）によると、可能動詞や「～ことができる」などがタ形をとると、「実現」の意味あいを帯びることが多いという。とはいえ、「できた」が、「物事が実現した」の意味でなく、「することが実現」した、または「することが可能であった」の意味で用いられている場合には、「する＋られる」相当と認めてよいと思われる。

（9）他に、「できる限り」「できるだけ」「できれば」「できたら」「できることなら」などの慣用的な形で用いるものがあるが、ここでは扱わないこととする。

(10)　三上章『現代語法新説』（刀江書院、一九五五）に従って、「名詞＋格助詞」の形のものをこう呼ぶ。

(11)　この例の「～として」は、動作の可能性をもつ主体を表しており、「名詞$_1$＋に」「名詞$_1$＋が」に相当する要素と見ることもできる。この種のものとして、他に、「～にとって」「～でも」などがある。小矢野注1文献参照。

(12)　西田直敏「誤りすれすれ　井伏鱒二・武田泰淳」（『月刊文法』一九六九・六）、『日本文法大辞典』（明治書院、一九七一）、平野尊識「語形成における『右側主要部の規則』の例外『話せる』タイプの動詞と『が』／『を』の交替」（『九大言語学研究室報告』13、一九九二）など。

(13)　柴谷方良『日本語の分析―生成文法の方法―』（大修館書店、一九七八）

(14)　田村注15文献に引用された例を借用した。

(15)　田村泰男「可能表現における対象格マーカー『が』『を』について―小説における実態調査―」（『広島大学留学生センター紀要』2、一九九一）の調査によると、「～が○○できる」と「～を○○できる」の出現頻度は、ほぼ同数であるという。

(16)　自動詞でも、「散歩する」のような語は、他動詞に準ずるものと見ておく。

(17)　奥田注8文献。

(18)　吉田注3文献、金子注6文献など。

(19)　他に、「こともできる」「ことさえできる」「ことまでできる」などのように自由に微妙なニュアンスを付け加えることができることも便利な点の一つとして挙げられるであろう。「ことができる」の積的な存在理由については、金子注6文献、奥田注8文献にも議論がある。

(20)　このことについても、金子注6文献に指摘がある。

（用例の仮名遣いは、すべて、現代仮名遣いによった。）

第九　「車は急に止まれない」その他
――可能動詞の性格をめぐって――

一　はじめに

伝統的に可能表現の代表的な形式であった「動詞＋れる・られる（る・らる）（可能）」という形式が、近世以後徐々に変則的な形をとり始めていることは、周知のとおりである。

この形式のうち、「五段動詞＋れる」（例「行かれる」）については、現在、可能動詞（例「行ける」）がほぼ完全にこれに肩代わりして用いられているというのが実情である。「サ変動詞＋られる」（例「想像せられる・想像される」）についても、本来の形はほとんど消滅し、代わりに「（○○）できる」（例「想像できる」）が用いられるに至っている。「上一段・下一段・カ変動詞＋られる」（例「見られる」「出られる」「来られる」）については、現在もなおこの形が正統的なものと認められてはいるものの、一方で、近年、「ら抜き言葉」とも呼ばれる形（例「見れる」「出れる」「来れる」）が急速に普及してきている。

「動詞＋れる・られる（る・らる）（可能）」が崩れて、形の上で受け身などの表現と可能の表現が明確に区別される方向に向かっていると見られるわけであるが、このことは、一方で、活用の種類による、移行の時間的過程や結果として生まれた形の不ぞろいをかかえながらも、元の形の代替形の体系が完成しつつあることを示すものであろう。本稿では、そのことに伴って生じる問題について論じてみたい。

二　「(〇〇)できる」の構文論的性格

初めに、「(〇〇)できる」が「サ変動詞＋られる(可能)」の代替形であるという意味について触れておく。サ変動詞の可能態としては、近世以後、本来の「(〇〇)せられる」が次第に衰え、「(〇〇)しられる」、「(〇〇)される」などが用いられた。このことは受け身の表現でも同様であった。しかし、可能の表現としては、これらは次第に文章語化し、明治以後は口語としては専ら「(〇〇)できる」が用いられるようになった。「(〇〇)できる」は、語彙的にサ変動詞につながる形の可能表現の空白を埋めるものとも言え、「補充形」[1]と呼ばれることもある。しかし、本質的には、やはり、「代替形」[2]の呼び方の方がふさわしいであろう。というのは、前稿「可能表現としての「できる」の用法」[3]でも触れたように、「(〇〇)できる」が、外形上一語動詞の形をとりながら、意味的にはもちろん、構文論的にも、「サ変動詞＋られる(可能)」相当の働きをしていると見られるからである。

今、その要点を述べると、まず、「(〇〇)できる」は、普通、a「〜に＋〜が＋(〇〇)できる」、b「〜が＋〜が・〜を＋(〇〇)できる」、c「〜が＋(〇〇)できる」の形で用いられる。

aの例、

1　彼には返事ができなかった。(野間宏「顔の中の赤い月」)

2　杉にはその盛儀が　想像できた。（芹沢光治朗「女に生まれて」）

bの例、

3　杉がKに答えが　できない間も、（「女に生まれて」）

4　自分は今お前以外の人間を　信用できない。（井上靖「敦煌」）

cの例、

5　退校にならない様に出来ないでしょうか。（夏目漱石「吾輩は猫である」）

可能表現と関係のない一般の「できる」は、普通、自動詞として扱われている。ところが、可能の「（○○）できる」は、aでは、「〜が」というガ格（いわゆる対象語格）補語を、bでは、「〜が」というガ格（対象語格）補語ないしは「〜を」というヲ格補語をとっている。この場合、a、bの「（○○）できる」は、「（○○）する＋られる」相当と考え、a、bは、実は、それぞれ「〜に＋〜が＋（○○）する＋られる」「〜が＋〜が・〜を＋（○○）する＋られる」相当であると考えなければ説明がつかない。ガ格（対象語格）補語及びヲ格補語と、述語「（○○）できる」との関係の仕方は、内在的には、それぞれ「〜が＋（○○）する＋られる」、「〔〜を＋（○○）する〕＋られる」のようなものと考えられることになるであろう。なお、この場合の「（○○）する」はヲ格補語を要求する動詞（多くは他動詞）であるが、「できる」が「（○○）する（ヲ格補語を要求しない自動詞）＋られる」相当である場合も当然あり得る。それがcの形の場合である。

補語に限らず、他の連用語との関係でも、「できる」を「（○○）する＋られる」に還元して考えないとかかり受けの関係がうまく理解できない場合が少なくない。例えば、

6　自分がやればきっともっと廉くできるし、（幸田文「流れる」）

の傍線部は、文脈を無視して、その部分だけを取り出して考えれば、①「あるものがもっと安い費用で出来上がる」、②「あるものの価格をもっと安くすることが可能である」の二様に解釈することができる。①の場合は、「できる」は普通の自動詞として用いられ、「もっと廉く」は「できる」全体を修飾していると見ることができる。②の場合（実はこれが原文の意味であるが）は、「もっと廉く」は「できる」全体を修飾していると見ることはできず、「できる」を「する＋られる」に戻して、その「する」の部分のみを修飾していると考えなければならない。

同様に、

7　それもあてに出来る金ではなかった。（田宮虎彦「絵本」）

の傍線部は、「あてにすることが可能である」の意味に解釈されるが、この場合の「出来る」も「する＋られる」相当であり、「あてに」はその「する」の部分とのみ関係し合うと考える必要がある。

ついでながら、敬語に関連して、「お〜できる」（例「お会いできる」）は謙譲の表現とされているが、これも「お〜する＋られる（可能）」相当として、背後に「お〜する」が隠れているからであると考えることができそうである。

三　可能動詞と「ら抜き言葉」のつながり

二では、可能表現としての「（〇〇）できる」が一語動詞と見られる形をとっていることに触れたが、可能動詞ひいては「ら抜き言葉」も、同様ではないだろうか。

まず、可能動詞については、従来の文法論でも、その名称のとおりこれを一語の動詞として扱うのが普通のようである。三矢重松『高等日本文法』（増訂版、一九二六）には、「四段活が下一段活に転ずれば、助動詞なくして可能相をなす」とあり、山田孝雄『日本文法学概論』(一九三六)でも、「読める」「書ける」などについて、「これは一語の動詞と認むべきものであります」としている。現在、可能動詞を説明する場合に、ふつう「五段活用の動詞を下一段に活用させたもの」のように言うのも、これを一語動詞と見ての説明と言える。

ただし、一部に、「書ける」「読める」などを「書き得る」「読み得る」などの約とする説[4]、また、「書かれる」「読まれる」などのつづまったものとする説[5]などがあるが、広く認められているとは言いがたい。

新しい形態論に基づく分析では、「動詞+れる・られる(可能)」と可能動詞及び「ら抜き言葉」の関係は、動詞内部の形態素の交替ということで説明することが多いようである。[6]例えば、寺村秀夫氏[7]は、動詞の可能態に関して、Ⅰ類動詞(五段動詞)については、語幹-φ-(ru)(例、aruk-e-ru)、Ⅱ類動詞(上一段・下一段動詞)については、語幹-rare-(例、mi-rare-ru、de-rare-ru)を標準とするとした上で、前者については、語幹-are-(ru)(aruk-are-ru)を用いる場合があること、後者については、まだ限られた範囲ながら、語幹-re-(ru)(例、mi-re-ru、de-re-ru)を用いる場合が増えていることを認めている。なお、Ⅲ類動詞(カ変・サ変動詞)の場合については、korare-〈ru〉/kore-(ru)、deki-ruを標準とするとしている。これによれば、可能動詞、「ら抜き言葉」は、動詞語幹に可能を表す形態素(この場合は、接辞)と活用語尾の付いた形であって、「五段動詞+れる(可能)」と可能動詞との関係は、単に可能を表す形態素の違いにすぎないということになりそうである。しかし、共時論的な形態論の分析においては語源は関係ないとはいえ、まず室町末期に五段動詞を下二段に活用させた形が生じ、十七世紀後半の下二段動詞の下一段動詞への移行の趨勢の中でそれが下一段化することによって可能動詞が成立したと推定されていることや[8]、「(〇〇)できる」との関係などから見て、特に可能を表す形態素-φ-を析出しないで処理する方法があれば、その方をとるべきではなかろうか。

一方、いわゆる「ら抜き言葉」についても、可能動詞に準じたものと考えることが可能である。今、五段動詞と可能動詞、上一段・下一段動詞と「ら抜き言葉」を対比させてみると、次のようになる。（この場合、ハイフンは必ずしも語構成の節目を表していない。）

yuk-u（五段動詞）　yuk-eru（可能動詞）
nor-u（五段動詞）　nor-eru（可能動詞）
mir-u（上一段動詞）　mir-eru（ら抜き言葉）
der-u（下一段動詞）　der-eru（ら抜き言葉）

このことは、「ら抜き言葉」が、形の上で可能動詞に準じて類推によって生まれてきたことを示していると考えられる。(9)

「ら抜き言葉」と呼ぶのは、たまたま上一段・下一段動詞の活用が五段動詞と違ってすべてラ行であり、その結果、「ら抜き言葉」の終止形がすべて「～r-eru」となるために、どの語も見かけ上「動詞＋られる（可能）」の形の「ら」が落ちた形のように見えることに幻惑されたものであって、事の本質を表す呼称とは言えない。現に、五段動詞でも、ラ行の動詞の場合には、「動詞＋れる（可能）」（例、「乗ら―れる」「しゃべら―れる」）と可能動詞（例、「乗れる」「しゃべれる」）とでは、同様に、結果として後者の方が「ら」が落ちた形になっているのである。

ただ、カ変動詞の場合のみは、

kur-u（カ変動詞）　kur-eru

の関係が成り立たず、一方、従来の「動詞＋られる」の形と「ら抜き言葉」の関係を見ると、

ko-rareru　ko-reru（ら抜き言葉）

となっていて、koreru はまさしく「ら抜き言葉」というほかない形であるが、これは、上一段・下一段動詞に対応する「ら抜き言葉」を、「上一段・下一段動詞＋られる（可能）」の形から「ら」の落ちたものとみなして（誤認して?）、そこから更に類推して生じた形と考えてみてはどうであろうか[10]。

いずれにしろ、このようにして、「見れる」「出れる」「来れる」などは、可能動詞とひとつながりのものであり、すべて外形上一語動詞扱いされているものと見ることが許されるように思われる。なお、「見れる」「出れる」「来れる」のようなものを「ら抜き言葉」と呼ぶのは適切ではないので、本稿では、以下、吉田金彦氏[11]に従ってこれを新可能動詞と呼ぶことにしたい。

四　可能動詞、新可能動詞の構文論的性格

可能動詞、新可能動詞の性格を考える場合に、可能動詞、新可能動詞が一語動詞の形をとりつつも、言語史的には、「動詞＋れる・られる（可能）」に代わって、その位置をほぼ完全に占め、ないしは、占めつつあるということに注目する必要がある。このことは、可能動詞、新可能動詞が、これに対応する「動詞＋れる・られる（可能）」と、意味的、構文論的に、ほぼ合同に近い関係にあるものであることを予想させる。

新可能動詞は、まだ完全に広く定着しているとは言えないので、ここでは、主に「五段動詞＋れる」と可能動詞について比較してみることとして、まず、意味の上で、「五段動詞＋れる（可能）」と可能動詞との間に問題にするほどの相違がないということは認めてよいであろう。もっとも、チェンバレンは、明治初期の東京語につい

て、「五段動詞＋れる（可能）」の形は「ある動作をすることが禁止されていない」こと（nomal ability）を表し、可能動詞は「ある動作をすることが容易である」こと、ないしは「ある動作をする能力を有する」こと（physical ability）を表すとして、両者の「主体の意志・意向」の程度の差を指摘している。[12] また、松下大三郎氏[13]は、「れる・られる」と可能動詞・新可能動詞とは可能の程度が違い、前者は「容易（打消し形の場合は、困難）」、後者は「可能（打消し形の場合は、不能）」を表すとして、次のような例を対比的に掲げている。

此の本は文が拙くて読まれない。――字を知らないから読めない。

道が悪くて歩かれない。――脚気で道が歩けない。

そんな遠くへ行かれやしない。――汽車が不通で行けやしない。

きまりが悪くて来られまい。――病気では来れまい。

しかし、その観察の当否は別として、少なくとも現代の共通語に関する限り、これらの違いが特に問題になることはないと言ってよいであろう。

一方、管見に触れる限り、構文論的にも、「五段動詞＋れる（可能）」と可能動詞との間に大きな相違を認めた調査報告はないようである。[14]「れる（可能）」と可能動詞が命令形を欠くという点、共に助動詞「させる」「られる」「たい」「よう」、また、補助動詞「～ている」などを下接させることがほとんどないという点なども、両者の文法的な性質の一致を示していると言える。また、そこにかかる連用語の関係において両者の間に大きな相違が見られないことも注目される。

最も典型的な例として、例えば、「五段動詞＋れる（可能）」に対しては、含まれる五段動詞が本来ヲ格補語（動作・感情の対象、移動の場所、移動の起点を表す）を要求する動詞の場合、そのヲ格に相当する語を、次のように、ガ格とヲ格の両方で表すことができる。（なお、用例は、ことの性質上、時代的に広く、江戸期以降のものを適宜示すこととする。）

a「（〜に）＋〜が＋五段動詞＋る（れる）（可能）」の例

8 独手《ひとりで》に髪が　結ばれます。（「浮世風呂」）

b「（〜が）＋〜が・〜を＋五段動詞＋る（れる）（可能）」の例

9 唯其日其日が何うにか送られればよい。（「吾輩は猫である」）

10 一たんこなたは空しう成らせられたと申したものが、あれへ出させられて、何とわらはが生て顔が　合さるる物で御座るぞ。（虎寛本狂言「ぬし」）

11 何と此おほじが舞を　舞るる物じや。（虎寛本狂言「さいはう」）

12 こうして留めて居るのに、待たれないとは、私の言ふことを　聞かれないといふのかえ。（「仮名手本忠臣蔵」）

13 一時凌ぎだと思えばこそ、どんな男とでも一緒になっていられるものの、恋しくもない男と、なんで一生の縁を　結ばれようぞと、不断の信仰を力強く述べた。（正宗白鳥「微光」）

それと全く同じことが、次のように、可能動詞の場合にも見られるのである。

a「（〜に）＋〜が＋可能動詞」の例

14 私等《わつちら》には金が　持てやせんネ。（「浮世風呂」）

15 新規に店を始めて、これだけの客が　呼べるもんじゃない。（島崎藤村「桜の実の熟する時」）

16 当分は平気で道が　歩けなかった。（「微光」）

b「（が〜）＋〜が・〜を＋可能動詞」の例

17　彼は真勢さんと交代で売揚を記入する役廻りに当ったが、ある品物を幾千《いくら》で売れば幾千儲かるというようなことに、ほとほと興味を　持てなかった。（「桜の実の熟する時」）

18　それに私、どうしても悪擦れがしないから、幾ら利益になったって、口先で嫌な人の御機嫌を　取れないのよ。（「微光」）

結局、可能動詞が、三で見たように一語動詞の形をとりつつ、意味的、構文論的には元の「五段動詞＋れる（可能）」の性質を維持していると見られるわけであるが、このことは、可能動詞についても、「（〇〇）できる」の場合と同様に、元の形の代替形ととらえるべきことを示しているように思われる。

可能動詞が「（～が）＋～を＋可能動詞」という構文をとり得ることも、可能動詞を「五段動詞＋れる（可能）」の代替形と見て初めて説明がつくことであろう。可能動詞は、全体としては状態性を帯びた動詞と考えられており、一方で「（～に）＋～が＋可能動詞」「（～が）＋～が＋可能動詞」という構文をとり得るのもそのためと考えられるが、同時に「（～が）＋～を＋可能動詞」という構文をとる場合もあるわけで、そのようなことは普通の状態動詞の場合にはほとんど考えられないからである。この場合の「～を」は、やはり、可能動詞の全体と関係するのではなく、可能動詞の中に潜在する「（ヲ格補語を要求する）五段動詞＋れる（可能）」の中の五段動詞とのみ関係し合うと考えなければならない。なお、当然のことながら、「（ヲ格補語を要求しない）五段動詞＋れる（可能）」（例、「乗る＋れる」「成る＋れる」）に対応する可能動詞（例、「乗れる」「成れる」）の場合には、やはりヲ格補語を要求しない。

ここでは特に新可能動詞については検討していないが、当然、新可能動詞と「上一段・下一段・カ変動詞＋られる（可能）」との間にも同様の関係が存在することが考えられるであろう。

五　「車は急に止まれない」論争の要点をめぐって

連用語と可能動詞との関係に関連して、すぐ連想されるのは、「車は急に止まれない」論争のことであろう。これは、本多勝一氏が、昭和五十一（一九七六）年一月号の『月刊言語』誌上で、「飛び出すな、車は急に止まれない」という交通安全のための標語の表現について、「急には」としなくては適格な表現とは言えないと疑義を提出したことから始まり、多くの人が加わって昭和五十二（一九七七）年まで同誌上を舞台に続けられたものであるが[15]、その後も、この問題を取り上げた論文がしばしば見掛けられる[16]。

この議論の論点は、第一論者の疑義の提出の仕方が必ずしも学問的に厳密なものとは言えなかったこともあって、絞りきれないところがあり、文脈による表現の適否の揺れの問題、助詞「は」の働きの問題、助動詞「ない」による打ち消しの範囲の問題などにも渡ったが、結果として議論の中心となったのは、「急に」という連用語と「止まれる」という可能動詞との関係をどうとらえるかというところにあったと言ってよいであろう。

議論の初めには、「急に」という動作性の連用語が「止まれない」という状態性の述語にかかるのはおかしいという意見もあったが、実際には、打消し形でない「止まれる」自身も状態性の語であり、結局、この場合、文法的に問題とすべきは、「急に止まれない」「急には止まれない」のどちらが適格かというようなことではなく、「急に止まれる」が適格と認められるかどうかということに行き着くはずである。この場合、「急に止まれる」が文法的に認められるならば、「「急に止まれ」ない」も認められることはいうまでもない。

この論争は、純粋に文法的に見る限り、大体、先の標語に不適格な点はないという結論で落ち着いているようであり、筆者も基本的にはその意見に賛成である。ただ、その根拠として、論争参加者の一人北原保雄氏が[17]、

「急に」が修飾限定しているのは、述語「止まれる」「止まれない」の全体ではなく、これらの述語の中の止まるという動作概念であると考えられるのである。

としているのは、「止まれる」「止まれない」という述語の中の動作概念というところが、文法論的にややあいまいな説明のように感じられる。

一方、大久保忠利氏[18]は、北原氏や、同じく論争に参加した原口庄輔氏などが述語の成り立ちを音節（仮名）に基づいて考えているのに対して、

北原・原口説とのちがいは、「かな」の表現ではなく、音韻にさかのぼってとらえた点です。修用文素「急に」が「止まる」の語基「止m」までかかり、合成された句「急に止m」に「aれ」が媒介して否定助動詞がつく、と。したがって従来の、「かな」をもって「文節」の切れ目とした国文法の考え方では律しきれない内部接続を見ることが必要だったのです。

と述べて、

〔急に止m〕aれない。

のようなとらえ方を提案している。これは、厳密には、大久保氏流にいえば、

〔急に止まr〕eない。

のような形でとらえるべきだったかと思われるが、それはともかく、「急に」が「止まれる」のうちから「eる」を除いた「止まr」とだけ関係し合うと考えることが許されるかどうか、不安を感じざるを得ない。北原氏が、

私はまだ可能動詞「止まれる」を「止m」と「aれる」に分節するところまでさかのぼれないので、

急に　止まれ　ない

と図示して、可能動詞「止まれる」の中の動作概念を修飾していると説明することにしている。と述べているのも、同様の理由からであろう。可能動詞を「五段動詞＋れる」の代替形と見ようとする筆者としては、この場合も、「止まれる」を「止まる＋れる」相当と見、「急に」は、その「止まれる」の中に潜在する「止まる」の部分を修飾するととらえれば問題ないのではないかと考える。

「急に＋可能動詞（＋ない）」が文法的に適格であり得るのは、「急に＋五段動詞＋れる（＋ない）」が適格であり得るのといわば一つのことである。その両方について、実例を示しておく。

「急に＋五段動詞＋れる」の例、

19 所が、宗伯老のかごと違って、（あばたは…筆者注）いやになったからと云うてそう急に打っちゃられるものではない。（「吾輩は猫である」）

「急に＋可能動詞」の例、

20 そう急に行けるものかね。（「微光」）

「急に＋可能動詞」の形に限らず、一般に、「連用語＋可能動詞」の形において、連用語が可能動詞の可能の意味を除いた部分を修飾限定しているように見える場合（連用語が可能動詞の中に潜在する五段動詞だけを修飾限定している場合）は、決して少なくない。というより、そのような場合がむしろ多数を占めると言うべきであろう。以下に、典型的な例を幾つか掲げておく。

21 よく早く帰れて好かったね。（夏目漱石「門」）

22 御免あそばせね。学校からすぐ抜け出せなかったんですもの。（遠藤周作「灯のうるむ頃」）

23 ここでは酒もゆっくり飲めなかった。（山本周五郎「竹柏記」）

24 〜、私は口は重たくて、ヒョイと、軽く、異様な事が言えない。（二葉亭四迷「平凡」）

25 いつから、そうなったとははっきり言えない。（遠藤周作「どっこいショ」）

26 理由もないのに独りで血眼になって大道を馳せ廻れるものか。（正宗白鳥「何処へ」）

27 それにもかかわらず、さっさと勝代を残して台処へさがれないのは、勝代の若さがいとしいからだった。（「流れる」）

六　おわりに

以上、前稿で扱った「（〇〇）できる」と同様に、可能動詞及び新可能動詞についても、「動詞＋れる・られる〈可能〉」の代替形と考えられる所以を見てきた。可能動詞、「（〇〇）できる」、それに新可能動詞を加えた三者は、全体として「（広義）可能動詞」と呼ばれるはずのもので、ゆくゆくは、全体として「動詞＋れる・られる〈可能〉」の代替形の体系を形成していくものと考えられる。⑲

なお、そのことによって、受け身の表現と可能の表現とは、外形的に完全に分離することになるわけであるが、この代替形の体系は、特に、動詞の活用の種類によって形がふぞろいであること、また、補語を含めた連用語と述語のかかり受けの関係を見えにくくしていることの二点において、不満を残すものと言えなくもない。「〜ことができる」という可能表現の形が一方で発達してきているのは、そのことと関係があるのかもしれない。もっとも、この「〜ことができる」は、やや長々しくて、口頭語として広まりにくい要素があるほか、「〜こともできる」「〜ことさえできる」「〜ことができるものか」その他の形に見るように、完全に複合辞化しにくい一面もあるようである。[20]

今後の言語変化の動きに更に注目していきたい。

〈注〉

(1) 柴谷方良『日本語の分析—生成文法の方法—』(大修館書店、一九七八)など。

(2) 単に「ある語句の代わりの形」というのでなく、「ある語句の代わりの形で、文の構造上、本来の形に戻して考えなければかかり受けの関係がうまく説明できないもの」の意味で、こう呼びたい。代替形の例としては、他に、「ある+ない」相当の「ない」などが挙げられる。拙稿「「二度ない」その他—「ある+ない」相当の「ない」をめぐって—」(『十字学園女子短期大学紀要』18、一九八六)参照。

(3) 『十文字国文』1(一九九五)所収。

(4) 大槻文彦『広日本文典』(一八九七)、芳賀矢一『日本語文典大要』(一九一三)、渡辺実「「行ける」「見れる」—口語における助動詞複合の問題—」(『月刊文法』一九六九・六)など。

(5) 松下大三郎『改撰標準日本文法』(一九二八)など。

(6) 鈴木重幸『日本語文法・形態論』(一九七二)、井上和子『変形文法と日本語　上』(一九七六)など。

(7) 『日本語のシンタクスと意味I』(一九八二)。なお、氏の説に従えば、「見れる」「出れる」「来れる」などは、結果としてやはり「ら抜き」と言われても仕方のない形ということになりそうである。

(8) 坂梨隆三「いわゆる可能動詞の成立について」(『国語と国文学』四六—一、一九六九)

(9) 馬瀬良雄『信州の方言』(第一法規、一九七一)は、このことを次のような比例式で示している。

$$\text{kaku} : \text{kakenai} = \text{tateru} : x$$

$$x = \frac{\text{tateru} \times \text{kakenai}}{\text{kaku}} = \text{taterenai}$$

ただし、この式はカ変動詞には適用できない。

（10）馬瀬氏にならうならば、次のような式が考えられるであろうか。

nenai : nerenai = konai : x

$$x = \frac{\text{nerenai} \times \text{konai}}{\text{nenai}} = \text{korenai}$$

（11）『現代語助動詞の史的研究』（一九七一）。

（12）B・H・チェンバレン『A hand book of Colloquial Japanese』（一八八八）。なお、書名の和訳は『日本国語文典』『日本口語文典』『口語日本語ハンドブック』など一定していないようである。「〈主体の意志・意向〉の程度の差」という表現は、鶴岡昭夫「江戸語・東京語における可能表現の変遷」（『国文学言語と文芸』54、一九六七）にならった。

（13）『改撰標準日本文法』（一九二八）

（14）「五段動詞＋れる」と可能動詞との比較については、小矢野哲夫「現代日本語可能表現の意味と用法Ⅱ」（『大阪外国語大学学報』48、一九八〇）などを参照。

（15）詳しくは、大久保忠利「「車は急に止まれない」論争の本質」（『月刊言語』一九七七・四）などを参照。

（16）青木怜子「車は急に止まれない　「は」助詞のはたらき」（『国語国文』五七—八、一九八八）、須賀一好「「車は急に止まれない」小考」（『山形大学紀要　人文』一一—四、一九八九）など。

（17）「「車は急に止まれない」をめぐって」（『月刊言語』一九七七・四）

（18）注14文献。

（19）最近は、「行かせれる」「選ばれれる」のような言い方も耳にするようになった。傍線部は、さしずめ「せる（使役）＋られる（可能）」「れる（受身）＋られる（可能）」の代替形といったところであろうか。

（20）「～ことができる」の積極的な存在理由等については、前稿（注3文献）でも論じたが、金子尚一「可能表現の形式と意味（一）」（『共立女子短期大学（文科）紀要』23、一九八〇）、奥田靖雄「現実・可能・必然」（『ことばの科学Ⅰ』むぎ書房、一九八六）などにも議論がある。

（明治以後の用例は、すべて、現代仮名遣いによった。なお、古典の用例の資料としては、『大蔵虎寛本能狂言上・中・下』（岩波文庫）、日本古典文学大系63『浮世風呂』（岩波書店）、『名作歌舞伎全集第二巻　丸本時代物語集一』（東京創元社）を使用した。）

第十　「〜から」と「〜ので」のかかり先について

一　はじめに

いわゆる接続助詞の「から」と「ので」をそれぞれ末尾にもって、ひとまとまりとなった連用節「〜から」と「〜ので」の間には、後続の語句に対するかかりの及ぶ範囲の上で相違があるのではないかということが指摘されている。

浅見徹氏は、

雨が降ってきたから中止ですか。

雨が降ってきたので中止ですか。

という文について、「〜から」は「ですか」までかかるが、「〜ので」は「中止」までしかかからないということを述べておられる。(1)

一方、「〜から」と「〜ので」について、前者が、普通の場合、連体節中で用いられないのに対し、後者は連体節中でもその外でも用いられるということが、三上章氏などによって指摘されているが、[2]これも、「〜から」と「〜ので」がもともと異なったかかり先をもつことによるものではないかと考えられる。

そこで、本稿では、「〜から」と「〜ので」のかかり先の違いと、そのことのもたらす両者の用法上の違いについて、実例に即して考えてみることとした。

なお、本稿では、断定の助動詞「だ（です）」、疑問の「か」や「ね」「よ」「さ」「な」等の終・間投助詞類、また格助詞「と」「に」「の」などが下接して、下方へのかかりをいったんくい止められている「〜から」は、一応除外して考える。

二 「〜から」のかかり先

まず、「〜から」について考える場合、「から」のところに、音調上、意味上のストレス（プロミネンス）を置かない場合と置く場合[3]とで、後続の語句に対するかかり方に相違が生じることに注意する必要がある。例えば、

委員たちが帰ったから会議が終わったのだ。

という文の場合、「から」にストレスを置かないで読むと、「委員たちが帰ったから、これは会議が終わったということだ（な）」といったほどの意味となる。これに対して、「から」にストレスを置いて読むと、「会議が終わったのは、委員たちが帰ってしまったからだ」とでもいった意味になる。仮に、この二つの場合の文の意味構造を図示するとすれば、概略次のようになるであろう。

委員たちが帰ったから　会議が終わったのだ。

（委員たちが帰った**から**　会議が終わった）のだ。

以後、普通の場合と、「から」のところに音調上、意味上のストレスの置かれた場合とを区別する必要のある場合は、「〜から」と「〜**から**」で示す。

この節では、そのうちの「〜から」について、その後続の語句に対するかかり方を調べてみる。

まず、「〜から」が文の述語にかかる場合、そのかかりは一般に文の末尾まで及ぶものと考えられる。そう判断する根拠としては、次のようなことを挙げることができる。

第一、「〜から」は、後に述べる「〜ので」の場合と違って、用言の終止形はもちろん、助動詞の「う（よう）」「だろう（でしょう）」「まい」「らしい」「そうだ（伝聞）」などを含めたすべての活用語にまでかかっていくことができる。右に列挙した助動詞についてだけ実例を示しておく。

危ないから　よそう。（夏目漱石「吾輩は猫である」）

あゝ云う才気のある、何でも早分りする性質だから此位《これ》の事は人から聞かんでも吃度《きつと》分るであろう。（同）

六十二で生きて居る位だから　丈夫と云わねばなるまい。（同）

夢声　うちの家内の連中もね、絶対にあたしの放送聞く気がしないというんです。うちじゃ、あたしがこごとをいう役ですから、ラジオの声を聞いても、こごとを聞かされるような気がするらしい。（夢声対談集「問答有用1」）

それに僕が夜実験をやるものですから、遅く迄待っているのが淋しくって不可《いけ》ないんだそうです。（夏目漱石「三四郎」）

第二、「〜から」は、命令形をとる活用語にかかる場合も、活用語尾を含めたその語の全体にかかると見られる。

例えば、

　議論だから、だまって聞いて居ろ。（「吾輩は猫である」）

という文について考えてみると、その意味構造は、

〈議論だから、だまって聞いて居〉ろ。

のように、「〜から」が命令形語尾に包まれる形とは考えられないから、

　議論だから、　だまって聞いて居ろ。

のように、「〜から」が命令形の語にまでまるまるかかる形であることは明らかである。

第三、「〜から」は、意味構造上、文末に付加する終・間投助詞類にも包まれないと考えられる。例えば、

　うちのじじいでございますから御心配なさいますな。（川端康成「伊豆の踊り子」）

という文の意味構造は、

〈うちのじじいでございますから　御心配なさいます〉な。

のように、「〜から」が「な」に包まれる形ではなく、

　うちのじじいでございますから　御心配なさいますな。

のように、「〜から」が文末の「な」までかかる形であることは明らかである。同様に、

　折角《せっかく》だから御這入《おはい》になりませんか。（「三四郎」）

という文の意味構造は、

　折角だから　御這入になりませんか。

のように、「〜から」が文末の「か」までかかる形であると考えられる。文末の「か」が「ものか」（反語）の形

となっても同じである。実例、

どうして是が二十世紀の今日と明治初年頃の女子の品性の比較に就て大なる参考になる材料だから、そんなに容易くやめられるものか。（「吾輩は猫である」）

「～から」は、その他の終・間投助詞類にも、意味構造上、包まれるとは考えられない。実例、

念の為だから、あたし一寸見て来るわ。（夏目漱石「明暗」）

下の方でごぼごぼ音がしているから畳へ耳をつけるとはっきり聞えるぜ。（山本周五郎「暴風雨の中」）

教えて上げるから笑っちゃいけませんよ。（夏目漱石「野分」）

わたし、それが気になって気になって仕方がないから、貴方一寸行って、お詫びを言って来て下さいな。（上林暁「聖ヨハネ病院にて」）

貴方も、わざわざ附添いに来ていらっしゃるんですから外にばかり居ないで、少しは奥様の面倒を見て下さいね。（同）

「～から」は、三上氏の指摘にもあるように、連体節に収まることがない。そのことと、以上見てきたことを考え合わせて、「～から」のかかりは、一般に文の末尾以外のところで食い止められることはないと考えられる。ただし、それ自身原則として連体節に収まることのない、「～が（逆接）」「～けれども」「～し」などの類の従属節には収まることがある。実例、

くだらないから、すぐ寝たが、中々寝られない。（夏目漱石「坊っちゃん」）

主人が澄まして這入る位の所だから、よもや吾輩を断わる事もなかろうけれども万一御気の毒様を食う事があっては外聞がわるい。（「吾輩は猫である」）

三上章氏は、活用形（ないしはそれに接続助詞などの付いたもの）を、補語（名詞＋格助詞）を食い止めるかどうかで、単式と複式に分け、後者を更に連体節に収まるかどうかで軟式と硬式に分類しておられる。[4] それによれば、「～から」は、いわゆる硬式の従属節であり、文末以外で「～から」のかかりを受け止め得る従属節も、硬式の従属節であると考えられる。もっとも、「～から」が、必ずしも三上氏の硬式と認められなかった従属節によって食い止められているように見える場合もある。実例、

間尺に合わないから、四月ほどでそれも止し、（中略）それからというものは、毎日、兄貴の三つになる子供を連れちゃア、近所の原っぱへ日向ぼっこをしに行った。（久保田万太郎「猫の目」）

つい書物や講義のことが忙しいものだから、聞こう聞こうと思いながら、つい其儘にして置いて済まない（夏目漱石「行人」）

こっちは心配だから二度目に又おこすと、夜着の袖から何か云うのよ。（「吾輩は猫である」）

そ奴が、鈴なんぞさげてどうするのだ、ときいたから私は迷子になったら音をきいて伯母さんが捜しにくるためだ、といったら彼らはさも軽蔑したらしく顔を見合わせた。（中勘介「銀の匙」）

このような場合の「～活用語連用形」「～て」「～と」「～たら」などは、硬式の従属節であると見なしておくのも一つの方法である。反対に三上氏によって硬式の従属節とされた「～が（逆接）」「～けれども」「～から」などにもストレスが置かれるなどして連体節中に収まるような特別な場合があることを考え合わせると、[5] 一つの形の所属を余り固定的に考えるのは、かえって現実的ではないように思われる。このことについては更に体系的な検討が必要であろう。

三　「〜から（強調）」のかかり先

永野賢氏は、

風が吹いてきたから看板が倒れたのだ。

のような例について、主観的な理由を示す「から」と文末の主観的な判断を示す「のだ」とが照応した例だと述べておられる。[6] ところが、右の文の意味構造は、

風が吹いてきた**から**　看板が倒れたのだ。

という形であると考えられるから、「〜**から**」のかかりは実は「のだ」まで及んでいないことになる。右のような例は、「から」と「のだ」が照応した例ではなく、先にも見たように、「〜から」がそこにストレスを置かれたために連体節中に収まるようになった特別な例であるということになろう。[7] この種の例はほかにも少なくない。実例、

飢え凍えようとする妻子のことよりも、己の乏しい詩業の方を気にかけているような男だ**から**、こんな獣に身を堕すのだ。（中島敦「山月記」）

今時分でもいつ時分で返すんだ。奢られるのが、いやだ**から**　返すんだ。（「坊っちゃん」）

愚痴じゃありません。事実だ**から**　云うのです。（夏目漱石「彼岸過迄」）

しかし、これらはあくまでも「〜**から**」だけの特別な場合と考えるべきで、普通の「〜から」が文末までかかっていくものであることは前にも見た。「〜から」が「〜のだ」の文末までかかっていく例を念のために幾つか示しておく。

あなたは鈴木のむすめも同様なのですから、そんなときは意地を張らずに帰って来るのですよ。（山本周五郎「日本婦道記」）

そこで五年の間毎月十円宛払うのだから、つまり先方では六十回払えばいいのだ。（「吾輩は猫である」）

末造は小使になった時三十を越していたから、貧乏世帯ながら、妻もあれば子もあったのである。（森鷗外「雁」）

なお、「のだ」の「の」に体言性を認めない研究者もいるが、「〜**から**」が明らかに連体節中に収まっている例をほかに示すこともできる。

ここに似た山径を歩いたのも、妹が銀行の仲間たちとのピクニックに誘ってくれた**から**　できたことだった。（阿部知二「人工庭園」）

牧野　名というものは人がいう**から**　名になるもんですからね。（「問答有用1」）

次のような例も、これに準じて考えることができるであろう。

幸いに下宿の主人が自分の人格を信じた**から**　可《い》いようなものの……。（「彼岸過迄」）

では止します。元々僕の発案で姉さんを誘い出すんじゃない。兄さんが二人で行って来いと云う**から**　行く丈の事です。（「行人」）

「〜**から**」が「〜から**こそ**」となっても同じである。実例、

しかし考えてみれば、そういう人間だったから**こそ**、一筋にこうなってしまったのだ、ということができる。（「人工庭園」）

それがあるから**こそ**　私は映画に心をひかれているんです。（伊藤整「火の鳥」）

音調上、意味上強調された「〜**から**」は、連体節中だけでなく、その他の軟式の従属節にも収まるようになる。

実例、

佐野は写真で見るよりも一層御凸額《おでこ》であった。けれども額の広い処へ、夏だ**から**髪を短く刈っているので、ことにそう見えたのかも知れない。（「行人」）

分らん事を云う奴だな。入らないと云う**から**還せと云うのに苛《ひど》い事があるものか。（「吾輩は猫である」）

これらの「〜**から**」は、「〜ので」「〜のに」などの「〜」の部分に収まって、「ので」「のに」などに包まれていると考えられる。

「〜**から**」は、

おれはお前だ**から**話すが、実はうちのお父さんには、一種妙におっちょこちょいの所があるじゃないか。（「行人」）

僕は今だ**から**言うけれども、去年の暮にね、ここから五十円持って出たのは、さっちゃんと坊やにあの金で久し振りのいいお正月をさせたかったからですよ。（太宰治「ヴィヨンの妻」）

のように、硬式の従属節にも当然収まるし、

油壺なものか。そんな趣味のない事を云う**から**困る。（「我輩は猫である」）

のように、文の述語にかかる場合もある。

現在のところ用例の収集が進んでいないので断定は差し控えたいが、音調上、意味上強調された「〜**から**」は、かかり方の面に限って言えば、次に述べる「〜ので」の場合に近いかかり先を持つと言えるのではないかと考えられる。

四　「～ので」のかかり先

次に、「～ので」のかかり方について考えてみる。

まず、「～ので」は、文の述語に対するかかりとしてだけでなく、連体節やその他の軟式の従属節の中の述語に対するかかりとしても用いることができる。

連体節中で用いられた実例、

其上身分が定まらないので、気の落ち付く背景を有たない彼は、朝から晩迄下宿の一と間に凝と坐っている苦痛に堪えなかった。（「彼岸過迄」）

あたしが世話をしている能勢の妙見で、講金を廿両やられたのでここまで追って来た訳だが、（子母沢寛「おとこ鷹」）

無縁坂の人通りが繁くなった。九月になって、大学の課程が始まるので、国々へ帰っていた学生が、一時に本郷界隈の下宿に戻ったのである。（「雁」）

その他の軟式の従属節の中で用いられた実例、

彼は身体は父に似て小柄だったが、仕事では細心であったので、今まで外の傭い漁夫たちのような間の抜けた仕事をしたことがなかったのに、今日は何度かしくじりをした。（伊藤整「ヒサの生い立ち」）

やがて子供は明日の下読をする時間だと云うので、母から注意を受けて、自分の部屋へ引き取ったので、後は差し向《むかい》になった。（夏目漱石「それから」）

「～ので」が軟式の従属節の中に収まることから見て、「～ので」は、「～から」と違って、文の述語にまるまるかかるものではないと考えるべきであろう。「〜ので」のかかりは、活用語一般の終止形の末尾要素や動詞の命令形の末尾要素、終助詞類その他、軟式の従属節に収まらない述語要素までには及ばないと想像される。

まず、「〜ので」が、「〜せる（させる）」「〜れる（られる）」「〜ない」「〜たい」などの形の述語にかかる場合は、[8]

雨が降り出したので　やめさせる。

雨が降り出したので　やめさせられる。

雨が降り出したので　やらない。

雨が降り出したので　やめたい。

のように、「〜ので」のかかりは、末尾の「せる（させる）」「れる（られる）」「ない」[9]「たい」まで及ぶものと考えられる。[10]（先にも述べたように、「〜ので」は、厳密には、述語最末尾の活用語の終止形にはまるまるかかることはないと思われるが、便宜、右のように表示しておく。）

「〜ので」が「〜体言＋だ（です）」の形の述語にかかる場合は、

雨が降り出したので　中止だ。

のように、「だ（です）」（の中核）までかかるとしておきたい。浅見氏が、

雨が降り出したので　中止ですか。

のように、「〜ので」が体言にかかる形を考えられたことは先に見たとおりであるが、「雨が降り出したので　中止」を「です」が包む構造は、文法的とは言いにくいから、これはやはり、

雨が降り出したので　中止ですか。

と、「だ（です）」までかかる形であると見るほかないであろう。ただし、「です」を「である＋ます」相当とみて、「〜ので」のかかりはその隠れた「〔である〕止まりと見る立場もあり得る。「〜ので」と「ます」の関係については次に考える。（「雨が降り出したので、中止か」のような形は、「雨が降り出したので　中止（である）か」相当と見る。なお、「〜ので」は、後でも見るように、「〜から」と違って、終助詞「か」まではかからず、「か」が上の全体を包む形と見る。）

「〜ので」が「〜ます」「〜た」の形の述語にかかる場合は、

来客があるので　出かけるのをやめます。
来客があるので　出かけるのをやめます。
来客があるので　出かけるのをやめた。
来客があるので　出かけるのをやめた。

のような両様の解釈が可能のように思われ、(11)問題であるが、ここでは、一応、場合に応じて両様があり得ると考えておきたい。「〜ので〜ます」「〜ますので〜ます」、「〜ので〜た」「〜たので〜た」の両様がそれぞれあり得ること、また、「ます」に打ち消し「ぬ」を下接させた「ません」の形があることなどを考慮する必要がある。

「〜ので」が、「〜らしい」「〜ようだ」「〜そうだ」の形の述語にかかる場合についてはどうだろうか。まず、「ようだ（比況）」、「そうだ（様子）」の意味の場合は、

窓の外では若い会社員らしい男がガラスを叩いてなにかいっている。（中略）とにかく声はほとんどきこえないので　水槽のガラスに突きあたってもがいている魚を見るようだ。（倉橋由美子「暗い旅」）

雷になりそうな雲ゆきなので、（中略、）雨になりそうだから、（エミリ・ブロンテ「嵐が丘」田中西二郎訳）

のように、「〜ので」のかかりが、「ようだ」「そうだ」まで及ぶと考えてよいだろう。ちなみに、「ようだ（比況）」、「そうだ（様子）」は、そのものが連体節中に収まる要素である。

一方、残る「らしい」「ようだ（不確かな断定）」「そうだ（伝聞）」の場合は、

孝之助がそう聞き返したとき、どこか近くでぷっと失笑する声がした。幸兵衛は昂奮しているので、気づかなかったらしい。（山本周五郎「わたくしです物語」）

正妻のもうけられた姫君たちには、はかばかしい縁談がないのに、紫の姫君は思いがけぬ幸福な結婚生活を送っているので、継母の北の方は、ねたましく思われるようだった。（田辺聖子「新源氏物語」）

兄は自分を顧みて、「三沢が病気だったので、何處へも行かなかったそうだね」と聞いた。（「行人」）

のように、「〜ので」のかかりが、「らしい」「ようだ」「そうだ」に届く前の所で食い止められて、「〜ので〜」の全体が、それぞれ「らしい」「ようだ」「そうだ」に包まれる形になると見られる。ただし、「そうだ（伝聞）」は、そのものとして連体節中に収まらない述語要素であると思われるからこのようなことがあることは理解できるが、「らしい」、「ようだ（不確かな断定）」は、連体節中に収まる述語要素であるのに、どうして同じようにこのようなことがあるのか、更に検討してみる必要がある。

次に、「〜ので」が「〜う（よう）」「〜だろう(12)（でしょう）」「〜まい」「活用語命令形」、終助詞「か（疑問）」「な（禁止）」など、連体節中に収まらないとされている要素を備えた述語にかかる場合はどうであろうか。

一般に、いわゆる後件に推量・命令・質問などの表現がくる場合、「〜から」が用いられ、「〜ので」は、用いられないと言われている。(13)このうち、「〜ので、〜う（よう）（意志）」「〜ので、〜命令形」「〜ので、〜な（禁止）」などの形は確かにほとんど見かけないが、それ以外は、全くのゼロということではないようである。以下で、そ

れら個々の形における「〜ので」のかかり方について調べてみる。

「〜ので〜だろう」の例。

この近くには菓子屋は沢山あるが、八百屋は全くない。不便！質屋が一軒もあるので、これから何やらお世話になるだろう。（高野悦子「二十歳の原点」）

運動部の部長は（中略）、数日は帰ってこないらしい。しかし運動部の次長が会うと言っている。あるいは最終的な決定権は持っていないかもしれないが、実際に番組を制作するのはその次長なので話し合いに支障をきたすことはないだろう。（沢木耕太郎「一瞬の夏」）

「〜ので〜でしょう」の例

あの頃なら、黒い雨のことを人に話しても、毒素があることは誰も知らんので、誤解されなんだでしょう。（井伏鱒二「黒い雨」）

最近世の中の景気がよくなってきたので、職は何とか探せるでしょう。（加賀乙彦「湿原」）

右の例で見る限り、「〜ので」のかかりは、傍線で図示したように、「だろう（でしょう）」には及ばないと見るべきものと思われる。

ただし、同じ「だろう（でしょう）」でも、名詞に付くもの又は形容動詞活用語尾のものは、「だ（です）＋う（推量）」相当と考えられるので、事情が異なる。

「〜ので〜名詞＋だ（です）＋う」「〜ので〜形容動詞（だ／です）＋う」の例。

そういう事情があったので電球更生ドクターの前で修吉と政雄の足に根が生えたのは当然だろう。（井上ひさし「下駄の上の卵」）

母屋にはいろいろの不祥なことがあったので、新夫婦の部屋を、離室に定めたのは、主人源吉の心尽しでしょう。（野村胡堂「銭形平次捕物控（四）」）

あなたのお母さんにお会いしてもかまわないんだが、もっとはっきり嫌われるだけだと分ってからの方が、勇気が出るかとも思うので、まア、それまでは、このままの方が無事でしょうからね。（横光利一「旅愁」）

この場合、「〜ので」のかかりは「だ（です）」まで及び、その「〜ので〜」全体が「う」に包まれる形になる。つまり、「〜ので」のかかりは、「う」に及ばないということになる。[14]

「〜ので〜まい」の形の場合も、「まい」が「ない＋だろう」相当と考えられるので、

〜については、序文のなかに明らかにされているので今更説明するまでもあるまい。（木村浩「ソルジェニーツィン・収容所群島・訳者あとがき」）

私は、母親の迷信を、笑った。もし、元日の悪天候が、一年を支配するならば、その地方全部の人々が、その凶運を荷なうので、私たちの家だけのことを心配しても、仕方があるまいと、揚げ足をとった。（獅子文六「娘と私」）

のように、「〜ので」のかかりは、隠れた「ない」に相当する部分までで、やはり隠れた「だろう」の部分には及ばないと言えると思われる。

「〜ので〜か」の例、

この家は、俺が入って来たので穢《けが》れたかね。（大佛次郎「帰郷」）

こんな態《なり》をしておるので、貴方は吃驚《びっくり》なすったか、そうでしょう。（尾崎紅葉「続金色夜叉」）

「〜ので〜うか」の例、

御覧下さりませ一寸《ちょいと》こうお庭も広う御座りますし、四隣《まわり》が遠うございますので御気分の為にも良かろうかと存じまする、(樋口一葉「うつせみ」)

これらの形も、用例で見る限り、「〜ので」のかかりは、「か」「うか」まで及ばないと思われる。

あんな脚の高いイスに長らくいらっしゃったので、お疲れになったでしょう?·(源氏鶏太「停年退職」)

のように、確認要求の「〜だろう(でしょう)?·」の形と関係する場合も、「〜ので」のかかりは、「だろう(でしょう)」まで及ばず、当然、上昇調のイントネーションに託された「?·」にまで及ぶことはないであろう。

一般に、後件の末尾に「う(よう)」「だろう(でしょう)」「まい」「か」などの表現がくる場合に、「〜ので」が用いられることが少ないことは否定できない。しかし、それは文法的にいわばアプリオリに禁止されているのではなく、「[〜ので〜]う(よう)(推量)」「[〜ので〜]だろう(でしょう)」「[[〜ので〜]まい」「[〜ので〜]か」などの意味構造の文を用いなければならない実際の場面が少ないために、結果としてそうなっているにすぎないのではないかと推測される。ついでながら、後件に「〜う(よう)(意志)」「〜活用語命令形」「〜な(禁止)」などの形がくる場合に、「〜ので」が(結果として)用いられないのも、やはり、初めから文法的に禁止されているからではなく、「〜ので」のかかりがその末尾まで及ばないために、「[〜ので〜]う(よう)(意志)」「[〜ので〜]命令形語尾」「[〜ので〜]な」のように現実にはほとんど用いられることのないような意味構造の文を形成してしまうからではないかと考えられる。

五　「〜から」と「〜ので」のかかり方と用法の関係

以上述べてきたことをまとめると、次のようになるであろう。

「〜から」のかかりは、

(1) 文の述語ないしは硬式の従属節の述語の末尾まで及び、その途中で食い止められることはない。

(2) ただし、「から」の部分に音調上、意味上の強勢が置かれた場合（本稿の「〜**から**」）に限り、「〜ので」のかかりと類似したものとなると考えられる。

「〜ので」のかかりは、

(1) 「〜ので」それ自身がいわゆる軟式の従属節であるため、かかり先が浅く、一般に連体節中に収まらないとされている、「う（よう）」「まい」「だろう（でしょう）」「そうだ（伝聞）」、活用語の命令形、及び終助詞類などが述語（主として文の述語）の末尾に現れてもそこまで及ぶことはない。（ただし、「〜らしい」「〜ようだ」「〜そうだ」の形に対するかかり方については、更に検討する必要がある。）

これによると、意志、命令、禁止など話し手の主観的な態度を表す表現と呼応している場合、「〜から」は自由に用いられるが、「〜ので」は用いられにくいという現象も、「から」と「ので」の意味の違いによってではなく、両者の文中でのかかり方の違いによって説明できる可能性がある。例えば、

○危ないから、そこへ行くな。

△危ないので、そこへ行くな。

のように、「〜から」の場合は、かかり先が深いために、「〜から」と「〜な」が対峙する、ごく普通の表現にな

るが、「〜ので」の場合は、かかり先が浅いために、「な」の手前までしかかからず、「〔危ないのでそこへ行く〕な」のように、かえって「な」のスコープに入ることになり、特に文法的に禁止されているわけではないが、現実にほとんど用いる機会のない内容の表現になってしまうと考えられるのである。

なお、最後に一つだけ触れておくべきことがある。永野賢氏は、「ので」の用法の拡張として、丁寧形の依頼表現があとにくる場合、依頼表現は主観的態度を表すものであるから本来「から」とあるべきところに「ので」が用いられることが多いとして、⒂ 次のような例を挙げておられる。⒃（傍点、傍線は原文による）

今回「有名商社親睦野球連盟」が結成され、その第一回大会を行いますので御観覧の程お願い致します。本誌の愛読者カードを整理したいと存じますので、綴込みハガキに所用事項御記入の上、何とぞ御返送ください。

帰ってくることになりましたのでこの部屋を空けて下さいませんか！

しかし、多くの用例に当たると、次のように、丁寧形でない依頼表現があとにある場合に、「〜ので」が用いられた例がないわけではない。

向うの人は速記を取られるのはいやだというのだ。しかし、こっちとしちゃ是非その話を取っておく必要があるので、（中略）蔭でやってくれないか。（山本有三「路傍の石」）

実は少々学資不足なので、別封の原稿、君の力でどうか成ったら、どうかして貰えまいか。（久米正雄「学生時代」）

加能彦次郎は会長をつかまえ、すこしおねがいしたいことがあるので時間を割いてもらえるか、と申しこんだ。（立原正秋「冬の旅」）

考えてみると、依頼表現としての、「〜ことを願う」」「〜てくれる（か）「〜てもらえる（か）」などは、特に主観的な表現というほどのものではなく、始めから「〜ので」のかかり得る範囲の述語要素であったと言えるのではなかろうか。また、依頼表現が丁寧形をとりがちなことは、表現の性格上あり得ることで、そのことと「〜ので」の使用を結びつけて考える必要はないと考える。

以上から、ここでは、丁寧形の依頼表現があとにくる場合に主として「ので」が用いられることを「ので」の用法の拡張とは見ない立場をとっておくこととする。[17]

六　おわりに

以上、「〜から」と「〜ので」のかかり先について、ひとわたり見てきた。述語の構造との関係で、細部になお検討を要する点も少なくないが、その大体の姿は明らかにし得たのではないかと考える。「から」と「ので」については、これまでに種々の用法上の相違があることが指摘されている。しかし、従来の研究は「から」と「ので」そのものの意味を問題とする立場のものが多く、構文論の立場からそれらに統一的な説明を与える仕事はまだ成し遂げられているとは言えないようである。本稿にはそこに至るための摸索の意味も込めたつもりである。

御批判が頂ければ幸いである。

〈注〉

（1）「カラとノデ」（『講座現代語6』（一九六四）

（2）三上章『現代語法序説』（一九五三）、南不二男「文論の分析についての一つの試み」（『国語学』43、一九六一）など。

（3）両者の音調論上の厳密な区別については、別の機会に譲ることとし、ここでは、便宜、「〜から」のうち、「から」の部分に絞って（又は「〜」の部分を含めて全体的に）通常よりも高く、強く発音したものを、「ストレス」を置く「〜**から**」と考えておく。

（4）前掲書、187ページ。

（5）三上章『日本語の構文』（一九七三）116ページにも、次のような例が見える。

　哀しいが、明るい小説を書いてみたいと思います。（遠藤周作）

（6）「『から』と『ので』とはどう違うか」（『国語と国文学』、一九五二・二）

（7）ここでは、「のだ」の「の」に体言性を認める立場に立つ。拙稿「『のだ』の文について」（『国文学研究』56、一九七五）参照。

（8）述語の構造については、これまでに多くの方々の研究があるが、まだ定説を見るに至っているとは言えないようなので、ここでは、主な助動詞を個別に取り上げて、それと「〜ので」との関係を考える方法をとる。

（9）「ないか」「ぬか」の「ない」「ぬ」は、「ない」「ぬ」の独立した用法ではないとして、ここには含めないこととする。

（10）雨が降るというので　やめさせられたくない。

のような形で「ので」を用いることもできそうであるが、この場合は、「いわゆる準体助詞の＋格助詞で」の例と見る。日野資純「いわゆる接続助詞『ので』の語構成」（『国語学』52、一九六五）参照。ただし、同論文には、「の＋格助詞で」と「の＋断定の助動詞連用形で」の区別に混乱が見られるようである。

（11）森田良行氏は、「〜ので」は「ます」に包まれると見ておられるようである。『基礎日本語2』（一九七八）112ページ。

(12) 金田一春彦「不変化助動詞の本質」（『国語国文』222・223、一九五〇）の説に従って、活用語に接続する「だろう（でしょう）」だけを一語の助動詞と見ておく。体言に付く「だろう（でしょう）」は、「だ（です）」に「う」の付いたものと見る。

(13) 金田一春彦「中国人に日本語を教へて」（『コトバ』、一九四三・一二）、松村明「助詞の異同について」（『日本語』、一九四四・三、『江戸語東京語の研究』所収）、永野賢氏前掲論文など。

(14) この場合、「です」を「である＋ます」相当と見る立場に立つとすれば、「〜ので〜でしょう」の意味構造はもう少し複雑になるであろうが、いずれにしろ、「〜ので」のかかりは、「う」に及ばないと見られる。

(15) 永野氏は、前掲論文では、「丁寧形の依頼表現や意向表現が」といったふうに、丁寧形の意向表現と並べて意向表現を挙げておられたが、同時に掲げられた用例を見ても、それがどのようなものを指すのかあいまいなところがあった。そのためか、永野氏は、後に担当された『古典語　現代語　助詞助動詞詳説』（一九七八）の「ので（現代語）」の項の記述では、依頼表現だけを挙げておられる。そこで、本稿でも、依頼表現だけを取り上げることとした。

(16) 前掲論文。ここでは、挙げられた7例のうちの代表的な例だけを示す。

(17) 原口裕氏は、「『ノデ』の定着」（『静岡女子大学研究紀要』4、一九七二）の中で、新聞における用例として、

鹿児島本線ぞいの同事務所裏でゴミを焼いていたので、この火の不始末ではないか。

車を洗うので降りてくれ。

などを挙げておられる。このうち、前者のようなものには、

〜ので　〜ではないか（と考えられる。）

のような意味あいがまだ感じられる。また、後者のようなものは、「〜ので、〜くれる（命令形）」という依頼表現の一種である可能性もある。しかし、いずれにしても、このような紛らわしい例が現在増す傾向にあるとすれば、将来「〜ので」のかかり方に全体的な変化が生じないとも限らないであろう。更に検討が必要である

ただし、三井昭子氏が「接続助詞『から』と『ので』について」（『ことば』1、一九八〇）の中で示された、

近所の人が、次ぎ次ぎと死ぬので、生母の死と結び付いた泉を、思い出したのだろうか。

のような例は、「〔～ので↓　～〕↑のだろうか」のような意味構造の文と見られ、三井氏の言われるように新しい傾向の文と見る必要はないと思われる。

第十一　「からといって」について

一　はじめに

「からといって」は、本来、いわゆる接続助詞の「から」に「と言って」が付いてできた形であるが、「といって」の意味の形式化の度合い、後続の語句へのかかり方の相違、その他によって、幾つかの種類に分けて考えることができる。本稿では、そのことについて触れ、併せてそれら各種類相互の関係についても考察を加えてみようと思う。

なお、「からとて」「からって」なども、差し支えない限り、同種のものとして扱っていく。

二　「からといって」Ⅰ類

「からといって」は、まず、「といって」の「いう」が本来の「しゃべる」の意味を保持しているものと、それ以外の、形式化した意味を表すに至ったものとの二つに大別される。これらを、仮に、それぞれⅠ類、Ⅱ類と呼ぶ。

このうち、Ⅰ類は、

「～から、～」と言って

という形の「～から」の後件の部分が省略されて、結果として現出したもので、「から」「といって」ともに本来の性格をほぼそのまま保持した、全体として慣用句化の度合いの少ない形と言える。

Ⅰ類の例としては、次のようなものを挙げることができる。

1 男は柏屋に三日泊った。宿賃も持ってないことは察しがついたけれど、お滝はあたしがひきうけるからと云って、朝から膳に酒を付けさせ、暇なときは自分が酌をしに坐った。（山本周五郎「金五十両」）

2 姉たちはまたこの次の遊び時間にくるからといって、（中略）出ていった。（中勘助「銀の匙」）

3 それゆえ、若子や母には、千葉に手紙を出した日から、軽井沢へ行くことにしたからと言って、支度にかかった。（芹沢光治良「春の谷間」）

ちなみに、これらの場合、それぞれ「～から」のあとに、「任せておいてください」「安心しておいで」「承知しておいてほしい」などといった意味の言葉が省略されていると考えられる。

また、例**3**では「若子や母に～言って」の対応が見られるが、一般に、Ⅰ類の「からといって」の「いう」は、必要に応じ、普通の動詞の「言う」に準じて種々の連用語句を受けることができると言えそうである。

三　「からといって」ⅡＡ類

Ⅱ類の「からといって」は、更に、「といって」の部分が逆接の意味でないものと、逆接の意味のものとの二つに分けることができる。これらを、それぞれ、ⅡＡ類、ⅡＢ類と呼ぶ。ところが、このⅡ類の用例に実際に当たってみると、用いている当人の意識がどちらにあるかは別として、見方によってⅡＡ類にもⅡＢ類にも解し得るものが意外と多いことに気付く。そこで、これを特にⅡＡＢ類と呼んで区別しておくこととする。

ⅡＡ類の例としては、次のようなものを挙げることができる。

4　それを金があるからと云うて無暗にえらがるのは間違っている。（夏目漱石「野分」）

5　何も出来ない百姓の分際で、金があるからと言って、生意気な奴だと思った。（田山花袋「田舎数師」）

6　金がほしいからと言って人を殺し、セックスの不満があるからと言って異性を襲う、というような戦慄すべき現象が続いた後で、いま、日本は急速に昔の秩序に戻りつつある、と言われています。（伊藤整「女性に関する十二章」）

7　千葉はみさ子がお客さまだからとて、縁側つきの八畳を提供して、食事も当番制であるが、みさ子には免除した。（「春の谷間」）

8　火傷をしたからって火を恐れても、生きていくにはやっぱり火がなくっちゃあ済まないものだ。（山本周五郎「さぶ」）

ⅡＡ類は、「といって」の部分の意味が形式化しているのが一つの特徴であるが、それも個々の例によって程度の差があり、中には、Ⅰ類、ⅡＡ類のどちらに属させるべきか判断に迷う例もある。その意味で、Ⅰ類とⅡＡ

類とは連続的であると言える。

ⅡA類においても、「から」が「理由」の意味あいで用いられていることは、Ⅰ類の場合と同様であるが、一定の語句が「〜から」のあとに省略されていると言えるかどうかはかなりあいまいになっている。その一方、この場合の「〜から」は、意味の上で、例えば例**4**では「金があるから」→「(無暗に) えらがる」、例**5**では「金があるから」→「生意気だ」、例**6**では「金が欲しいから」→「(人を) 殺す」といった具合に、「といって」に後続する述語との問に原因と結果の関係を内在させているように見える。

ただ、普通の「〜から」と、「〜から」に意味の形式化した「といって」を付けて「〜からといって」(ⅡA類) とした場合とでは、構文論的にかなり大きな相違がある。今

9 雨が降るから、遠足を中止した連中が映画館へ押し寄せた。[1]

10 雨が降るからといって遠足を中止した連中が映画館へ押し寄せた。

の二つの文を比べてみると、例**9**の「〜から」は「連中」を修飾する連体節の中に収まらない要素であるのに対し、例**10**の「〜からといって」は連体節の中に収まるものとなっている。一般に、「〜から」は、特別の場合[2]を除いて、そのかかりが文末又はそれに準ずる文中の大きな切れ目まで及び、連体節の中には収まらない。[3] これに対し、ⅡA類の「〜からといって」は連体節の中にも収まるものであると言ってよさそうである。このことは、例**4**、例**5**でも観察できる。

また、

11 (君に頼みたい) 用事があるから、帰らないでくれ。

12 (自分に) 用事があるからといって帰らないでくれ。

13　（自分に）用事があるからといって来ないようでは困る。(4)

などの例を見ると、「〜からといって」（ⅡA類）は、そのかかりが、常にそうだとは言えないにしても、場合によって助動詞の「ない」にまで及ばないこともあり得るものであることが分かる。一方、「〜から」には、もちろんそのようなことはない。(5)

「からといって」（ⅡA類）には、それなりの存在理由があるというべきだろう。(6)

四　「からといって」ⅡAB類

次に、ⅡAB類について見てみる。例えば、

14　窮屈だからと云って、隣りの奴にどいて貰う訳にも行かず、（夏目漱石「吾輩は猫である」）

という文の場合、

○　窮屈だからと云って、隣りの奴にどいて貰う訳にも行かず、

○　窮屈だからと云って、隣りの奴にどいて貰う訳にも行かず、

のように、その構造を二様に解釈することができる。前者は、「からといって」をⅡA類として解釈した場合で、その意味は逆接でなく、また、後続の語句に対するかかり方も浅く、連体語句の中に収まり得るものとなっている。後者は、「からといって」をⅡB類として解釈した場合で、意味は逆接、かかり方は深く、連体語句中に収まらないで、文末（に準ずる箇所）にまで及んでいる。

15　それだからといっていつまでもこの小っぽけな離れに厄介になってるわけにも参りませんので、（夏目鏡

子「漱石の思ひ出」）

においても同様のことが観察できる。一般に、「〜からといって〜わけにはいかない」という形における「からといって」は、ⅡAB類である場合が多いと言える。

「〜からといって〜まい」の形における「からといって」についても同様である。例えば、

16 あたしたち、結婚したからとて、ご主人と奥様になるまいと話しあったこと覚えてらっしゃる。（「春の谷間」）

では、

○ 結婚したからとて、ご主人と奥様になるまい。

○ 結婚したからとて、ご主人と奥様になるまい。

のように、「〜からといって（からとて）」のかかり方を浅深二様に解釈することができる。

「からといって」がⅡA類、ⅡB類の二様に解釈される可能性のあるその他の主な形とその例を、以下に示しておく。(7)

◇「〜からといって〜のは〜」

17 （略）そうだからといって、試みもせずあきらめるのは、自己に怠惰、相手に侮蔑というものだ、と、（略）（柴田翔「されど、われらが日々」）

◇「〜からといって〜ことは〜」

18 ぼくのやったことは死に値することです、しかし、だからといってぼくが死ぬことは無意味だと思った。（大原富枝「巣鴨の恋人」）

19　だからといってお前が泣くことはないだろう。（山本周五郎「武者草鞋」）

20　しかし自分には大切でないからといって他人も同様であると考えることは誤りであろう。（河盛好蔵「人とつき合う法」）

◇「～からといって～必要はない」

21　此方が気が立っているからって、お前までビクビクする必要はないじゃないか。（志賀直哉「邦子」）

◇「～からといって～ては～」

22　安田君が舞台経験があるからといって、読み合せを真面目にやってくれなくちゃ困るよ。（福永武彦「忘却の河」）

◇「～からといって～なんて～」

23　ただ御前の顔が少し許赤《ばかり》くなったからと云って、御前の言葉を疑ぐるなんて、まことに御前の人格に対して済まないことだ。（夏目漱石「行人」）

◇「～からといって～なくても～」

24　捕虜になったからとて自殺しなくてもいいだろうと思う人があります。（「女性に関する十二章」）

◇「～からといって～ないで～」

25　こんなことを云ったからって、おれがやけになってるなんて思わねえでくれ。（「さぶ」）

◇「～からといって～はしない」

26　でも、みさ子は女だから気の毒さ。男ならば、かりに妻があり子供があっても、勉強のために能率があがる高原に行ってたからって、若ちゃんのように憤慨されやしないだろう。（「春の谷間」）

◇「〜からといって〜わけではない」[8]

27 （杉田屋の養子に）なり損ねたからって一生うだつがあがらないわけではなかろう。（山本周五郎「柳橋物語」）

28 お断わり申しておきますが、ご息女を頂戴にまいったからとて昨日のお説に服したわけではございません。（山本周五郎「楯輿」）

以上掲げた形の文において「からといって」が二様に解釈される理由は、初め、例えば、

〔〜からといって〜〕わけにはいかない。

〔〜からといって〜動詞〕まい。

などのような構造の文として用いられていたものが、次第に、

〜からといって、〜わけにはいかない。

〜からといって、〜動詞・まい。

などのような構造のものとも意識されるようになったからではないかと考えられる。

このようなことが生じたことについては、これとは別に、

29 しかし化学的にこんな簡単なものができたとて、何のことがあろう。（『科学朝日』一九四九・一一）[9]

30 どうなったって驚くものか。（山本周五郎「何の花か薫る」）

31 といってこのまま別れるのも、なんだかもったいないような気分になった。（山口瞳「結婚します」）

のような、「〜とて」「〜って」「〜といって」などの形が既に逆接的な意味あいでも用いられていたことが、強く影響しているのではないかと思われる。

今、一応ⅡAB類に分類されたもので、実際にはⅡA類として用いられたものをⅡABのA類、ⅡB類として用い

られたものをⅡABのB類と呼んでおく。実際の用例には、そのどちらとして用いたものか判定しにくいものが少なくない。しかし、文中の他の言葉の使い方、句読点の使い方などによって大体推測できるものもある。

例えば、

32　諸君は冷淡だからと云って、決して主人の様な善人を嫌ってはいけない。(「吾輩は猫である」)

33　夜を徹したからといって武家ではそうむざと昼寝をすることはできない。(山本周五郎「日本婦道記」)

34　さもありなんと思われますが、しかしだからといって、妻の愛情を証明するために弟に妻の貞操を試させるというのはどう考えても変である。(土居健郎「甘えの構造」)

などでは、それぞれ、「決して」という副詞の位置、「武家では」という題目の位置、「しかし」のあとに読点がないことによって、その中の「からといって」がⅡB類として用いられたものであると推測される。ただ、日本語では、語順や句読点の使い方などは絶対的なものではないから、これらの例も、ⅡA類の例ととられる可能性が全くないわけではない。

五　「からといって」ⅡB類

文の形は似ていても、次のような「からといって」は、ⅡA類と解釈される余地が全くないから、ⅡAB類とせず、初めからⅡB類とするのがよいと思われる。

35　ですから、若しあなたが友人や医者にそう言われたからとて、ちっとも気になさる必要はありません。(「女性に関する十二章」)

36　いかに世を捨てたからと云って、女の身で此のような淋しい所に暮らしていられはしないであろう。（谷崎潤一郎「少将滋幹の母」）

37　私がもしあなたを本当に欲しかったなら、いくら友人に相談されたからといってあとへはひかなかったでしょう。（山本周五郎「燕」）

これらの文では、逆接の意味を強調する用法の「もし（「仮に」の意の）」「いかに」「いくら」などが用いられていることによって、「からといって」を逆接の意味にとるほかなく、また例**35**では副詞「ちっとも」と、連体節の中に収まりにくい「もし」の存在が、同様に例**36**では「いかに」、例**37**では「いくら」の存在が、それぞれの文を「〔〔～からといって↓～〕↑必要はない」「〔〔～からといって↓～〕↑はしない」「〔〔～からといって↓～〕↑ない」などの構造のものと解釈することを困難にしている。

例**35**～例**37**だけでなく、ⅡB類の「からといって」をもつ文には、ⅡAB類の「からといって」をもつ文と形が似ているものが少なくない。例えば、

38　いままでいくら丈夫だったからって、もうそんな訳に行かないわ。（石川達三「四十八歳の抵抗」）

という文は、「～からといって～訳にいかない」という形に従っているように見える。また、

39　いくらこの会社を受験したからといって他人ではないか。お前なんて呼ばれるいわれはない。（山口瞳「結婚しません」）

という文は、句点をはさんで「～からといって～いわれはない」という形を作っているように見える。仮に、以上のようなものを(1)とする。

もちろん、

40　だがね、つまらない人間だからって、その人生がつまらないか、どうかってのは、別のことなんだぜ。（柴田翔「鳥の影」）

41　自分が現在の生活に飽きているからと言って、それは彼女の罪ではない。（「四十八歳の抵抗」）

42　外見が粗野だからとて心のやさしい人もある。（『日本文法大辞典』「からとて」の項の用例）

などのように、ⅡAB類の「からといって」をもつ文と余り似ていない文も存在しないわけではない。しかし、このような文はどこか不自然な感じがあり、現在のところ、数も多いとは言えない。(10) 以上のようなものを(2)とする。

また、ⅡB類の「からといって」では、理由の意味の接続助詞「から」を用いる意味が、ⅡA類の「からといって」の場合以上にあいまいになっている。ちなみに、例**35**～例**42**などの「～からといって」を「～といって（も）」と言い換えても、意味の上で大きな違いが生じない。

このような点から見て、ⅡABのB類は比較的新しく、それ以外のⅡB類はそれよりも更に新しく派生してきたものではないかと思われる。

六　おわりに

以上、「からといって」が幾つかの種類に分けて考えられることを見てきた。これを図式化して示せば次のようになるであろう。

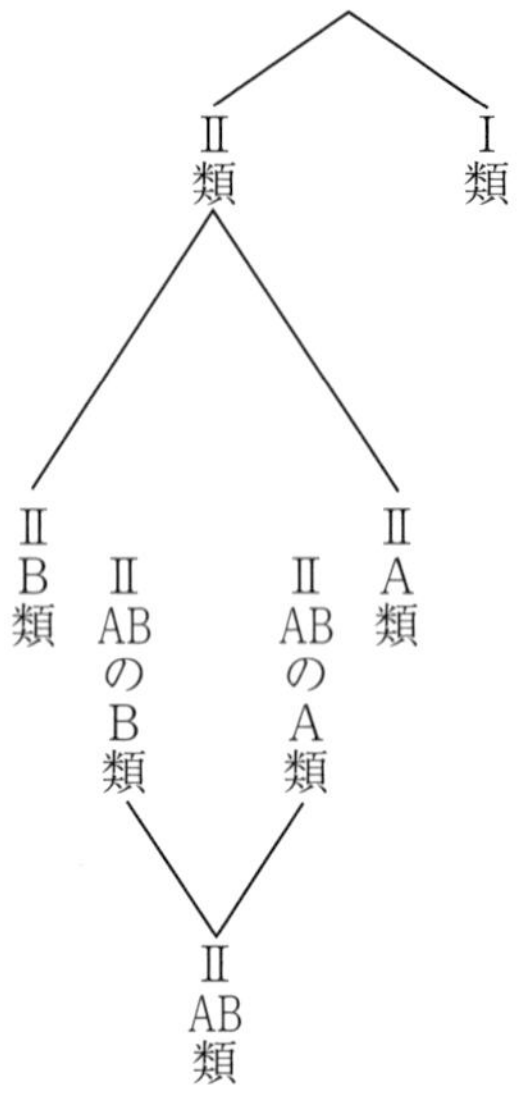

このうち、Ⅰ類とⅡＡ類、ⅡＡＢのＡ類とⅡABのＢ類、ⅡABのＢ類とⅡＢ類とは、これまでに見てきたように、それぞれ境界があいまいで、いわば連続的である。

これら相互の関係については、本稿の考察から大体次のような派生の道筋が想定できるのではないかと考える。

Ⅰ類→ⅡＡ類

ⅡＡ類のうちⅡABのＡ類の多用(11)

ⅡABのＡ類→ⅡABのＢ類

ⅡABのＢ類→ⅡＢ類

これを数量的に跡付けることは今後に残された課題であるが、参考までに、今回の調査で明治以後の資料からアトランダムに抽出した「からといって」「からとて」「からって」の種類別の用例数を示しておく。

	Ⅰ類	ⅡA類	ⅡAB類	ⅡB類		計
				(1)	(2)	
からといって	6	6	37	11	3	63
からとて	—	1	4	2	1	8
からって	—	4	7	2	2	1
計	6	11	48	15	6	86

注　ⅡB類の（1）は形がⅡAB類に似ているもの、（2）はそれ以外のもの。

量的に十分なものでなく、また、種類の判定が個人によって揺れる可能性もあるが、これによって、大体の傾向を知ることはできるであろう。

「からといって」「からとて」「からって」については、現在、逆接の意味を表すもの、本稿でいうⅡB類（ⅡABのB類を含む）がクローズアップされがちである。[12] しかし、慣用句化の度合いの少ないⅠ類はもちろん、ⅡA類（ⅡABのA類を含む）が一方で相変わらず有効に用いられている事実も、見落とすべきではないだろう。Ⅰ類、ⅡA類（ⅡABのA類を含む）の存在を正しく認識することは、ⅡB類（ⅡABのB類を含む）の用法を理解する上でも欠かすことのできないことであるように思われる。

〈注〉

（1）この用例は、三上章『現代語法序説―シンククスの試み―』（一九五三）から借用した。

（2）「～から」も、その部分に音調上、意味上の強勢が加わった場合は、連体節の中に収まり得るものとなる。拙稿「「～から」と「～ので」のかかり先について」（『国文学研究』77、一九八二）参照。

（3）前掲拙稿参照。

（4）例**12**、**13**の「からといって」は、実は、後述のⅡAB類であって、ⅡA類、ⅡB類のどちらとしても解釈が可能であるが、ここでは、そのうちⅡA類として解釈した場合の文の構造を示した。

（5）三上章氏の前掲書、また『現代語法新説』（一九五五）などの、かかり方の様式の分類に従えば、「～から」は硬式、「～からといって」は軟式又は単式ということになろうか。「～からといって」を軟式、単式のどちらととるべきかは大いに問題となるであろう。

（6）水谷信子氏は、『日英比較　話しことばの文法』（一九八七）の中で、英語の「because」と日本語の接続助詞「から」の相違に触れ、英文の

　　You shouldn't overeat it because you like it.

の日本語訳として適切なのは、

　　好きだから、食べ過ぎてはいけない。

ではなく、

　　好きだからといって食べ過ぎてはいけない。

であるということを指摘しておられる。この二つの日本語文の違いも、「〜から」とⅡA類の「〜からといって」の働き（かかり方）の相違によるものと考えられる。

ちなみに、二つの文の構造を示すと、次のようになる。

　好きだから、↓　↑食べ過ぎてはいけない。

　好きだからといって↓　↑食べ過ぎてはいけない。

なお、ⅡAB類の「からといって」は、

　久し振だからというので、皆な大阪で降りて三沢と共に飯を食ったのだそうである。（「行人」）

　食事が終ると、女の客だからということで、桃代は彼に着替えさせ、髪を撫でつけたうえで客間へやった。（山本周五郎「わたくしです物語」）

などに見るような「からというので」「からということで」などと、いろいろな点で似た言い方であると言ってよかろう。

（7）「からといって」がⅡAB類となる可能性のある文の形を、一般的な形で定式化したり、網羅的に示したりすることは難しい。ここでは、とりあえず、その主なものをごく大ざっぱな形で示すにとどめる。

（8）この形では、「からといって」をⅡA類として用いた場合の文の構造は、

　〜からといって↓　↑〜わけではない

のようなものになるのではないかと考えられる。

ちなみに、例**28**について見るに、「からといって」をⅡA類と見た場合の文の構造を、

　〜、〔ご息女を頂戴にまいったからとて↓　↑昨日のお説に服した〕わけではございません。

とすると、理屈に合わないことになる。

この点、「～からといって～わけにはいかない」とは、形は似ているが、事情が異なるようである。

（9）国立国語研究所報告3『現代語の助詞・助動詞―用法と実例―』（一九五一）から再引用。

（10）六参照。

（11）このことについては、特に本文で触れることをしなかったが、四で示したように、その中の「からといって」がⅡAB類と解釈される可能性のある形の多いことを思えば、こう考えて少しも無理ではないであろう。

（12）前掲 国立国語研究所報告3『現代語の助詞・助動詞―用法と実例―』は、接続助詞の「から」の意味・用法四項目の中に、次のような項目を立てている。

③理由となるべき事がらを挙げていったん言いさし、帰結を言外に暗示する。さらに、それを「と」で受けて、その帰結から導かれる行動の叙述へと移る。（終助詞的な用法）（例文略）

④「からといって」「からとて」などの形で、否定の意味の語と呼応し、逆説の条件となる。（例文略）

そこに掲げられている実例から推測すると、本稿でいうⅠ類、ⅡA類はともに③に、ⅡB類は④に、また、ⅡAB類はすべて④に分類されることになるようである。日本文法講座6『日本文法辞典』（一九五八）、林四郎『基本文型の研究』（一九六一）60ページ、松村明編『日本文法大辞典』（一九七一）などの扱いも、大同小異である。

なお、逆接の意味の「からといって」「からとて」などが否定の意味の語と呼応するというのは、事実と必ずしも一致しない。

（用例の仮名遣いは、現代仮名遣いによった。）

第十二　文節末の「か」の用法

一　はじめに

現代語の助詞「か」は、終助詞の「か」、副助詞の「か」、並立助詞の「か」などに分けて考えるのが普通となっているが[1]、これらは、元々相互に無関係のものではなかったと考えられる。本稿では、終助詞の「か」と副助詞の「か」のつながりを理解するために、とりあえず、副助詞の「か」のうち、文節末の「か」について、その用法を考察してみようと思う。

なお、全体で一語のようになった「かしら」「なんか」「とか」「だか」などについては、必要に応じて触れる程度にとどめ、深く立ち入らない。

二　文節末の「か」の用法の分類

城田俊氏は、副助詞の機能を、次のような三つに整理された。(2) ただし、すべての副助詞がこの三つを併せもつとは限らないという。

1　形式体言的機能

①（格助詞に前接する）静かなだけがとりえの山荘

②（ダ、ノ、ニ等に前接する）見るだけならさしつかえない。

③（ゼロに前接する）考えるだけ無駄だ。

2　接尾語的機能

①（格助詞に前接する）彼だけに教えた。

②（ダ、ノ、ニ等に前接する）君だけだ。

③（ゼロに前接する）五ミリだけ進む。

3　とりたて詞的機能

①図書館にだけ寄る。

「か」も、外形的には、次のように、右の各項に対応する形をすべてもっている。

1

①彼がいつ来るかが問題だ。

②問題は彼がいつ来るかだ

③彼は何を思ったか帰ってしまった。

2

①だれかが来た。

②来たのはそのうちのだれかだ。

③だれか来た。

3

①彼はどこへか出掛けた。

しかし、「か」は、城田氏も言われるように、終助詞との関係が深く、その担う機能が、「だけ、ぐらい、ばかり」などの他の副助詞の担う機能（形式体言的機能以下の）と全く同列のものと言えるかどうかは疑わしい。少なくとも、終助詞の「か」との関係に対する配慮を抜きにしては、その用法を十分に明らかにすることはできないであろう。

「〜か」「〜か〜か」など、末尾に疑問の助詞「か」をもち、全体として疑問文に準ずる形をした語句を、文中に取り込んで用いることがある。これを、仮に疑問節と呼んでおく。副助詞の「か」というのは、ほかならぬ、この疑問節の末尾に用いられた「か」のことであると言うことができる。疑問節は、その後に助詞、助動詞類を伴わずに、いわば裸で用いる場合と、後に格助詞、副助詞、「だ」などの助動詞を伴って用いる場合がある。前者は、疑問節が、主として、疑問的挿入句として用いられる場合、後者は、疑問節が一つの体言と同等の資格で用いられる場合であると言えるであろう。副助詞の「か」には、結局、文節の末で用いられるものと、文節の途中で用いられるものとがあることになる。その二つの「か」のうちでは、前者の「か」の方が、より終助詞の「か」

に近い性格のものであると考えられる。

右に見るように、筆者は、終助詞の「か」と副助詞の「か」（ひいては並立助詞の「か」）を媒介するものは疑問的挿入句を構成する「か」であると考えているが、そのことが比較的よくうかがわれるのが、本稿で取り上げようとする文節末尾に用いられる「か」の場合である。

先の例のうち、文節末の「か」の例と考えられるのは、1③、2③、3①である。そのうち、1③の「か」が挿入句の末尾に用いられた「か」であることは、明らかである。この種の「か」は見方によれば終助詞の「か」と同じものであって、これを副助詞の中に入れて考えるのは、形式的にそうしているにすぎないと言える。

2③、3①の「か」の場合は、幾らか見分けにくくなっているが、それぞれ、

・だれですか来ました。
・だれでしたか来ました。
・だれだったか来た。
・彼はどこへですか出掛けました。
・彼はどこへでしたか出掛けました。
・彼はどこへだったか出掛けた。

などのような形に簡単に置換できるところから見ても、「であるか」相当の「か」であって、やはり挿入句末尾の「か」に由来するものであることは疑いないであろう。ちなみに、2③の例は、本来、

だれ（である）か（よく分からないが、ある人が）来た。

3①の例は、本来、

彼はどこへ（である）か（よく分からないが、あるところへ）出掛けた。

というぐらいの意味あいで言われたものと考えられる。(3)

この種の「か」でまとめられた語句が、しばしば二つ以上並列して

～か～ないか／～か否か

～かどうか

～かだれか／～か何か／～かどこか

何かかにか／何とかかか（ん）とか

などのように用いられる事実も、(4)「～か」が本来疑問的な挿入句であったと考えることによって理解可能となる。

『国語学大辞典』（一九八〇、東京堂出版）の「挿入」の項には、

『はさみこみ』とも。文を構成する文節は、最後のものが切れる文節で、その他のものは続く文節であるが、時々、切れた形のものが話線の流れから遊離して、断り書的に文中に置かれることがある。……（佐伯梅友氏担当）

とある。文節末の「か」によってひとまとまりにされた語句「～か」をすべて純然とした挿入句と見ることには問題があるが、大なり小なり挿入句的な色彩を残すものと見ることは可能であろう。本稿では、「～か」を改めて次のように分類してその用法を考えてみることとする。

Ⅰ　断り書き的な挿入句の役割を果たすもの

(1)　述語を中心とする叙述全体に対する断り書き的な役割を果たすもの

(2)　後続の体言に対する断り書き的な役割を果たすもの

(3) 後続の連用語句に対する断り書き的な役割を果たすもの（後続の連用語は普通省略されていると見られる）

Ⅱ 独立語的な役割を果たすもの

(1) 独立語的な語句が、指示語の指示の対象となって、間接的に文の構成に参加するに至ったと見られるもの

(2) 独立語的な語句そのものが格を潜在させるに至ったように見られるもの

これらについて、実例に即して見ていく。

三 断り書き的用法(1)

Ⅰ

(1) 述語を中心とする叙述全体に対する断り書き的な役割を果たすもの

(a) 「〜活用語＋か」の形

1 苦しそうだね、というと━神経がたかぶってきたか、発作的にテーブルに俯伏した。（阿部知二「人工庭園」）

2 校長はいつ帰ったか姿が見えない。（夏目漱石「坊っちゃん」）

(b) 「〜のか」「〜ものか」の形

3 茶屋の女は兄の問が解らないのか、何を言っても少しも要領を得なかった。（夏目漱石「行人」）

4 目が回るのか、額を流れる汗が眼に入るのか、眼をつむったまま憑かれたもののように身体を烈しく動かした。（梅崎春生「桜島」）

5　しかし、碓氷は片目を瞑ったような顔をして、聞こえているのか　いないのか、ふんふんと気のない返事をしているが、（舟橋聖一「ダイヴィング」）

6　そして、わたしのたずねるひとのすがたは、どこにどう潜んでしまったのか、いかに諸方を駆けめぐっても、その片影をつかむてがかりさええられなかった。（石川淳「黄金伝説」）

7　こう云いかけて、喉が詰まったものか、いきなり立って、ばたばたと台所から逃げだした。（山本周五郎「思い違い物語」）

8　いつきたものか、そこに又右衛門が立っていた。（山本周五郎「壺」）

(c)　ある種の体言に「か」の付いた形

9　客のうちで赭顔の恰腹の好い男が仕手をやる事になって、其隣の貴族院議員が脇、父は主人役で「娘」と「男」を端役だと云う訳か二つ引き受けた。（「行人」）

10　兄も外の事と違うという意味か、別に苦い顔もせずに、其渦中に捲込まれて黙っていた。（「行人」）

11　お兼さんはすぐ元の態度を回復した。けれども夫に責任の過半を譲る積か、決して多くを語らなかった。（「行人」）

12　……細君はどう云う了見か、……無言の儘子供の袖なしを熱心に縫って居た。（夏目漱石「吾輩は猫である」）

13　男の顔は、光線の加減か土色に見えた。（「桜島」）

14　此婆さんがどう云う因縁か、おれを非常に可愛がって呉れた。（「坊っちゃん」）

15　ただ遠い病院の避雷針だけが、どうしたはずみか白く光って見えた。（梶井基次郎「城のある町にて」）

16　その二三片がどう云う拍子か、坊ばの前迄すべって来て、丁度いい加減な距離でとまる。（「吾輩は猫である」）

17 大柄なので、裾みじかに着物を着るせいか、裾もとがきりっとして、さっぱりしていた。（林芙美子「晩菊」）

18 身体に力がないためか、背の荷物は堪えがたいほど重かった。（椎名鱗三「深夜の酒宴」）

19 心なしか社員たちの眼は津上には冷たく思われた。（井上清「闘牛」）

20 小野君は乾からびた手の甲を火鉢の上でこすっていたが、食パン生涯の結果か、顔に汁気がなく、（正宗白鳥「塵挨」）

右のうちⅠ(1)(a)と(b)の「～か」は、挿入句の色彩を最も強く残しているものと言える。例えば、例**1**では、ある登場人物が「発作的にテーブルに俯伏した」ことについて、「神経がたかぶってきたか」と断り書き的に付け加えている。Ⅰ(1)(c)の「～か」も、Ⅰ(1)(a)、(b)と大体同様の表現であるが、ある事態について、それが生じた事情、理由などを疑問的に付け加えている。この場合、「か」の上の体言は、後に「で」格を潜在させているようにもとれる。もしそうだとすると、Ⅰ(1)(c)は、Ⅰ(3)の方に含めるべきかもしれない。Ⅰ(1)(b)、(c)の「か」は、「であるか」相当の「か」であるから、状況に応じて、「であるか」はもちろん、「であったか」「でしたか」「でしょうか」その他の形をとることができる。なお、文中の「であるか」相当の「か」は、「だか」の形をとることも事実上行われているが、(5)疑問語に続くとき以外は、俗っぽい感じが伴う場合が多い。

四　断り書き的用法(2)

(2) 後続の体言に対する断り書き的な役割を果たすもの

21 夫人は、低い声で、なにか自分にしてあげられることはないかと訊いた。（山本周五郎「法師川八景」）

22　どなたか高貴の方が流罪にでもなられるのか。（山本周五郎「もののけ」）

23　いつか、まだ病院で寝泊りを始めない時分[6]、（上林暁「聖ヨハネ病院にて」）

24　どこか薩張した家を探して下宿でもしたら好いでしょう。（夏目漱石「硝子戸の中」）

例えば例**21**では、「自分にしてあげられること」について、「なに（である）か（わからないが）」と疑問的に付け加えている。右に見るように、疑問代名詞に「か」の付いた形が多いが、他に、

25　‥「タイム」か　何か横文字の雑誌を路の上に拡げて、（「闘牛」）

26　ツルゲーネフか　誰れか、西洋の作家の小説中の一光景などを、（正宗白鳥「戦災者の悲しみ」）

27　ああ、箱根か　どっか静かなところへ行きたいな。（「晩菊」）

のような形や、

28　友達か　恋人か　家族か、鋪道の人はそのほとんどが連れを携えていた。（梶井基次郎「冬の日」）

29　たよりは死んだ時か　病気の時か、何か事の起った時にやりさえすればいい訳だ。（「坊っちゃん」）

のような形なども見られる。以上に掲げたのはすべて「であるか」相当の「か」の例であるが、そうでないものもある。

30　恐ろしいことには私の心のなかの得体の知れない嫌悪といおうか、焦燥といおうか、不吉な塊が――重くるしく私を圧していて、（梶井基次郎「檸檬」）

次のような例は、「であるか」相当の「か」を「だったか」に置換した例であろう。

31　するとだれだったかそこに立っていた一人がいきなりぼくのポケットに手をさしこもうとしました。（有島武郎「一房の葡萄」）

五　断り書き的用法(3)

(3) 後続の連用語句[7]に対する断り書き的な役割を果たすもの（後続の連用語は普通省略されていると見られる）

(a) 「〜格助詞＋か」の形

32 「○○さんは今何をして御出で御座いますか」と女は又空中に何物をか想像するが如き眼遣をして父に聞いた。（「行人」）

33 おや何処へか行ったかな。（「吾輩は猫である」）

34 どういう機会にかそれをみつけてから気になってしかたがない。（山本周五郎「桃の井戸」）

35 どの道どのような形でか、覚悟を決めなければならぬ処まで来ていたのだ。（「桜島」）

36 母が何時からか店を止めたいと云わなくなったのに気が付いた。（丹羽文雄「象形文字」）

37 本所のどことか云ったようだが、（山本周五郎「水たたき」）

Ｉ(3)の「か」は、次の(b)、(c)を含めて、すべて「であるか」相当の「か」である。また、Ｉ(3)(a)の形に属するはずのもののうち、「〜が＋か」は用いられない。分裂文の述部に「〜が＋だ」が現れにくいことが思い合わさる。Ｉ(3)(a)①の形では、また、用法が柔軟性を失ってきているせいか、「〜か〜か」のように並列した形の場合を除くと、「か」の上方に疑問語を含む場合が目立つ。

Ｉ(3)の場合、後方の述語にかかる連用語句そのものに「か」が付いているように見えるが、二でも述べたように、この「か」によってまとめられた語句「〜か」は、あくまでも、別に存在する連用語に対する断り書きの役割を果たすものである。ただ、その存在するはずの連用語が、言語表現化する必要のないもの（又は言語表現化

しようのないもの）として、消えているのである。例えば、例**32**は、

……何物を（である）か（分からないが、あるものを）想像するが如き眼遣をし……

といったぐらいの意味であったはずである。ちなみに、特に「〜か」の内部に疑問語を含む形の場合は、末尾の「か」を除くと残りが連用語句として立ち行かなくなる。（文が非文となる。）「か」が単純に文中の連用語句そのものに付いたものであるならば、このようなことはありえないはずである。次のⅠ(3)(b)、(c)の場合も、事情は同じである。

(b)　「〜接続助詞＋か」の形

38　十七ほどを頭に三人連れの男の児が来た。……俊に気を兼ねてか静かに話をしている。（「城のある町にて」）

39　小さいときからそのつもりでいたからでしょうか、頂いてまいらないと、心が残るように思えまして、（山本周五郎「落ち梅記」）

採取した実例が少なく、正確なところは不明であるが、この形で用いられる接続助詞の種類は限られていると言えそうである。「どうしてか」のような慣用化した言い方もあるが、それは次のⅠ(3)(c)の例**51**に類する例とも考えられる。

(c)　「その他の連用語句＋か」の形

40　午前ちゅうか　午後か、日に一度は歩きに出してやる。（山本周五郎「あだこ」）

41　昭和十七年でしたか〜（夢声対談集「問答有用Ⅰ」）

42　その年の冬だったろうか、上屋敷で相撲があり、（山本周五郎「菊千代抄」）

43　葡萄酒が何本か仕舞ってあった筈だ。（「戦災老の悲しみ」）

44　喬は四条通を歩いていた何分か前の自分、――其処では自由に物を考えていた自分――と同じ自分を今この部屋のなかで感じていた。（梶井基次郎「ある心の風景」）

これらは、副詞的に働く体言に「であるか」相当の「か」の付いた形である。次のものも同様である。

45　この道はいつか来た道

46　都留の心にはいつかそういう疑いが萌しはじめた。（山本周五郎「晩秋」）

47　いつか夫婦がいっしょに暮らせるときが来るだろうか。（山本周五郎「凍てのあと」）

48　……いつだったか地下鉄の中で、ぼくはふとマルクスが……ドイツ民謡を歌いながらブラブラ帰ってくるところを思いうかべて（庄司薫「赤頭巾ちゃん気をつけて」）

Ⅰ(3)③の「いつか」は、ほぼ慣用化しており、次の三つの意味で用いられる。ア（いつであるか分からないが）過去のあるときに（例**45**）、イ（いつであるか分からないが）過去の知らない間に（例**46**）、ｃ（いつであるか分からないが）将来のあるときに（例**47**）。「いつだったか」「いつでしたか」のような形をとるとア、「いつしか」のような形をとるとイ、「いつかしら」のような形をとるとイ又はウの意味にほぼ固定される。

49　禅家杯《など》では一七日を限って大悟して見せる杯と凄じい勢で結伽する連中もある事だから、うちの主人もどうかなったろう、（「吾輩は猫である」）

50　どうかやめて下さい。（山本周五郎「雨あがる」）

Ⅰ(3)の「どうか」でも、特に例**50**のようなものは慣用化が著しいと言える。

「どうか」との関係は不明であるが、「どうにか」という形もある。この二つは、「どうかする」「どうにかする」／「どうかして」「どうにかして」／「どうかこうか」「どうにかこうにか」など、似たような慣用化した言い方をもっている。

51　何故か私は淋しかった。（田宮虎彦「足摺岬」）

52　冷えのきびしい今宵はどんなにか寒いことだろう、（山本周五郎「糸車」）

53　松之助はそれを聞いて幼い頭でどれほどか悲しかったに違いない。（「糸車」）

54　始終私の心を圧えつけていた不吉な壊がそれを握った瞬間からいくらか弛んできたとみえて、（「檸檬」）

これらは、いずれも慣用化して用いられた形である。右に見てきた例のうち、慣用化の激しいものは、すべて、全体として一つの副詞に転じたものと見る見方もあり得るであろう。

55　その話が、もしか本当だとしたってゆくもんですか、（山本周五郎「みずぐるま」）

これも古くからある形であるが、「もし」に「か」が付くに至った事情については、更に研究する必要がある。

連用語に「か」の付いた形としては、この外にもいろいろのものがあると思われるが、ここでは、代表的なものだけを掲げた。

六　独立語的用法(1)(2)

Ⅱ　独立語的な役割を果たすもの

(1)　独立語的な語句が、指示語の指示の対象となって、間接的に文の構成に参加するに至ったと見られるもの

56　しかしそれをどうしたら一番いいか、それはわかっているようでわかっていない。（武者小路実篤「友情」）

57　ポチの此志を無にする事が出来た話だか、話でないか、其処を一つ考えて貰いたい。（二葉亭四迷「平凡」）

58 今の私は馬鹿で人に騙されるか或は疑い深くて人を容れる事が出来ないか、此《この》両方だけしかない様な気がする。（「硝子戸の中」）

（2）独立語的な語句そのものが格を潜在させるに至ったように見えるもの(8)

59 なにかある。ほんとうになにかがそこにある。（「城のある町にて」）

60 暗いので何者かわからなかった。（山本周五郎「粛々十三年」）

61 美乃は腹がくちいのか　空いているのか判らない気持だった。（「象形文字」）

62 喪主が勤務ちゅうは帰国できるか　否かわかるまで葬礼は延ばされるのが通例だった。（「落ち梅記」）

63 僕はやはり何か云いたい自分に堪えていた。（「深夜の酒宴」）

64 この知次茂平がそれほどお人好しか　どうか、みていろ。（山本周五郎「わたくしです物語」）

65 真っ昼間、机に向って新聞か　何か手にしながらコクリコクリと居眠りしている私を（「戦災者の悲しみ」）

66 あれは何という樹か知っているか。（「晩秋」）

67 ――この二人がいったいどんな気持を持っているだろうか知りたくなった。（「象形文字」）

68 ちかりと津上の眼が光った。何処か悲しさのある昂然とした眼であった。（「闘牛」）

69 私は彼が近付いて来るにつれて、彼がこの猫を見てどんな態度に出るか興味を起して来た。（梶井基次郎「交尾」）

70 実際おれは免職になるか、寄宿生を悉くあやまらせるか、どっちか一つにする了見で居た。（「坊っちゃん」）

右のうち、例**59**～**62**では「が」格、例**63**～**66**では「を」格、例**67**では「が」格又は「を」格、例**68**～**69**では「に」格、例**70**では「の」格の潜在が感じられる。（このうち「～か～か」の形をもったものは、全体を一組みになったものと考える。）もっとも、例えば例**60**では、強いて言えば、分からないのは、「何者（である）か」という問いそのものではなく、その答えであるが、そこのところがあいまいになっているところが、この種の語句の挿入句的性質の薄れているゆえんでもあるのであろう。とはいえ、この種の語句が完全に体言相当語句に近付いたと言えるかどうかは疑問である。ちなみに、例**66**の「〜か」には題目が存在する。また、例**67**の「〜か」にはモダリティを表す「だろう」が含まれている。

71　……用事を訊いて見ると、……何時撮りに行って好いか都合を知らして呉れろというのである。（「硝子戸の中」）

72　返済の期限をきめてちゃんと払えるかどうか自信がなかった。（中山義秀「厚物咲」）

右のような例は、潜在していると思われる格があいまいである。しかし、格が潜在するといっても、元々はっきりと意識化されないものも多かったであろうから、中にこのような例が存在するのは、むしろ当然と言えるかもしれない。

なお、例**59**、**63**の「何か」は、その後に「が」ないし「を」が潜在していると見るのでなく、「何が（である）か」「何を（である）か」から「が」ないし「を」が消去された形と見ることもできそうである。[9] その場合は、これらはI(3)(a)の例ということになる。

七　分類しにくい用法

最後に、疑問的挿入句の分類の上から問題となる形を幾つか取り上げておく。

① 「〜かする」「〜かして」の形

73 大きな不幸にあったためか、姑はまえよりも勘がにぶっているように思えた。……なによりも案じたのは、白分だということを勘づかれることだったが、そのためかしてその心配もなく、（山本周五郎「不断草」）

74 彼はおそらく試験のために狂人となるか　命を失うかしたに相違ない。（「厚物咲」）

75 彼は目が悪いかしてよく字を読み間違える。（作例）

76 もしかすればそれがごしゅくんのお手に触れるかもしれない、（山本周五郎「箭竹」）

右のように、「〜かする」「〜かして」の形が比較的よく用いられる。この場合の「する」「して」は、かなり形式化しているためはっきりしないが、やはり他動詞として用いられたものであろうか。もしそうだとすると、これらは、本来、Ⅱ(2)の例で、「か」の下に何らかの省略の語句があり、更にその下に「を」格の潜在している形を想定してみたらどうであろう。

② 「〜かしれない」の形

77 私、今頃は浜松に行ってたかしれないのよ。（川端康成「雪国」）

78 そして今若し突如この平衡を破るものが現われたら自分はどうなるかしれないということを思っていた。（梶井基次郎「のんきな患者」）

これは、強いて言えば、やはりⅡ(2)に属する用法と言えるか。「〜かしれない」の「か」の下には、かすかながら「が」格の潜在が感じられる。「かしれない」の外に「かもしれない」の形が有名で、どちらも複合辞として扱われることが多いが、本稿では、「かしれない」の「か」は文節末の「か」、「かもしれない」の「か」は文節中の「か」とみなす。「かしれない」と「かもしれない」の性格の違いについては、今後更に検討していく必要がある。

③「何か」の形の、ある場合

79 なにかたいそうご立腹のようでございまして。（山本周五郎「紅梅月毛」）

80 べつにからだが悪いわけではございませんけれども、なんですか、気分が重うございまして、（山本周五郎「風鈴」）

この「何か」は、一般に「なぜか」「どことなく」「何となく」というような意味をもつものと説明されているが、例**59**や**63**の「なにか」と違って、その後に何らかの格が潜在しているとは考えにくい。筆者は、本来、「どういうことであるか（分からないが）」というぐらいの意味の表現ではなかったかと考えている。もしそうだとすると、本稿の分類からは、Ⅰ(1)に属する用法であるということになる。「なんだか」の形をとることも多い。

④反語の意味を帯びた「〜か」

81 読む所か[10]表紙を見たこともありません。（「行人」）

82 困るどころですか大得意よ。（「吾輩は猫である」）

83 ……おまえさまばかりか安之助さまの御一命にもかかわるとぞんじます、（「箭竹」）

84 天井はランプの油烟で燻ばってるのみか、低くって、思わず首を縮める位だ。（「坊っちゃん」）

85 少しでも気の毒そうにでもして居る事か、乗る権利もない布団の上に倣然と構えて、……お前は誰だいと云わぬ許りに鈴木君の顔を見詰めて居る。（「吾輩は猫である」）

いずれも反語の意味あいを帯びている点で共通しているが、本稿の分類の上からは、必ずしも同種のものばかりではないようである。とりあえず、例**81**、**82**、**84**、**85**はⅠ(1)、例**83**はⅠ(2)と考えておきたい。

⑤ 「〜が早いか」の形

86 おれの来たのを見て起き直るが早いか、坊っちゃん何時家を御持ちなさいますと聞いた。(「坊っちゃん」)

「Aするが早いかBする」がどうして「AするとすぐBする」というような意味になるのか正確なところは不明であるが、本来、「Aする方が早いだろうか。(いや、AするのとBするのとがほとんど同時である。)」というような意味だとすると、やはり「か」の反語的意味あいを帯びた用法の一つで、Ⅰ(1)に属するものということになるであろう。

八 おわりに

以上、ごくおおまかであるが、助詞「か」のうち、文節の末尾で用いられるものについて、その用法を一通り見てきた。この「か」を末尾にもってひとまとまりとなった語句「〜か」は疑問的挿入句の色彩をなお大なり小なりとどめており、この「か」は、その意味では、終助詞の「か」とつながるものであると言える。しかし、「〜か」には挿入句的な性格をあいまい化させているものも少なくなく、中には、その後に格を潜在させるに至っているように見えるものも存在する。そのような場合の「か」は、副助詞「か」のうちの、文節の途中で用いられる「か」へと連続するものと言えよう。

一方、疑問的挿入句「〜か」は、その性質上、しばしば「〜か〜か」の形でも用いられるが、そのような「か」が並立助詞の「か」へとつながっていることは明らかである。

そのようなつながりを念頭に置きながら、文節中の「か」及び並立助詞の「か」の用法を明らかにすることが次の課題となるであろう。

〈注〉

（1）橋本進吉『国語法要説』（一九三四）、国立国語研究所『現代語の助詞・助動詞―用法と実例―』（一九五一）、松村明編『日本文法大辞典』（一九七一）など。他にもいろいろの説があるが、便宜、この説に従っておく。

（2）「副助詞について」（『国語国文』五六―三）。用例は、必ずしも原文のままではない。

（3）拙稿「「誰か来た」と「誰かが来た」」（『教職研修』、一九七九・一二）、尾上圭介「不定語の語性と用法」（『副用語の研究』、一九八三）、山口堯二『日本語疑問表現通史』（一九九〇）など。

（4）本稿では、仮に、文節末の「か」で、「～か～か」の形で用いたものは、副助詞の「か」と考えておく。

（5）「か」が、断定の助動詞の、しかも終止形に続く形は、本来、文法的とは言えない。

（6）これはⅢ③の例とも見られる。

（7）ここでいう連用語句は、広義の連用修飾語を指す。

（8）この種の用例が見られるのは、それほど新しいこととは言えない。村上昭子「終助詞『かしら』の語史」（『馬淵和夫博士退官記念　国語学論集』、一九八一）など。

（9）「何か」「だれか」「どこか」などを全体で一つの体言と見る見方もあるが、ここでは深く立ち入らない。

（10）「どころ（か）」は、「ところ（か）」の、強調による変容と見ておく。

（用例は、すべて「現代仮名遣い」によった。）

第十三　文節中の「か」の用法

一　はじめに

現代語の助詞「か」は、終助詞の「か」、副助詞の「か」、並立助詞の「か」などに分けて考えるのが普通となっているが、これらは、元々相互に無関係のものではなかったと考えられる。

筆者は、このような観点から、前稿「文節末の「か」の用法」[1]で、副助詞の「か」のうち、文節末の「か」を取り上げ、終助詞の「か」とのつながりに着目しつつ、その用法を整理してみた。本稿では、さらに、副助詞の「か」のうち、残る、文節中の「か」の用法について、考察を加えてみようと思う。

なお、全体で一語のようになった「かしら」「なんか」「とか」「だか」などについては、深く立ち入らないこととする。

二　副助詞の「か」二種と並立助詞「か」

最初に、副助詞とされている文節末の「か」、文節中の「か」、並びに、並立助詞の「か」相互の区別について簡単に触れておく。

文節末の「か」は、前稿でも見たように、その属する文節の枠に縛られずに、上接する一連の語句をまとめて、「～か」又は「～か～か」[2]の形で、全体として一つの疑問的挿入句を構成するのが、その本来の働きであると考えられる。文節末の「か」は、副助詞に含めて考えるのが一般的であるとはいえ、その意味で、終助詞と紙一重の性格のものであると言うことができる。

1　校長はいつ帰ったか姿が見えない。（夏目漱石「坊っちゃん」）

2　なにかある。ほんとうになにかがそこにある。（梶井基次郎「城のある町にて」）

3　美乃は腹がくちいのか　空いているのか判からない気持ちだった。（丹羽文雄「象形文字」）

のようなものは、その典型的な例と言える。文節末の「か」による「～か」又は「～か～か」の中には、例えば、のように、挿入句特有の断り書き的な性格をあいまい化させているように見えるものも存在するが、このようなものも、まだ、それぞれ「なに（である）か、（それははっきりしないが、あるものが）ある。[3]」「腹がくちいのか空いているのか、（そのことが）判からない気持ち」のような意味あいに解釈することが不可能でなく、挿入句的な性格を全く失ってしまったとは言えない。

これに対し、文節の途中で用いられる「か」の場合、

4　なにかある。ほんとうになにかがそこにある。（「城のある町にて」）

5　～彼女の言葉がしんじつのものであるか、それともいちじの興奮にすぎないかをみきわめようとするように、～（山本周五郎「日本婦道記」）

のように、「か」によってひとまとまりにされた語句「～か」又は「～か～か」は、意味の上でも、形の上でも例2、3のような言い方とのつながりを残しながらも、下に助詞、助動詞などを伴うことによって、全体として一つの体言相当の資格を獲得し、もはやいかにしても挿入句とは言えないものとなっている。

なお、例5の場合、二つの「～か」が合わさって全体として文の構成要素の資格を獲得していることは明らかである。そこで、ここでは、二つの「か」を同列に扱えるように、例5の初めの方の「か」のようなものも、文節中の「か」に準ずるものと考えておく。

ところで、文中で「～か～か」の形で用いられている「か」は、一般に、並立助詞の「か」と考えられることが多いようである。例えば、国立国語研究所編『現代語の助詞・助動詞』（一九五一）は、並立助詞の「か」の部分に「～か～か」の項を設けて、次のような例を掲げている。

・それにも拘らず今尚正方形植か長方形植かと、田植の度に思い迷う人の多いのはどうしたことであろうか。（農、6、25）

・田植に当って稲株を正方形に配置するか長方形に配置するかに就いての関心は、恐らく田植が行われるようになって以来の古い問題であろう。（農、6、25）

・～、それが日本国民に対する「贈与」であるのか、日本政府に対する「貸付金」であるのかは、～（エコ、5、11、10）

また、日本語教育学会編『日本語教育事典』（一九八二）は、「並立助詞」の項の例の一部として、「太郎か花子かが来ればよい。」「するかしないか（のうち）に」のようなものを掲げている。

しかし、本稿では、次のようなことを考え合わせて、文中で「〜か〜か」の形で用いられる「か」を副助詞の「か」としておく。

a　例えば、「太郎だったか花子だったかが来た。」という文の場合、「太郎だったか」という疑問の表現と「花子だったか」という疑問の表現がまず存在し、その全体同士がある有機的な関係のもとに並べられているのであって、「太郎だった」と「花子だった」が「か」によって並列されているわけではない。

b　同じように「〜か」を二つ以上並べる場合であっても、その関係は必ずしも一様ではない。例えば、「太郎だったか花子だったか（ともかくそのうちの一人）」「太郎だったか花子だったか（又は他の人だったか、ともかくある人）」「太郎だったかだれだったか（ともかくある人）」のごとくである。このことについては後に触れるところがある。

c　a、bで見た事実は、「〜か〜か」の形で用いられる「か」が、単独に「〜か」の形で用いられる他の副助詞の「か」や終助詞の「か」と深いつながりをもつことを示していると思われるが、「〜か〜か」の形の「か」を単に並立助詞の例と見ることはそのつながりを見失うことになるおそれがある。

並立助詞の「か」の例としては、次のように、並列すべき語句を「〜か〜」の形で並べる場合の「か」が考えられる。

6　二度か三度はうまくいったこともある。（山本周五郎「雨あがる」）

7　娘は見えるか見えないくらいに頷いた。（井伏鱒二「本日休診」）

「〜か〜」の形の「か」も、「〜か〜か」の形の「か」と本来つながりをもつ語であることはいうまでもないが、これを、「〜か」の形で用いられる他の副助詞の「か」や終助詞の「か」と直接関連づけて論ずることは、もはやできないであろう。ちなみに、例**6**の場合、「二度か」と「三度」が並列されていると考えるのは無理である。

三　文節中の「か」に下接する助詞、助動詞

文節中の「か」によってひとまとまりにされた語句「〜か」又は「〜か〜か」に下接する助詞、助動詞として挙げられるものは、大体次のとおりである。

a　格助詞

8　つまりぼくには、このぼくが「急患」であるかどうかが全くわからなかったわけだ。（庄司薫「赤頭巾ちゃん気をつけて」）

9　自分は〜何んな注文が兄の口から出るかを恐れた。（夏目漱石「行人」）

10　だが、喧嘩の勝敗は決して投げるか投げられるかにないことを彼は承知していた。（伊藤整「馬喰の果て」）

11　ともかくすぐ三越でしたか白木屋でしたかへ参りました。（夏目鏡子「漱石の思ひ出」）

12　またそれは一番から順に検番に張り出され、何番かまではお金が出る由云った。（梶井基次郎「ある心の風景」）

13　其時私は何うも何処かで会った事のある男に違いないという気がしてならなかった。（夏目漱石「硝子戸の中」）

14　如何にして異性を取り扱うべきかの修養を、斯うして叔父からばかり学んだ彼女は、何処へ嫁に行っても、それを其儘夫に応用すれば成功するに違いないと信じていた。（夏目漱石「明暗」）

15　山嵐を誘に来たものは誰かと思ったら赤シャツの弟だ。（「坊つちゃん」）

b　副助詞

16 使い途《みち》があるかないかは、使ってみなければわからぬ。（山本周五郎「わたくしです物語」）

17 それからあとはどこでどうしたかも、どこで友達と別れたかもわからなかった。（山本周五郎「四年間」）

18 あの男がどんな性分か、ゆくさき望みがあるかないかぐらいわかりそうなもんじゃないか。（山本周五郎「ひとでなし」）

19 それが事実であるかどうか、どこまで信じていいかさえ見当がつかなかった。（山本周五郎「落ち梅記」）

c　断定の助動詞

20 全く御殿女中の生れ変りか何かだぜ。（「坊っちゃん」）

d　「であるか」相当の終助詞「か」

21 「君パスカルの事を知ってるか」「又知ってるかか、丸で試験を受けに来た様なものだ。～」（夏目漱石「吾輩は猫である」）

以上によると、文節中の「か」による「～か」又は「～か～か」は、文中で、大体、体言相当の資格で用いられていると言えそうである。(4) ただし、例**15**のように、格助詞の「と」のうち、引用の「と」を下接させたものは、体言相当と言うより、文相当と言うべきかもしれない。また、

22 日分は幾らかでも家計の補いにしようとして、町家の娘などに出稽古をしているのだ、～（「日本婦道記」）

23 いつかは更に力強く起き上るだろう。（武者小路実篤「友情」）

24 なぜかなら、その式の進行ちゅうに、～（「わたくしです物語」）

のようなものも少し微妙で、全体として一つの副詞相当という見方もあり得よう。もっとも、この種のものは、

それはど多くなく、また、ごく限られた形で見られるにすぎない。これらの点については更に検討する必要がある。

四　体言相当語句「～か」「～か～か」のタイプ

「～か」又は「～か～か」のうち、格助詞、副助詞、断定の助動詞などを下接させて、明らかに全体として一つの体言相当として用いられているものを、意味と形の上から、幾つかのタイプに分類してみる。

Ｉ　こと・判定型

例えば、

・太郎が来るかどうかを確かめる。

という文の「太郎が来るかどうか」で問題になっているのは、「太郎が来るか」という、いわゆる判定要求(5)の問いに対して、肯定的に答えることが可能であるかどうかということであると考えられる。この種のものを仮に「こと・判定型」と呼ぶ。実例、

25　遍路の話が真実のことかどうかは私は知らぬ。（田宮虎彦「足摺岬」）

26　中学生の部屋は私の部屋よりもなおひどかった。それは、部屋といえるかどうかもわからぬほどであった。（田宮虎彦「絵本」）

27　しかし母はひどく貴方に興味を持ったようでした。病院を訪れると、必ず貴方がもう来たかどうかを僕にたずねました。（遠藤周作「影法師」）

先に示した例のうち例**8**、**19**（前者）、**21**もこの型の例である。この型は、「〜かどうか」の形をとるのが普通のようである。時に「〜か」だけの形をとることもないとは言えないが、その場合でも、その後に「どうか」を補う方がよりしっくりした感じになる。(6)

Ⅱ　こと・選択型

例えば、

・　太郎が来るか花子が来るかを確かめる。

という文の、「太郎が来るか花子が来るか」で問題になっているのは、「太郎が来るか花子が来るか」という、いわゆる選択要求の問いに対してどちらを肯定的に答えるかということであると考えられる。この種のものを、仮に「こと・選択型」と呼ぶ。実例、

28　これまでの苦難を意義あるものにするか徒労に終わらせるかはこれからの問題だ、〜（「日本婦道記」）

29　とにかく準平は相手の息の根をとめるか、どうか勘弁してくれと手をついてあやまらせるかのどちらかになるまで今迄やって来た男なんだ。（「馬喰の果て」）

先に示した例のうち例**5**、**10**、**16**、**18**（後者）もこの型の例である。この型は、必要な数の「〜か〜か……」の形をとるのが普通である。もっとも、「こと・判定型」と「こと・選択型」の実質的な境界はそれほどはっきりしているとは言えない。例**5**、**10**のように、互いに一方を肯定することが自動的に他方を否定することになる二つの問いを並べた形の場合には、形の上では「こと・選択型」であっても、実質的には「こと・判定型」とあまり変わらないと言えるであろう。特に、

30　三四郎は此三人の外に、まだ連れが居るか居ないかを確かめようとした。（夏目漱石「三四郎」）

のような「～か～ないか」の形、例**16**、**18**（後者）のような「あるかないか」の形、また、「～か否か」の形など、同じことがらについての肯定形の問いと否定形の問いを並べた形は、意味の上で、「こと・判定型」の「～かどうか」とほとんど差がないと言わなければならない。

Ⅲ　こと・不定型

例えば、

・だれが来るかを確かめる。

という文の「だれが来るか」で問題になっているのは、「だれが来るか」という、いわゆる説明要求の問いに対してどのように答えるかということであると考えられる。この種のものを、仮に「こと・不定型」と呼ぶ。実例、

31 片野夫婦が東京で何をして暮らしてきたかは詳らかでない。（中山義秀「厚物咲」）

32 おまえはわしに世にあらわれざる節婦がいかなるものかを教えてくれたぞ。（「日本婦道記」）

33 けれども彼があの女の室に入った時、二人の間に何んな談話が交換されたかに就いて、彼は遂に何事をも語らなかった。（「行人」）

先に示した例のうち例**9**、**14**、**17**、**18**（前者）、**19**（後者）もこの型の例である。この型は、疑問語を含む「～か」（以下「（疑問語）～か」で示す。）の形をとるのが普通である。

なお、最近、この「（疑問語）～か」の後に「どうか」「否か」などを付ける言い方にしばしば接するが、このような言い方が伝統的に存在したものかどうか、疑問なしとしない。

Ⅳ　もの・例示型

例えば、

・　太郎だったかが来た。

という文の「太郎だったか」の意味内容は、「(それは)太郎だったか」という判定要求の問い又はそれに対する答えというよりは、「(それは)太郎だったか(どうか確かでないが、ともかくその人と思われるある人)」というに近いであろう。この種のものを、仮に「もの・例示型」と呼ぶ。実例、

34　富岡は、「罪と罰」だったかのなかの、~ドストエフスキーの言葉を思い出して、~(林芙美子「浮雲」)

35　~その日でしたかに芳賀博士あたりがおいでになったり、~(「漱石の思ひ出」)

36　たしか十一歳のときかに欣之助が~(「日本婦道記」)

37　酒匂は工業倶楽部だったか、赤坂だったかで、新東工の社長だという千波に紹介されたことがあった。(曾野綾子「二十一歳の父」)

38　水島か誰かがそれとなく奥村氏に注意したのか。(高見順「或るリベラリスト」)

39　母は昔もの丈あって宅にある岩国か何処かで出来る麻の蚊帳の方を覚えていた。(「行人」)

この型のとり得る形としては、次の三つが挙げられる。(1)「~か」、(2)「~か~か」、(3)「~か何か(だれか、どこか)」。例**34**、**35**、**36**は(1)の例、例**37**、また、先に示した例**11**は(2)の例、例**38**、**39**、また、先に示した例**20**は(3)の例である。

なお、この型で用いられる「~か」は、Ⅰ、Ⅱ、Ⅲの型の場合と違って、具体的には、「体言+でしたか」「体言+だったか」「体言+ですか」「体言+か」[7]の形に限られるようである。次のⅤ、Ⅵの型でも、同様のことが言える。

ただし、(1)としては、「体言+か」はあまり自由に使えない。

Ⅴ　もの・選択型

例えば、

・　太郎か花子かが来る。

という文の「太郎か花子か」の意味内容は、「（それは）太郎か花子か」という選択要求の問い又はそれに対する答えというよりは、「（それは）太郎（である）か花子（である）か（確かでないが、ともかくそのうちのいずれかの人）」というに近いであろう。この種のものを、仮に「もの・選択型」と呼ぶ。実例、

40　それは年に三回か四回かに分けて郵便局でうけとるので、〜（阿部昭「大いなる日々」）

この型では、「〜か〜か」の形がとられるのが普通である。この形は、「もの・例示型」の（2）と同じであるが、そのどちらであるかの判断は、前後の状況によることになる。

Ⅵ　もの・不定型

例えば、

・　だれかが来る。

という文の「だれか」の意味内容は、「（それは）だれ（である）か」という説明要求の問い又はそれに対する答えというよりは、「だれ（である）か（確かでないが、ともかくある人）」というに近いであろう。この種のものを、仮に「もの・不定型」と呼ぶ。実例、

41　そのような手紙をどの軍艦だったかが玄海あたりでひらいたんじゃなかったんですか。（平林たい子「かういふ女」）

42　〜どうしたはずみかに、急に二人の関係が深い処へ突きすすんでしまったのは、〜（舟橋聖一「ダイヴィ

ング」）

43　また男の学生のなかでの、不良がかっている誰かが、彼女等に話しかけた。（伊藤整「海の見える町」）

44　ただ、軍人で一生のうちの何分の一かを海の上で暮らしたおやじには、～（「大いなる日々」）

先に示した例**4**、**12**、**13**もこの型の例である。この型は、「（疑問語）～か」の形をとるのが普通である。よくこの型の例としても用いられる「何か」「だれか」「どこか」などは、慣用化が激しく、全体として体言相当というより、体言そのものに近付いているようにも見える。

45　早ければ今日のうち、おそくとも二、三日うちには誰かさんはこの土地から消えて失くなりますよ。（山本周五郎「おしゃべり物語」）

のように、体言に付く接尾語を下接させた例も現れている。例**43**も、「（不良がかっている誰）か」という構造ではなく、「不良がかっている　誰か」という構造のものとして書かれた可能性が強い。ただ、このような傾向をもとに「何か」「だれか」などを単純に体言として処理してしまうことについては[8]、文節末又は文節中の「か」の用法の体系性を見失うことにもなりかねないので、慎重である必要がある。ちなみに、例**44**は、明らかに「（一生のうちの　何分の一）か」という構造であると考えられる。

五　分類しにくい用法

「～か」又は「～か～か」の慣用的な用法のうちには、先に掲げた類型のどこに位置付けてよいか判断に迷うものがある。その主なものについて考えてみる。

a　あるかなきかに

例えば、

46　いかにも優雅に煙は昇った。あるかなきかに立ち迷うた。（三島由紀夫「煙草」）

のように使う「あるかなきかに」は、「あるかないか分からないくらいに目立たない様子で」といった意味であるが、強いて「あるかなきか」の部分だけを取り出して問題にするとすれば、「こと・選択型」の例ということになりそうである。ただ、この場合、選択要求の問い又はそれに対する答えそのものが問題になっているのではなく、最初から「そのどちらとも決めかねる」という意味あいが強調されている点、特異と言わなければならない。もっとも、この形には、古風な感じがあるのは否めない。

b　するかしないかに

例えば、

47　かれの命令がおわるかおわらないかに、～兵士たちがいっせいに体をのばし、～人びとを狩り集めはじめた。（開高健「流亡記」）

のように使う「するかしないかに」は、「したかしないか、そのどちらとも決めかねる際どいときに」というような意味であるが、「あるかなきかに」についてとほとんど同様のことが言えるであろう。

なお、「あるかなきかに」「するかしないかに」で、それぞれ「～様子で」「～ときに」の意味あいが生まれるのは、主に助詞「に」の働きによるものと思われる。

c　～かのようだ

例えば、

48　彼の視野のなかで消散したり凝聚したりしていた風景は、ある瞬間それが実に親しい風景だったかのように、~見えはじめる。（「ある心の風景」）

のように用いる「~かのようだ」は、「~かどうか確かでない（疑わしい）が、ちょうどそれと似た様子だ」というほどの意味であって、「~か」の部分だけについて言えば、やはり「こと・判定型」の例と見なすことが可能であろう。ただし、「~か」の後に、他に見られない微妙な意味あいが感じられる点、やはり特異である。また、この形では、普通の「こと・判定型」の例の場合と違って、「~か」の後に「どうか」を付けることができない。さらに、この形では、「か」が「であるか」相当の「か」となることができない。したがって、例えば、「この大学の学生かのように」ではなく、「この大学の学生で（でも）あるかのように」と言わなければならない。

これと似た形として、「~かのごとくだ」「~かの観がある」「~かに見える」などがある。実例、

49　自分の過失であるかのごとく吹聴していた。（「坊っちゃん」）

50　病院生活の後半期は病状が割に平静を保持し、精神は分裂しながらも手は曽て油絵具で成し遂げ得なかったものを切紙によって楽しく成就したかの観がある。（草野心平「実説・智恵子抄」）

51　あるとき、それは成功したかに見えたこともあった。（「大いなる日々」）

d　~かもしれない

例えば、

52　もしそれが真実だとすれば、ことによると良人は帰参がかなうかも知れぬ、~（「日本婦道記」）

のように用いる「~かもしれない」の「~か」も、「知れる」がまだ死語になりきっていない以上、「こと・判定型」の例と見ることが可能であろう。この場合においても、やはり、普通の「こと・判定型」の例の場合と違っ

て、「〜か」の後に「どうか」を付けることがない。
この形に関しては、一般に行われているように「かもしれない」を複合辞扱いすることの妥当性、前稿で触れた「（疑問語）〜かしれない」との関係、「〜かもわからない」との関係など、検討すべきことが少なくないが、ここでは詳しく論じないこととする。

六　体言相当語句「〜か」の特性

文節中の「か」によってまとめられた語句は、大体、文中で一体言相当の資格で用いられているとはいえ、松下大三郎氏が、「一度断句になったものを一名詞として扱っている」(9)と述べているように、もともと文相当の挿入句の変質したものであり、構文論上、普通の名詞節とは異なる点を含むものであることが予想される。以下に、そのような点の主なものを挙げてみる。

a　既に触れたように、文節中の「か」によってまとめられた語句「〜か」は、一つだけでも体言相当語句となり得るが、二つ以上が有機的に並べられて、全体として一つの体言相当語句を構成する場合も少なくない。このようなことは、普通の名詞節ではあまり見られないことであろう。

b　名詞節又は連体修飾節中には、題目「〜は」は普通現れないとされているが、「〜か」又は「〜か〜か」（「こと型」）の場合は、前方に題目「〜は」を伴って、その全体で一体言相当の扱いを受けることがある。実例、

53　その事件も事件ながら、その前に、何故夏というのに私は風邪をひいていたかを言わねばなりません。（曾野綾子「遠来の客」）

54　で、私は彼のことをしつこく訊くことにした。～鮭は土地では「サケ」というか「シャケ」というか、どうして獲るか、何時獲るか、どうして食べるかで三十分は過ごせる。（大岡昇平「俘虜記」）

このような例はやや特殊な例と言えるかもしれないが、少なくとも語法的に許されない言い方でない点は、見落とすべきではないであろう。

c　名詞節又は連体修飾節中には、ムードを表す「だろう」などは普通現れないとされているが、「～か～か」（「こと型」）の内部にはこれが現れることがある。実例、

55　そうして其所に書いてある特徴と条件丈で果して満足な結果が実際に得られるだろうかを確かめた。（夏目漱石「彼岸過迄」）

ただし、このような例も、それほど多いとは言えない。

三上章氏は、この種の用例を誤用であるとしている。[10]しかし、体言相当の「～か」又は「～か～か」が、挿入句的性格を色濃く残す、文節末の「か」による「～か」又は「～か～か」とつながりの強いものであることを考え合わせると、このような例が存在することは理解できないことではない。

d　名詞節又は連体修飾節中で普通に見られる、主格の「の」は、体言相当の「～か」又は「～か～か」の内部ではあまり使われない。

56　じゃあ大阪へ着き次第其処へ電話を掛ければ君の居るか居ないかは、すぐ分るんだね。（「行人」）

のような例もないわけではないが、やや古風な感じがするのは否定できないであろう。

七　おわりに

以上、文節中の「か」が、文節末の「か」と強いつながりをもつものであると同時に、それとはまた異なる性格を帯びるに至ったものであることを見てきた。

前稿及び本稿の考察をもとに、終助詞の「か」、副助詞の「か」、並立助詞の「か」の関係を図式的に示すとすれば、おおよそ次のようになるであろう。←→は、それを挟む両者が互いに境界を接するものであることを示す。

a　文末の「か」………………終助詞の「か」
　←→
b　文節末（文中）の「か」　………副助詞の「か」
　←→
c　文節中の「か」
　←→
d　並列語句の間の「か」………並立助詞の「か」

〈注〉

（1）『辻村敏樹教授古稀記念論文集』（一九九二）所収。

（2）現実には、三つ以上の「〜か」が組み合わせられる場合もあり得るが、便宜上この形で代表させることとする。

（3）「何か」のように、活用語以外の語に付いた「か」は、本来「であるか」相当であると考えられる。

（4）例**18**、**19**の例は、見かけ上、共に「～か～か～か」の形をとっているが、そのまとまり方は、「〔(～か)(～か)(～か)〕くらい」「〔(～か～か)(～か)〕さえ」のような構造になっていると考えられる。この〔　〕の部分は、どちらも全体として広い意味で一体言相当になっているに相違ないが、その内部の二つの（　）の部分相互の関係は、単なる羅列の関係に過ぎないと言える。本稿では、例**18**、**19**の〔　〕のような部分の全体を一つの単位として検討の対象とすることはしない。

（5）「判定要求」「選択要求」「説明要求」の考え方と用語は、宮地裕「疑問表現をめぐって」（『国語国文』一九五一・九）、阪倉篤義「上代の疑問表現から」（『国語国文』一九五八・六）などによる。なお、阪倉氏は、別に「要判定」「要選択」「要説明」の用語も用いられている。

（6）益岡隆志・田窪行則『基礎日本語文法』（一九八九）165ページ参照。

（7）Ⅳ、Ⅴ、Ⅵの型では、一般に「体言＋であるか」という形は用いられない。このことは、「体言＋か」の「か」が「であるか」相当の「か」であることと関係があるであろう。

「体言＋であるか」に代わる俗な形として、別に、「体言＋だか」がある。ただし、「だか」の品詞論的な扱いについては、別に検討する必要がある。

（8）国語辞典の中には、これらを体言扱いにしているものもある。例えば、『新明解国語辞典第三版』（一九八一）では、「何か」「だれか」が代名詞扱いとなっている。（「いつか」は副詞扱い。）

また、江口正「間接疑問文と数量詞・不定代名詞との類似について―「どうすればいいか（が）わからない」―の分析」（『国語学会平成二年春季大会要旨』、一九九〇）では、「どうすればいいか（が）わからない」の「どうすればいいか」のような部分を間接疑問文と呼んでいるが、「誰か」「何か」は不定代名詞としている。

（9）『標準日本口語法』（一九三〇）316ページ

（10）『日本語の構文』（一九六三）83ページ

（用例は、すべて現代仮名遣いによった。）

第十四　「〜かもしれない」とその周辺

一　はじめに

「かもしれない」は、現代語において、「〜の可能性もある」といった意味を表す慣用的表現[1]として多用され、全体で一つの助動詞に準ずる扱いを受けるに至っているが[2]、ほかにも、種々、類似する形、関連する形が存在するようである。本稿では、それらの形を一覧して、その表現の本質を探るとともに、可能な範囲で、相互の関係についても検討してみようと思う。

なお、「しれぬ（ん）」「しれません」などは、「しれない」の変化形と考える。

二　「〜かもしれない」

「〜かもしれない」が、本来、助詞「か」によってひとまとまりにされた語句「〜か」に助詞「も」と「知れない」が付いてできた形であることは明らかであろう。本稿では、「かもしれない」の部分だけを切り離して問題にするのでなく、「〜か＋も＋知れない」という本来の文の構造を意識しつつ考察を進めていく。

「かもしれない」は、従来、「だろう」や「にちがいない」などと比較して、相対的に蓋然性の低いことを表す表現だと考えられてきたが、(3) これに対して、三宅知宏氏は、(4) その表す意味を「可能性判断」と呼び、可能性判断は、可能性があるということの認識にとどまるもので、可能性が高いとか低いとかという、可能性の程度についての認識ではないと主張している。結果として、筆者の考えもこれに近いと言えそうだ。ただし、その意味あいを、「〜の可能性もある」のように説明するよりは、「〜ということも可能性がないとは言えない」のように説明する方が文の本来の構造に即した解釈ではないかと思う。本来、この場合の「も」は、「極端なもの、思いがけぬ事態を例示する」(5) の意味の副助詞、「知れる」は、「おのずと分かる」の意の自動詞と見る。「〜かもしれない」は、しばしば「ことによると」「ことによったら」「もしかすると」「ひょっとすると」「場合によっては」「あるいは」などと呼応して用いられるが、「(一般的にはあり得そうもないことだが、場合によっては、)〜ということもあり得ないと言えるかどうか分からない」ということなのであろう。(6)

「〜かもしれない」の文は、音調的には、「か」にプロミネンスを置き、続く「もしれない」をごく低く、平らに言うのが普通である。(7) 時に、「〜かもしれない」の「〜」の部分に含まれる語にプロミネンスを移して言うこともあるようである。いずれにしても、その結果、多くの場合、「かもしれない」の部分が一息に続けて発音されることになるが、それをもって「かもしれない」を一語化したものと見誤ることのないように注意する必要がある。

事実、多くの用例の中には、音調上、意味上の強調点を、「〜かもしれない」の「しれない」の部分に移して言う場合があり、その場合には、「〜かも」と「しれない」を一息に続けて発音しない可能性がある。今その適例を掲げることはできないが、次のような、「〜かもしれは（や）しない」「〜かもしれたもの（もん）では（じゃ）ない」などの形は、それに準じる例と言えるであろう。

1　しかし、或いは男は人間の生活に就いて、何か飛んでもない考え違いをしているかも知れはしないのだ。（島木健作「生活の探求」）

2　西洋の耶蘇《やそ》が生れた時に空の星辰《せいしん》が一時に輝いて祝福したと云うが、己《おれ》の生れた時には恐らく蟇《がま》か蚯蚓《みみず》が唸《うな》ったかも知れやしない。（島田清次郎「地上」）

3　場末の小屋の背景描きになってそれに順応するような生活を始めた日には、それこそ生活の改善どころか改悪になるかも知れたものじゃない。（佐藤春夫「都会の憂鬱」）

これらの例を見ると、「かもしれない」を一つの助動詞と見るだけでは、事の本質を見失うおそれがあるように思われる。

ところで、これまであまり言及されてこなかったことであるが、「〜かもしれない」という形の「〜」の部分に、疑問語は入り得るものかどうか。湯沢幸吉郎『江戸言葉の研究』（一九五四）には、「かも知れない」の項の［注意］に、「右の「か」の下に「も」の無い場合がある。」として、

4　どんなことをするか知れねへ。（「世説新話茶」）

5　茶座敷ばかりも何度拵《こしれ》へたかしれぬはさ。（「浮世風呂」）

の二例が示されていて、その二例がいずれも疑問語を含むものであることが注目される。ただ、そのことが、「も」がないこととどのような関連を有するのかについては、全く説明が加えられていない。

そこで、この「注意」に関して、新たに次のような疑問が生じてくる。今、記述を簡単にするために、疑問語を含まない形を、「〜か（も）しれない」、疑問語を含む形を「疑問語〜か（も）しれない」と略記することとすると、

ア　疑問語を用いた形を可能性判断の表現に含めるのが妥当かどうか。（換言すれば、「疑問語〜かしれない」は、「〜かもしれない」を可能性判断の表現というのと同じ意味で、可能性判断の表現と言えるかどうか。）

イ　疑問語を用いた場合、必ず「も」がなくなるのかどうか。（換言すれば、「疑問語〜かしれない」のほかに、「疑問語〜かもしれない」という形もあり得るか否か。）

ウ　上に疑問語を用いない場合にも、「も」を欠く場合があり得るかどうか。（換言すれば、可能性判断の表現として、「〜かしれない」という形もあり得るか否か。）

以下、この問題を糸口に、様々な形について、検討していくこととする。

三　「疑問語〜かしれない」

最初に、疑問アについて考えてみる。

古くは、「疑問語〜かしれぬ」の形が、特に慣用的表現としてでなく用いられたことは、例えば、

6（次郎冠者）おしやる通り、どれにあるか。（シテ）日が暮れたに依て知れぬ。（虎寛本狂言「きつねづか」）

7　僕には誰が参りまするか、まだ知れませせぬ。（同上「すあふおとし」）

などの例を見ても明らかである。しかし、『江戸言葉の研究』の［注意］に示された二例は、どちらも、外形は

似ているが、これとは音調上・意味上の特徴が著しく異なる。一種の慣用的表現と言ってよいであろう。もちろん、慣用的表現としての「疑問語～かしれない」は、現代語にも存在する。実例を示す。

8 左様さね、彼疫病神《あの》の御蔭じゃ如何程《どれ》皆困ったか知れねえ。（徳冨蘆花「自然と人生」）

9 ～、夢にまで私をおびえさせた事が幾度《いくたび》だか知れなかった。（永井荷風「狐」）

10 これからも、あたしはやっぱり弱いから、みんなに、何をされるかしれないの。（舟橋聖一「雪夫人絵図」）

まず、意味の上から見ると、これらの例に共通する特徴は、ある事態について、その程度や範囲がどのようなものであるか「しれない」と言いつつ、実は、その程度や範囲が極端なものである可能性を強く示唆している点である。例えば、例**8**～例**10**では、それぞれ「これ以上ないと言ってもよいほどひどく困ったこと」「何百度と言ってもよいほど度々おびえさせられたこと」「とんでもなくひどいことでもされる可能性があること」を示唆していると見られる。その意味では、これらの形も一種の可能性判断の表現と言うことができるであろう。ただ、どういうことの可能性があるのかは間接的に示唆されているにすぎず、普通の「～かもしれない」と同じ意味あいの表現として一括してよいかどうかは、よく分からない。(8) ここでは、これを「間接的可能性判断の表現」と呼んで、一応区別しておこうと思う。

次に、音調の上から見ると、「疑問語～か」と「しれない」の一体感が、「～かもしれない」の場合よりやや弱いようである。「しれない」の部分にプロミネンスを置いて言う言い方がかえって普通であるとさえ感じる。（このときは「疑問語～か」と「しれない」の間に音調上大きな谷が生まれる）次の例などは、その点が顕著と言えるであろう。

11 どんな卑劣なまねをするかしれない奴だから、（山本周五郎「ちくしょう谷」）

この「しれない」の部分における強調が語形の上にも表されたと思われる、「疑問語～かしれは（や）しない」「疑問語～かしれたもの（もん）では（じゃ）ない」などの形の文もごく普通に見られる。実例、

12　生きていて下されば、どんなに嬉しいか知れはしない。（菊池寛「時勢は移る」）

13　妾《わたし》の方が貴方よりどの位落ち付いているか知れやしない。（夏目漱石「行人」）

14　その先またどれだけ歩かなければならないか知れたものではない。（大岡昇平「俘虜記」）

15　～これからだって、どんなすばらしい色気を考案して世間をアッといわせるかしれたもんじゃない。（舟橋聖一「悉皆屋康吉」）

次の例などは、少し変わっている。

16　それだとていつまで続くか知れたものではない。（三島由紀夫「金閣寺」）

は、長い方でなく、短い方の可能性があることを間接的に示しているし、

17　お兼　あの宅でも本当に困っているのでしょうから。
　　左衛門　どうだか知れたものではない。（倉田百三「出家とその弟子」）

は、相手の言うのと反対である可能性を間接的に示していると見られる。

なお、上の形と類似した形で、「～やらしれたものではない」の例を見かけたので、ここに参考のために掲げておく。

18　私自身だって一体あのころ何をしゃべったやら知れたものではない。（安岡章太郎「良友・悪友」）

四　「疑問語〜かもしれない」

次に疑問イについて考えてみる。

実際の使用例から見て、「疑問語〜かもしれない」という言い方が存在することは明らかである。実例、

19　此「が」の先には如何な不了簡が竊《ひそ》まッているかもしれぬと思えば、文三畏ろしい。（二葉亭四迷「浮雲」）

20　その矢先に持って行って、C―艦が坐礁したなどと言えば、どんな騒ぎになるかも知れんじゃないか。（広津和郎「神経病時代」）

21　〜、この際ごたごたを隣が知れば、どんなに喜んで悪口の限りを吹聴するかもしれない。（幸田文「流れる」）

どちらかと言えば、出現率は、大きい方ではなく、「疑問語〜かしれない」の数分の一と見られるが、(9) かと言って存在を無視できるほど小さくない。「も」が加わっているためか、音調的には、「疑問語〜かも」と「しれない」の一体感が比較的強く、「〜かもしれない」に近いと言える。一方、意味的には、「疑問語…かしれない」とそれほどの違いがあるようには見えない。やはり、一種の可能性判断（間接的可能性判断）の表現と言ってよいであろう。

この形にも、「しれない」の部分における強調を、語形の上に表した例がある。(10) 実例、

22　孩児《がき》が生れりゃア、おいらはどんな目に会わされるかもしれやしない。（広津柳浪「黒蜥蜴」）

23　若《も》しかして成瀬さまがわたしを想《おも》ってでもいたとしたら、恋敵としてどんな事をなさるかも知れはしない。（山本周五郎「藤次郎の恋」）

24　どんな狼藉を働かれるかも知れたものではないという心が修道院に朝夕を送るものの皆にあった。（島崎

藤村「エトランゼ（仏蘭西旅行者の群）」）

25　〜、しまいには、どんなことをし出かすかも知れたものじゃァないと云ってるのに（岩野泡鳴「野田新兵」）

五　「〜かしれない」

次に、疑問ウについて考える。

「〜かしれない」の形の例も、存在することは存在する。

26　足の裏へ泥が着いて、縁側へ梅の花の印を押す位な事は、只御三の迷惑にはなるか知れんが、吾輩の苦痛とは申されない。（夏目漱石「吾輩は猫である」）

27　その後古谷老人が女中に、「ね、あのお酒はどこのだい？」と聞いたそうである。酒も気に入ったか知れないが、それ以上に、仲間以外の家庭から招かれたということが、二人を喜ばせたらしく私には思われた。（小島政二郎「鷺の踏切」）

28　私、今頃は浜松に行ってたかしれないのよ。（川端康成「雪国」）

29　僕の愛情のうごき方なぞは、迫川初の献身にくらべたら、或は軽薄きわまるものであるか知れん。（舟橋聖一「木石」）

30　雪にでもなるか知れませぬ。（山本周五郎「夜明けの辻」）

ただし、採取できた用例数は非常に少ない。[11]意味は、「〜かもしれない」とほとんど同じと見てよいだろう。単に「〜かもしれない」の形から誤って「も」が落ちたにすぎないものと見紛うほどである。しかし、「〜か＋

も＋しれない」という語句の組み合わせから「そういうことも可能性がないとは言えない」という意味が生み出されたとするならば、「～か＋しれない」という語句の組み合わせから「そういうことの可能性がないとは言えない」という意味が生み出されたとしても不思議とは言えない。この形を一種の可能性判断の表現と見ておくことに、特に問題はないであろう。

音調上では、やはり、「～か」と「しれない」の一体感が強く、「～かもしれない」と近いと言えると思われる。ただ、この形でも、「～かしれない」の「～」の部分に含まれる語にプロミネンスが置かれる場合があるほか、「しれない」にプロミネンスが置かれる場合があるようである。次は、「しれない」における強調を、語形の上にも表したと見られる例。

31 魔に捉られたか知れもしないのに、稚《ちいさ》な者は、暢気《のんき》じゃありませんか。（泉鏡花「薬草取」）

32 税務署は米子の魅力に眼がくらんだのではなくて、ゆすりが今や表沙汰になろうとする劇的状況をよく観察することにしたのか知れやしない。（「流れる」）

六　「～む（う／よう）もしれぬ」「疑問語～む（う／よう）もしれぬ」

以上により、ともかくも、「～かもしれない」「疑問語～かしれない」「疑問語～かもしれない」「～かしれない」の四つの形がいずれも存在することが確かめられた。出現率に大きな凹凸があるために、これらが本来どういう関係にあるのかということを把握するのは難しいが、ここで注目したいのは、現代語では見られなくなったが、かつて、「～む（う／よう）もしれぬ」という形が存在したということである。

33　国々の寺々を廻る事じやに依て、一年隙が入うも、弐年手間が取れうも知れぬ事でおりやる。（「虎寛本「花子」）

要する時間がどの程度か分からない。極端に言えば、一年や二年かかる可能性も全く否定し切れないということを述べるもので、立派な可能性判断（この場合は間接的可能性判断）の表現と言える。

この種の例は、その後の文献にも見える。

34　さわぎが出やうもしれねえ。（「浮世風呂」）

35　大殿にも覚悟なされ、息子殿のお蔭で、遠流《をんる》にならうか、縛り首打たれうか、まつと仕合はせがよくば、逆磔《さかばつつけ》刑にかからうも知れぬ。（歌舞伎「毛抜」）

36　〜、どうせ一度は捨小舟の寄辺ない身に成らうも知れぬと（「浮雲」）

37　理外の理のなきにも限らざる妖怪などにてあらんも知れずと、（尾崎紅葉「巴波川」）

38　それがすでに気が変になっていたからであろうも知れんが、お腹が空かぬだけにいっこう苦にならず。（「薬草取」）

時に「む（う／よう）」を付けない言い方も行われているようである。[12]実例、

39　却ッて反対にいいくるめられるも知れん。（「浮雲」）

いずれにしても、これらの場合、「かもしれない」の場合と違って、「も」を欠いた形は考えられない。

また、これらの形では、疑問語を挿入して、「疑問語〜む（う／よう）もしれぬ」の形で用いることも自由である。この場合は、本稿でいう間接的可能性判断の表現となる。実例、

40　明日《あす》は又誰《た》がなからんも知れぬ世に（歌舞伎「鳴神」）

41　～、拷問にかかりや切なきままに、どのやうに白状せうも知れず。(「毛抜」)

42　お前が其のやうに腹立てさんしては、両方ながら張合づくになつて、お前の思はしやんすお人が、どのやうな難儀にならうも知れぬぞえ。(歌舞伎「助六」)

結局、「～む(う／よう)もしれぬ」と「疑問語～む(う／よう)もしれぬ」(「～む(う／よう)も～む(う／よう)もしれぬ」)との形が対をなして存在し、一方が可能性判断を、他方が間接的可能性判断を表すと考えられるわけで、これにならえば、「～かもしれない」と「疑問語～かもしれない」とが、「～かしれない」と「疑問語～かしれない」とが、それぞれ本来対をなしていたと考えるのがよいのではないかと思われる。ただし、そのうち、可能性判断の表現としては「～かもしれない」が、間接的可能性判断の表現としては「疑問語～かしれない」が、現在、それぞれ優勢となっている理由については、更に検討する必要がある。

七　「～かどうかしれない」「～か～かしれない」

以上では、慣用表現として、「(も)しれない」が「～か」ないしは「疑問語～か」に後接した形を見てきたが、ほかに、慣用表現として、「～かどうか」ないしは「～か～か」に「～(も)しれない」が後接した形はないだろうか。筆者は、次のような例がそれに相当するものではないかと考えている。

「～かどうかしれない」の例、

43　人の情に寄りかかっている貧乏など貧乏のうちに入るかどうか知れたものじゃない。(「流れる」)

「～か～かしれない」の例、

44　どうで行きやあふたりとも二度と再びこの娑婆《しゃば》へ出るか出られねえか知れねえ身体、（歌舞伎「青砥稿花紅彩画」）

いずれも、「しれない」にプロミネンスが置かれ、「しれない」と言いつつ、一定の答えが、明言されないまま、可能性（この場合、多くはあるべきでない方の可能性）として想定されているところに特徴があるようである。もしそうだとすると、これらも、一種の間接的可能性判断の表現と言えるのではないか。古く、例**33**のような、「〜む（う／よう）〜む（う／よう）もしれぬ」という形があったことも思い合わされる。

ただし、現在のところ、「〜かどうかもしれない」「〜か〜かもしれない」の形があり得るかどうかは、不明である。

八　「〜かもわからない」

やはり慣用表現化した「〜かもわからない」という形が、「〜かもしれない」とほぼ同義で用いられることはよく知られている。実例を示す。

45　当人白身も其積りでやった芝居かも分らんが、（「吾輩は猫である」）

46　母は急に鰻がたべたくなったのかも判らない。（丹羽文雄「鮎」）

47　県の教組と県の教育委員会とが衝突することになるかもわからないでしょう。（石川達三「人間の壁」）

歴史的には、もちろん、こちらの方が後発であろう。なぜほとんど同義の言い方が新たに生まれてきたのか、詳らかでないが、「知れる」がやや文章語化して、口頭語としては「分かる」の方が適した感じになる場合があるからではないかと考えられる。なお、「〜かもわかりは（や）しない」「〜かもわかったもの（もん）では（じゃ）ない」などの例はほとんど見当たらない。現在でも、全体として、まだ「〜かもわからない」より「〜かもしれない」の方が多く用いられる傾向にあるようである。以下に述べる「わからない」系の他の言い方についても同様のことが言える。「〜かもわからない」の特徴は、「知れる」と「分かる」の相違に由来する、意味や文体の上の微妙な違いを別にすれば、「〜かもしれない」のそれに準ずると思われるので、ここでは詳しくは述べない。

九　「疑問語〜かわからない」

「疑問語〜かしれない」に対応する形で、「疑問語〜かわからない」が存在する。実例、

48　其上普通の人と違って夫人は何んな難題を持ち出すかわからなかった（夏目漱石「明暗」）

49　その手にかかって身をほろぼした男が幾人いるかわからないんです。（山本周五郎「滝口」）

50　私はこうした話を何回聞かされたか判らなかった。（井上靖「グウドル氏の手套」）

意味上・音調上の特徴は、「疑問語〜かしれない」に準じる。

「疑問語…かわからない」の「わからない」における強調を語形の上に表した例も存在する。

51　知らずにまぎれこんで、とり返しのつかんようになった者が、どれだけいたか分りゃしない。（安部公房「砂の女」）

52　あんな危い日本人がパリでひとりふらふらしているのを見てられるものか。どこへ転げ込むか分ったものじゃないよ。（横光利一「旅愁」）

53　この調子だと女って、知らないとこで、何をしてるか、わかったもんじゃないや。（「雪夫人絵図」）

54　うまいこといいやがって、どうするかわかったものか。（「俘虜記」）

例**54**の「〜ものか」は「〜ものではない」に準ずる形と見ておく。

十　「疑問語〜かもわからない」

「疑問語〜かもしれない」に対応する形で、「疑問語〜かもわからない」が存在する。ただし、出現率は、それほど高くないようである。実例、

55　女というものはいつどんな事があるかも解らないから、お金を手放しては駄目よ。（広津和朗「ひさとその女友達」）

56　三之助は無法者で、（中略）この家に入れたら、どんなことをするかもわからない、と禄兵衛は言うのです。（野村胡堂「銭形平次捕物控（一）」）

57　「だって君、――常さんは何時死ぬかもわからない身の上なんだぜ、（尾崎士郎「人生劇場」）

意味上・音調上の特徴は「疑問語〜かもしれない」に準じる。

なお、「疑問語〜かもわからない」の「わからない」における強調を語形の上にも表した「疑問語〜かもわかりはしない」その他の用例は、現在のところ採取するに至っていない。(13)

十一　「〜かわからない」

「〜かしれない」に対応する形で、慣用表現の「〜かわからない」という形があってしかるべきであるが、調査不十分のためか、用例を採取するに至っていない。

十二　「〜かどうかわからない」「〜か〜かわからない」

「〜かどうかしれない」「〜か〜かしれない」に対応して、「〜かどうかわからない」「〜か〜かわからない」の形も存在するようである。実例を示す。

「〜かどうかわからない」の例

58　実際、まきがいなかったなら、いまの安息があったかどうかわからない。（藤原審爾「さきに愛ありて」）

59　そんなことして、本当に送るかどうか判ったものじゃない。（井上靖「花の下」）

「〜か〜かわからない」の例

60　丸で男だか女だか分りゃしない。（夏目漱石「坊っちゃん」）

61　指導要領をつくる、個人調査をする、クラブ活動の記録、家庭調査の記録、教科課程の研究記録、月案と週案と日案までつくって、教育が本職なんだか記録つくりが本職なんだか、わかりゃしない。（「人間の壁」）

なお、現在のところ、「〜かどうかもわからない」「〜か〜かもわからない」の形があり得るかどうかは、不明である。次のような例を見かけたが、その珍しい例と言えるだろうか。

62　君はバタアンの山中で僕たちが拾わなかったら、いま生きていたかどうかもわからない。（火野葦平「糞尿譚」）

十三　その他の形

「しれない」系の慣用表現に代わる後発の形として、「わからない」系の言い方が比較的広く用いられ始めていることは以上に見たとおりであるが、そのほかにも様々の形が試みられた形跡がある。その例を示しておく。

63　若し妻亡き後を思えば、我が文学精神は萎微し尽すやも計られない。（上林暁「聖ヨハネ病院にて」）

64　爽子は「橋」に異常な関心を抱いた。橋というよりは、その下を流れる川であったかもしれない。水の流れであったかもしれない。あるいは空であったかもしれない。空間であるやも知れぬ。（山口瞳「結婚しません」）

疑問語を含む例、

65　シカシ此儘にして捨置けば将来何等《どんな》傷心《かなしい》恨事が出来するかも測られぬ。（「浮雲」）

66　気候の関係もあるから南方ほどには繁殖しまいが、なにしろ相手はすこぶる雑食性の怪物であるからどのようなことになるやも測りがたい。（北杜夫「あくびノオト」）

これらの形は、文語的な性格が強いためか、現在ではあまり用いられていない。

十四　似て非なる臨時の形

「しれない」系の慣用的表現については、現在、動詞「知れる」がやや文章語化したためもあってか、紛らわしい形はほとんど現れないが、「わからない」系の慣用的表現については、「分かる」が現在も縦横に用いられる語であるだけに、慣用的表現とは別の、外形上紛らわしい、いわば臨時の「〜かどうか（も）分からない」「〜か〜か（も）分からない」「疑問語〜か（も）分からない」（以下、慣用的表現の形と区別して、このように漢字交じりの表記にする）などが出現する可能性が十分にある。（現代語では、「〜かどうか（も）分からない」が優勢で、臨時の「〜か（も）分からない」が現れる可能性は少ない。）例えば、次のごとくである。

今のところ、小川君が来るかどうか分からない。
今のところ、小川君が来るか関口君が来るか分からない。
今のところ、だれが来るか分からない。

同様に、

今のところ、小川君が来るかどうかも分からない。
今のところ、小川君が来るか関口君が来るかも分からない。
今のところ、だれが来るかも分からない。

これらは、主に間接的可能性判断の表現と似ているわけであるが、それも、多くは、外形上のことにすぎない。これらの例には、特に固定化された音調上の特徴というものは見当たらない。慣用的表現と違って、「か（も）わからない」を一息で発音するということもない。また、これらの例における「分からない」は、「少しも／ちっとも／さっぱり／てんで／とんと／まるで」「よく／まだ」などの副詞や「〜に（は）」などの補語をとることも自由であるし、「も」が加えられる場合でも、それは「類同する事物の共存する関係を表す[14]」の意味の「も」であるにすぎない。また、全体の意味の上から言っても、これらが可能性判断の表現と混同される恐れは少ないと言える。

疑問語を含んだ形についてだけ、実例を示しておく。

「疑問語〜か分からない」の例

67　純一はなんと云って好《い》いか分からないので、黙っていた。（森鷗外「青年」）

68　どうして話がそうなったかわからないけれども、（山本周五郎「修業綺譚」）

「疑問語…かも分からない」の例

69　ほんとうは　雪おくさまに　首ッ丈け　惚れこんでいるのに　自分からでは　手も足も出ませんのです
どうしていいかもわかりませんのです。（「雪夫人絵図」）

70　二日めの晩まではおぼろげに記憶しているが、そこからあとはどこでどうしたかも、どこで友達と別れたかも、わからなかった。（山本周正郎「四年間」）

十五　おわりに

以上、「〜かもしれない」とその周辺の言い方を概観し、その相互の関係を検討してきた。いわゆる可能性判断の表現として、「〜か（も）しれない」「〜（う／よう）もしれぬ」「〜か（も）わからない」などが、間接的可能性判断の表現として、「疑問語〜か（も）しれない」「〜かどうかしれない／〜か〜かしれない」「疑問語〜（う／よう）もしれぬ」「〜う（よう）も〜う（よう）もしれぬ」「疑問語〜か（も）わからない」「〜かどうかわからない／〜か〜かわからない」などがあり、その他にも、種々、試みの形が存在したようである。これによって、可能性判断の表現と言われるものが、考えられている以上に大きな広がりをもつものであることが明らかになったと考える。

とはいえ、本稿は素描の段階であり、「〜かもしれない」を中心とした可能性判断というものの本質、可能性判断の表現全体の国語史的な展開の姿など、まだまだ究明すべき問題は多い。今後の課題としていきたい。

〈注〉

（1）林八龍「現代日本語の慣用的表現の類型」（『論集日本語研究（一）現代編』明治書院、一九九五）は、慣用的表現を、「自立的慣用表現」と「付属的慣用表現（複合助辞）」に大別している。これによれば、「かもしれない」は、当然、後者に属することになるであろう。

（2）「かもしれない」を、例えば、野田尚史「〜にちがいない／〜かもしれない／〜はずだ」（『日本語学』三—一〇、一九八四）は、復合辞とし、寺村秀夫『日本語のシンタックスと意味Ⅱ』（くろしお出版、一九八四）は、助動詞としている。

（3）阪田雪子・倉持保男『文法Ⅱ　助動詞を中心として』（国際交流基金、一九八〇）、仁田義雄「可能性・蓋然性を表す疑似ムード」（『国語と国文学』五八—五、一九八一）、野田尚史注2文献、寺村秀夫注2文献、森山卓郎『日本語動詞述語文の研究』（明治書院、一九八八）、森田良行・松木正恵『日本語表現文型』（アルク、一九八九）など。

（4）「カモシレナイとダロウ—概言の助動詞③」（『日本語類義表現の文法（上）単文編』くろしお出版、一九九五）

なお、須賀一好「「かもしれない」の意味と蓋然性」（『山形大学紀要　人文科学』一三―二、一九九五）にも同様の考え方が見える。

(5)『集英社国語辞典』（一九九二）の「も（係助詞）」の項の意味⑤の説明によった。

(6) 須賀一好注4文献は、その意味あいを、「その可能性も排除できない」と説明している。

(7) 一時、口頭語で、「かもしれない」を略して「かもね」「かもよ」などと言うことが流行したが、その場合も、「か」にプロミネンスか置かれるのが普通であった。

(8) 須賀一好注4文献は、「疑問語〜かもしれない」の形に触れ、「いつでも、どのようにでも、その事態の起こる可能性があるということになる。これは、結果的には、「かもしれない」の意味することと同じになる」と述べている。

(9) ちなみに、新潮社版日本文学全集のうち、『二葉亭四迷集』『広津和郎・葛西善蔵集』『舟橋聖一集』『幸田文集』について調査したところ、四冊合計で、「疑問語〜かしれない」（「疑問語〜かしれはしない」の類を含む）24例、「疑問語〜かもしれない」4例であった。

(10) 次の例は方言の例であるが、「〜かしれない」と類似した形と言えると思うので、ここに紹介しておく。

・おっ母さんが乗っとったら、もう今ごろは船から降りて健を迎えに来よるやらしれん。（壺井栄「大根の葉」）

(11) 湯沢幸吉郎前掲書には、この種の用例が比較的多数採録されている。

(12) ここに掲げたもののほか、古くからある形であるが、「〜かしらぬ」「〜かもしらぬ」も、時に、可能性判断の表現のように見える場合がある。実例、

・おまへさん方もそんなめにお逢ひなすつたかしらぬが越後の雪ときたらたいさうさネ。（「浮世風呂」）

・昔なら少しは幅も利いたか知らんが、（「吾輩は猫である」）

・お浜さんという人も有る事だし、正可《まさか》の時にや然《そ》うばかしもならないという気が有るかも知らないけれど、（二葉亭四迷「其面影」）

(13) ただし、翻訳例に次のようなものがあった。

・　もう手紙なんかくれるものか。おれがこの土地にいつ戻ってこられるかもわかりゃしない！（スタンダール「赤と黒」小林正訳）

（14）『集英社国語辞典』（一九九二）の「も（係助詞）」の項の意味①の説明によった。

（明治以後の用例は、原則として現代表記によった。なお、古典の用例の資料としては、『大蔵虎寛本能狂言　上・中・下』（岩波文庫）、日本文学大系63『浮世風呂』（岩波書店）、日本古典全書『歌舞伎十八番集』（朝日新聞社）、『名作歌舞伎全集11』（東京創元社）を使用した。）

第三部

第十五　構文論と句読法

―テンの打ち方私案―

一　はじめに

日本語においては、句読法が一般に確立していないと言われている。そこで、本稿では、句読点の打ち方のうち特に問題の多い読点（テン）の打ち方に絞って、筆者なりの考えを提出してみようと思う。

二　句読法の確立しない原因

日本語においてテンの打ち方がなかなか画一化しないということについては、色々のことが考えられる。まず、日本語で句読点が用いられるようになったのは、漢文訓読の訓点や欧米の句読法の影響を受けた結果であると言われるように、元々日本語に句読点を付す習慣がなかったことが挙げられる。また、日本語では、文の終わりが語形上弁別しやすく、そのため、歴史的に全体として句読法が重要視されなかったということも関係がありそうである。[1] しかし、明治以後、教育面（文法面）、文芸面その他で、句読法に関する意見が様々提出されるようになったにもかかわらず、いまだに標準化が実現していないについては、更に別の原因を考えてみる必要がある。

その一つとしてまず考えられることは、日本語のテンに何種類もの役割が負わされていることである。筆者は、英語のコンマの打ち方などから考えて、日本語でテンを打つ第一の目的も、やはり、文の構造や、文中の意味のまとまりを示すことによって、文の内容を把握しやすくすることであると考えている。ところが、日本語では、誤読をふせぐためとか、読みの間や息の継ぎ目を示すためとかいった、他のよんどころない目的でテンを打つことも多く（その箇所が、結果として第一の目的で打つ場合の箇所と重なる場合もあったりして、事態を微妙にしている）、肝腎の第一の目的がぼけてしまい、それが、第一の目的でどこに打つべきかの共通理解の確立を遅らせる一因になっていると思われる。

日本で句読点が社会的な広がりをもって普及し始めた明治期の作家たちの句読点（特にテン）の打ち方を見ると、文の構造というよりは、読みの間とか息継ぎの箇所とかいったものが強く意識されていた様子が観察される。[2] 谷崎潤一郎『文章読本』の説く句読法なども、その延長線上のものと言ってよいであろう。文学者でなくても、現在、普段何気なくテンを打っている人の場合、意外とこれに近い意識の人が多いのではなかろうか。[3]

もう一つ、更に根本的な原因として考えられることは、日本語の文の構造そのものが複雑であることである。日本語の文では、かかり・受け、包み・包まれの関係が入り組んでいること、語順が比較的自由であることなどのために、文中の意味のまとまりをすっきりと示すことが意外と難しい。

例えば、「夕方になれば彼は帰ってくるだろう。」という文について考えてみる。色々な句読法案でよく見かける「条件を示す語句の後に付ける。」という規定に従って、「夕方になれば、彼は帰ってくるだろう。」としてみよう。けれども、厳密に見れば、これは文中の意味のまとまりを正しく反映しているとは言えない。この文は、実際には、「〈彼は〉〈夕方になれば　帰ってくる〉だろう〉」のような意味構造をなし、「夕方になれば帰ってくる」ないしは「夕方になれば帰ってくるだろう」が意味のまとまりをなしていると考えられるからである。一方、種々の句読法案でよく見かける「主題の後に打つ」という規定に従って、「夕方になれば彼は、帰ってくるだろう。」とすると、今度は、更に「夕方になれば彼は」という妙な意味のまとまりを作ることになってしまう。この場合は、短い文であることもあり、いっそ何も打たずに「夕方になれば彼は帰ってくるだろう。」としておく方が、意味のまとまりの上からは、かえって矛盾がなくてすっきりしているとも言える。しかし、それがよいかどうかはよく分からない。[4] いずれにしろ、こういった微妙なテンの打ち方を定式化し、社会的に確立していくことは、たやすいことではないであろう。

我が国で発表されたほとんど最初のまとまった句読法案と言うべき、明治三十九年の文部大臣官房図書課「句読法案」は、国定教科書の文章（一部に文語体を含む）に関して、〈マル〉〈テン〉〈ボツ〉〈カギ〉〈フタヘカギ〉などの施し方を規定したものであるが、テンについては、打つべき文中の箇所として、「独立ノ感歎詞及ビ呼掛ノ語ノ下但シ顚倒シテ置キタルトキハ其前後」「複文ノ副詞節ノ下」「他ノ語ヲ修飾スベキ副詞・副詞句ガ下ニ来ル語ヲ修飾スルガ如ク見ユル虞アルトキ其下」など、二十一項目を掲げている。当時としては詳細を極めたものといえるが、「緒言」に「則ルヘキ標準トナスヲ目的トシ」とあるように、形の上から一応のよりどころを示すにとどまるもので、しかも、系統的に文の構造を示すというよりは、読み取りにくいと思われる箇所、読み誤りの起こりそうな箇所に、個別に対応するといった趣が随所に感じられる。

最近の、日本語に関する事典、講座、教科書などで見かける句読法案のテンの打ち方も、これら従来の句読法の項目をいくらか整理し、さらに、数字の位取りのテン、強調のテン、息継ぎのテンなどを羅列的に加えてまとめたものが多い。一例として、『講座日本語と日本語教育　第8巻』の「符号の用い方[5]」の「（２）読点・テン」の項を掲げてみる（用例は省略する）。

読点の基本的な用法は、文中の語句の切れ続きを示すことである。文章を読みやすくするためや、文意を正しく伝えるために、読むときの息の切れ目や読みの間を示す役割を持つ。

1 ①文の中止につける。

②ただし、付属の関係にある文節間にはつけない。

2 副詞的語句の前後につける。ただし、この原則を忠実に守ると、切れ目が多すぎて文がなめらかでなくなる。そこで書き手の意図によって読点を省き、適当に整理して書くのが普通である。特に、文全体が短い場合や、副詞的語句のあとが短い場合には、読点を省略した方がよい。

3 文の初めに置く、①接続詞、②感嘆詞、③呼びかけ、④返事のことば、のあとにつける。

4 条件や限定を表す語句のあとにつける。

5 形容詞的語句が重なる場合、最後の語句以外の語句のあとにつける。

6 他の語句を隔てて修飾する場合など、語句を続けて書くと読み誤るおそれがある場合につける。

7 読みの間を表すときに使う。

8 話し言葉なら助詞を省くような場合、その省いた助詞に当たる位置につける。

9 主語や主題を提示したときにつける。ただし、あとの部分が短い場合にはつけない。

10 対等な関係にある語句や文を列記するときに使う。

①終止の形の文であっても、その文意が続く場合にはつける。ただし他の読点とのつりあい上、句点をつけることもある。

②多くの語句を列記する場合、それらがいくつかのグループにまとめられるときは同種類など小さい単位の方に「・」（なか点）を、種類別など大きい方の単位に読点を用いる。

11　並列の「と」「も」を伴う語が重なるときには原則としてつけるが、必要がない限りは省略する。

12　対話または引用文のかぎの前につける。

13　倒置表現の場合に使う。

14①漢数字の位取りに使う。横書きではコンマを用いる。

②「……年」というときにはつけない。

これはあくまでも一例であるが、やはり、系統的に文の構造を示すという目的がはっきりと中心にすえられているようには見えない。前文の「文中の語句の切れ続きを示す」という表現（この種のものでよく見かける言い方であるが）は、「読みの間を表す」「漢数字の位取りを示す」などの項目を含めた全体を大きく包む目的を示しているのであろうが、いかにも漠然としている。

三　日本語の文の構造のとらえ方

以上から、日本語の句読法（特にテンの打ち方）に関しては、まず、文構造の上から重要な基本的なテンというものを押さえ、その後、他の理由で必要な諸テンを加えるといった形で、全体を組織し直していく必要があるように思われる。

とはいえ、現在、日本語の文の構造のとらえ方に関して、定説があるわけではない。ここでは、かかり・受け、包み・包まれの関係や、従属節の種々相を考える上で手掛かりを得られそうな、南（一九七四）のいわゆる重層的文構造論をよりどころとしていくこととしたい。

南は、まず、従属節を、内部に含みうる要素の違いによって、A類、B類、C類の三つに分類している。A類は、〈〜つつ（継続）、〜ながら（継続）、〜て（継起）、〜中止形（継起）〉の類で、内部に、かかり成分としては、〈名詞＋格助詞（主格を除く）、状態副詞、程度副詞〉など、述語成分としては、〈使役形、受身形〉などだけを含みうるものである。B類は、〈〜ので、〜のに、〜ば、〜ても〉の類で、内部に、かかり成分としては、Aの段階のかかり成分のほか、〈名詞＋主格助詞、時の修飾語、場所の修飾語、ジツニ・トニカク・ヤハリの類、評価的意味の修飾語〉など、述語成分としては、Aの段階の述語成分のほか、〈丁寧の形、打消しの形、過去の形〉などを含みうるものである。他に、〈〜ながら（逆接）、〜つつ（逆接）、〜たら、〜と、〜ないで、〜ずに、〜て（並列、理由）、〜中止形（並列、理由）〉など、B類の従属節といえるものは多い。C類は、〈〜から（理由）、〜が／けれど、〜し〉の類で、内部に、A・Bの段階のかかり成分のほか、〈提示のことば、オソラク・タブン・マサカの類〉など、述語成分としては、A・Bの段階の述語成分のほか、〈意志形、推量形〉などを含みうるものである。他に、〈〜て（逆接）、〜中止形（逆接）〉などもC類の従属節と言える。なお、ほかに、従属節に一切含まれないものがある。かかり成分としては、〈呼び掛けのことば、文頭の接続詞、間投詞、挿入句〉など、述語成分としては、〈命令形、終助詞、間投助詞〉などで、これらは、D段階の要素ということになる。

さらに、南は、以上のA、B、C、Dを、一つの文（述語文）の構造上の四つの段階と考え、すべての述語文はこれら四つの段階を経てできるとしている。それと呼応するように、文の述語的部分の構造は、（動詞＋）A、B、C、D各段階の諸要素の連続という形をとり、一方、かかり成分は、標準的な語順では、D、C、B、A各段階の諸要素の順で並んでいるという。

以上をもとに、文の基本的構造を、概念的に図式化するとすれば、次のようになると思われる。

Dかかり　Cかかり　Bかかり　Aかかり　語幹・A成分・B成分・C成分・D成分

一つの文に常にA、B、C、Dの諸要素がすべてそろって現れるとは限らない。活用語の連体形はB段階の述語成分、終止形はC段階の述語成分に相当すると考えられる。

この構造における各要素の、かかり・受け、包み・包まれの関係は正確には不明というほかないが、筆者の独断で、予想される各要素のおおよそのかかり・受け、包み・包まれの関係を傍線で示しておいた。↓ ↑はかかり・受けの関係、↑‖は包み・包まれ（二重傍線の部分が他の部分を包む）の関係を表す。D段階の要素は、聞き手への働きかけの意味を表す要素ということになっているので、他の段階の要素とかかり・受け、包み・包まれの関係を持たないと考えるのが自然だが、〈疑問の終助詞、禁止の終助詞、命令の形〉などは、包む働きを持つと考えざるをえない。ただ、

・今日は天気が悪いから、行事を中止しようか？

・今日は天気が悪いけど、行事を中止するな。

などの例を見ると、C段階のかかり成分である「〜から」「〜けど」は疑問ないしは禁止の範囲（スコープ）には入っていないところから、D段階の述語成分が他の要素を包む場合があるとしても、その範囲はC段階の述語成分の場合と同じと考えて、右のように傍線（点線）を施しておいた。

A段階の述語成分にA段階の接続助詞が付くなどして前方のひとまとまりの語句全体がかかり成分化したとき、A段階の従属節となる。同様に、B段階の述語成分にB段階の接続助詞が付くなどして全体がかかり成分化したとき、B段階の従属節に、C段階の述語成分にC段階の接続助詞が付くなどして全体がかかり成分化したとき、C段階の従属節になる。

ところで、従属節そのものもかかり成分と言えるが、南によれば、D段階の従属節は、一切他の従属節に含まれることはなく、C段階の従属節は、C段階の従属節に時に含まれるが、B、A段階の従属節に含まれることはなく、B段階の従属節は、C段階の従属節には含まれる（B段階の従属節にも時に含まれる）が、A段階の従属節に含まれることはなく、A段階の従属節は、C、B段階の従属節に含まれ（時にA段階の従属節に含まれる）とされる。

なお、連体修飾節中に含まれうるのは、A、B段階の諸要素のみである。

以上を総合して見るに、D段階のかかり成分は、三上章[6]が「やや遊離した位置にあり、主文への係り方が自由で、意味上誘導の役割をする」「ユウ式」の語句と呼んだものに相当し、文の要素の中で一番遊離度・独立度が高いと言える。次に遊離度・独立度が高いと見られるのは、C段階のかかり成分（C段階の従属節を含む）で、時にC段階の述語成分に包まれることはあるが、多くの場合どの述語成分にも包まれることなく、遊離的である。B段階のかかり成分（B段階の従属節を含む）は、（B、）C（、D）段階などの述語成分に包まれるほか、連体修飾節にも含まれる可能性があり、遊離度はそれほど高くない。A段階のかかり成分（A段階の従属節を含む）は、（A、）B、C（、D）段階などの述語成分に幾重にも包まれるほか、連体修飾節にも含まれる可能性があり、遊離度は最も低い。

なお、南は触れていないが、かかり成分にプロミネンスが置かれると所属する段階が変わるということがあるようである。例えば、C段階のかかり成分である〈〜から、〜が／けれど〉などにプロミネンスが置かれると、連体修飾節にも収まるようになり、B段階のかかり成分に移行すると見られる。(7) 主題の〈〜は〉がC段階のかかり成分であるのに、いわゆる対比強調の〈〜は〉がB段階のかかり成分とされるのも、この現象の一環と言えよう。南理論には、その他にも、細部に、修正を要する点、追補すべき点などがあると思われるが、(8) ここでは、これ以上詳しく論じないこととする。

四　文の構造を示すためのテンの打ち方とは

筆者は、先に、文構造上重要な基本的なテン（文の構造や意味のまとまりを示すテン）をまず押さえ、次いで、他の理由で必要な諸テンを加えるという形で句読法をまとめるのがよいと述べた。日本語の場合、文の構造や意味のまとまりを示すテンとは、どういうものだろうか。

筆者は次のように考えている。日本語の文の内部には、次元の異なる大・中・小の意味のまとまりがあり、それは、おおよそ南の言うD、C、B、A各段階の語句のまとまりに相当する。テンは、言うまでもなくかかり成分の後（時には前後）に打つわけであるが、文の構造や意味のまとまりを示す上での重要度は、高い方から、D、

C、B、A各段階のかかり成分の後（時に前後）という順になると考えられる。D段階のかかり成分は、どの段階の述語要素にも包まれることがなく、遊離度が最も高い。C段階のかかり成分は、時にC段階の従属節の一部になるほかは、半ば主文から独立しており、かなり遊離度が高いと言える。B段階のかかり成分は、多くは他の大きな意味のまとまりの内部のまとまりを示すものであり、その遊離度は小さくはないが限られたものである。A段階のかかり成分は、いわば副詞的な成分であり、遊離度は低い。

ただし、日本語の場合、テンは、相対的に増減可能なものであり、必ず打たなければならないという箇所があらかじめ決まっているわけでもない。そこで、句読法として、次のような条項を立ててみようと思う。

Ⅰの1　単純な文で、特にテンを打つ必要がないと思う場合は、何も打たなくてもよい。ただし、〈応答詞、文頭の接続詞、感動詞、挿入句〉などD段階のかかり成分の後には、できるだけ常に打つようにする。

1　はい、まだ雨が降っています。

会話文などで、格助詞を省略して名詞を裸で使う場合、普通その後にテンを打つということが行われているが、この名詞を、遊離語として、D段階化したものと見れば、それもうなずける。かかり成分の後に間投助詞のついた場合も同様である。

2　わたし、この魚、まだ食べたことないわ。

Ⅰの2　複雑な文で、テンを打つ必要があると思う場合は、（D段階のかかり成分は当然として）C段階のかかり成分から選んで、その後に打つ。その後、必要に応じてB段階のかかり成分から選んで、その後に打つ。（C段階のかかり成分は、〈～から、～が／けれど、～し、…〉〈主題や提示のことば〉〈タブン・オソラク・マサカの類〉など。B段階のかかり成分は、C段階でもA段階でもないものと覚えておけばよい。A段階のものは少ない。）

3　彼は、このごろあることで悩んでいた。

4　いくら待ってもタクシーが来そうにないから、駅まで歩きましょうか。

「選んで」としたのは、例えば、C段階のかかり成分が同時にいくつか並んだ場合でも、あるC段階の成分が他のC段階の成分の一部になっている場合があり得るからである。「～から～けれど」「～けれど～から」「～から～し」などは、それぞれ「(～から～)けれど」「(～けれど～)から」「(～から～)し」のような意味構造となって、最後に一つテンを打てばよい場合が結構ある。

5　両親は、確かに私たちを生み育ててくれたわけだから尊敬すべき相手だし、大切な存在だ。

「～は～から」「～は～けれど」「～は～し」の場合も同様であるが、「～は」が後半部までかかるかどうかによって、その後にテンを打つかどうかが決まるようである。

6　日本語は、使っている人間は多いけれど、地域が東洋の一部に限られる。(「人間は」は、対比強調で、B段階要素)

7　私はうっかりしていたけれど、その日は新聞の休刊日だった。

(私はうっかりしていたけれど、その日は、新聞の休刊日だった。)

C段階のかかり成分が一つもないか、C段階の成分の後にひとわたりテンを打った後、さらにテンを打つ必要があると思うときは、順序として、B段階のかかり成分から選んで打つことになる。

8　余りゲームをしすぎると目を悪くするので、注意する必要がある。(この場合、「～と」もB段階の成分だが、「～ので」の一部になるので、その後に打たない。)

この1の2があると、諸句読法案でよく見かける、「～から(C段階)」も「～ので(B段階)」も区別なく扱う

「限定を加えて、条件を挙げる語句の後に打つ」のような項目や、「〜は（主題、C段階）」も「〜が（主格、B段階）」もごったに扱う「主語の後に打つ」のような項目を設けなくて済む。

Ⅰの3　ある成分の末尾だけでなく、先頭部も示す必要がある場合は、その成分の前後に打つ。

既に1の1で触れるべきであったが、文の途中に挿入されることの多い挿入句などは、テンを、当然、その後に打つだけでなく、その前（前接する語の後）にも打つ必要がある。

9　校長は、いつ帰ったか、姿が見えない。

挿入句以外のD段階の語句でも、語順が変則的な場合は、そのD段階の語句の先頭部を示す必要がでてくる。

10　私は、しかし、そのようには思いません。

C段階ないしはB段階のかかり成分についても、その前後にテンを打たないとおかしいまとまり具合の語句ができてしまう場合がある。これも、後に来るはずのB段階のかかり成分がC段階のかかり成分の前に来るなど、変則的な語順が関係している場合が多いと思われる。

11　昨日僕は、仙台に出かけた。↓昨日、僕は、仙台に出かけた。（「昨日僕は」のままでは、妙なまとまり具合の語句になる。「僕は、昨日仙台に出かけた」であったとすれば、必ずしも「昨日」の後にテンはいらない。）

B段階の要素であるにもかかわらず文頭で用いられることの多い、時や場所を表すかかり成分は、上の例のように、結果としてその後にテンを打つ場合が多くなるが、かといって、時や場所を表すかかり成分の後にはどんな場合でもテンを打つと決まっているわけのものでもないだろう。

Ⅰの4　倒置文の場合、いわゆる正常な文の終わりに打つ。

12　大変だな、これは。

以上が、文の構造を示して内容を読み取りやすくするためのテンに関する項目である。

五　誤読を防ぐためのテン

後は、誤読を防ぐための応急手当て的なテンと、読みの間や強調などを示すための剰余的なテンに関する項目を並べておけばよい。まず、前者から。

Ⅱの1　あるかかり成分が、すぐ下の語にかからずに、それを飛び越えてさらに下の語にかかる場合は、その後に打つ。

これには、連体的かかり成分の場合と、連用的かかり成分の場合とがある。

13　美しい、隣町の少女

14　彼は、笑いながら、いたずらをする弟を見ていた。

Ⅱの2　対等の関係で並ぶ、語句と語句の間に打つ。

これには、名詞的な語句の場合と、そうでない場合とがある。

15　そこに、鈴木、小川、田中の三人が立っていた。（この場合、「鈴木」の先頭部を示す意味もあって、「そこに」の後にもテンを打つ。）

16　私は、日本の首都、東京で生まれた。

17　とびは、高く、悠々と飛んだ。

いわゆる重文と言われるものの、節と節の間のテンも、これに準ずるものと考えることができる。

Ⅱの3　会話文や引用文を用いる場合、次のようにする。

a　**前かぎに前接するかかり成分（C～Aの段階にかかわらず）の後に打つ。**

18　彼は、空を見て、「あっ。」と言った。

b　**後かぎの後の「と」が直接述語に続く場合は、打たない。しかし、何らかの成分が介在する場合は、「と」の後に打つ。**

19　彼は、「大丈夫だよ。」と言った。／彼は、「大丈夫だよ。」と、大きな声で言った。

c　**かぎを用いないときは、「と」の前又は前後に打つ。**

20　早く晴れればいいのにな、と思った。／早く晴れればいいのにな、と、思った。

Ⅱの4　**語の区切れ、漢数字の位取りなどを示す必要のあるとき、打つ。**

21　普通、切符はいらない。（「普通切符」と読まれるのを防ぐ。）

22　彼と、私の両親（「（彼の両親）と（私の両親）」の意味に取られるのを防ぐ。）

23　そこには、人が十二、三人いた。

24　一、三五二（縦書きの場合）

次は、剰余的なテンに関するもの。

Ⅲの1　**息継ぎや読みの間を示すために打つ。**

Ⅲの2　**強調を示すために打つ。**

25　これは、彼の、作品です。

ただ、Ⅲの1、2によるテンは、論理的要求と関係なく、文中のあらゆる意味的区切れ目で用いられ得るものであるから、これを多用すると、せっかくⅠとⅡに基づいて筋道立てて打ってきたテンの意味が無化してしまう恐れがある。理論的な文章では、乱用しない態度が必要であろう。

六　おわりに

日本語の文で用いるテンについて考える場合、いろいろの意味あいのテンがあるということをまずはっきりと認識することが大切であろう。その上で、それらを等し並みに扱うのではなく、文の基本的な構造を示すテンを中でも最も重視する姿勢が必要である。

その意味から、本稿では、テンの打ち方について、文の基本的な構造を示して文の内容を把握しやすくするためのテン（Ⅰの系列）を基本にすえ、それに、誤読を防ぐための応急手当て的なテン（Ⅱの系列）、読みの間などを示す剰余的なテン（Ⅲの系列）を加える形でまとめてみた。

日本語では、Ⅲの系列のようなテンがある以上、どんな人にも誤りなく画一的なテンの打ち方をさせる句読法など始めから望むべくもないと言わなければならない。(9) しかし、ⅠとⅡの系列のテンに限って、その使い方を粘り強く議論していくなら、広く一定の共通理解に達することもあながち不可能ではないのではないだろうか。あえてここに拙い案を示してみたのも、そのたたき台になればと思ったからにほかならない。

分量の関係で、用例は最小限に限らざるを得なかった。拙案による更に具体的なテンの使用例を見ていただくことについては、別の機会に譲りたいと思う。

〈注〉

（1）斎賀（一九五八）など。

（2）杉本（一九六七）など。

（3）以前、筆者がある研究会で句読法について発表をした際、数人の参加者から、自分だったらそんなところに絶対にテンを打たないと猛反発を受けたことがあった。今考えてみるに、その人たちは、テンを打つ所即ち息を継ぐ所と、考えている人たちだったのではないかと思う。

（4）もちろん、「夕方になれば、彼は、帰ってくるだろう。」のような打ち方も考えられる（本稿の案のⅠの3による場合）。これではテンが多すぎて煩瑣だと考えて、便宜的だが、「夕方になれば、彼は帰ってくるだろう。」の方がかえってよいとする考え方もあり得るだろう。

（5）稲垣（一九八九）。

（6）三上（一九五三）。

（7）拙稿、「「〜から」と「〜ので」のかかり先について」（『国文学研究』77、一九八一）、「断定表現2―ノダ文―」（『日本語表現・文型事典』朝倉書店、二〇〇二）など参照。

（8）尾上圭介「南モデルの内部構造」（『言語』28巻11号、一九九九）など。

（9）本多勝一（一九七六）は、①重文の境目に、②述語が先にくる倒置文の場合に、③呼びかけ・応答・驚嘆などの言葉のあとに、④挿入句の前後または前だけに打つテンは、常識化しているものとして認めた上で、「テンの二大原則」として、

一　長い修飾語が二つあるとき、その境界にテンをうつ。（重文の境界も同じ原則による。）

二　原則的語順が逆順の場合にテンをうつ。

を掲げ、それ以外はあってもなくてもよい自由なテンであるとしている。

参考文献

文部大臣官房図書課（一九〇六）「句読法案」（吉田澄夫・井之口有一『明治以降国字問題諸案集成』風間書房、一九六二　所収）
服部嘉香（一九三三）『現代作文新講』（早稲田大学出版部）
谷崎潤一郎（一九三四）『文章読本』（中央公論社）
文部省国語調査室（一九四六）「くぎり符号の使ひ方〔句読法〕（案）」
総理庁・文部省（一九四九）「くぎり符号の用い方」『公文用語の手びき（改訂版）』（印刷局）
文部省国語課（一九五〇）「くぎり符号の使い方」『文部省刊行物　表記の基準』
三上章（一九五三）『現代語法序説』（刀江書院）
永野賢（一九五七）「句とう点のうち方」『言語生活』昭三二・三
斎賀秀夫（一九五八）「句読法」『続日本文法講座2　表現編』（明治書院）
大出晃（一九六五）『日本語の論理』（講談社）
桑門俊成（一九六五）「句読法・諸符号の文法」『日本文法講座5　表現と文法』（明治書院）
杉本つとむ（一九六七）「句読点・記号の用法と近代文学」『国文学研究』35、早稲田大学国文学会
南不二男（一九七四）『現代日本語の構造』（大修館書店）
松村明（一九七五）『国語表現論』（桜楓社）
本多勝一（一九七六）『日本語の作文技術』（朝日新聞社）
武部良明（一九八二）「読点（とうてん）」『日本語教育事典』（大修館書店）
鶴岡昭夫（一九八八）「句読点」『日本語百科大事典』（大修館書店）
稲垣滋子（一九八九）「符号の用い方」『講座日本語と日本語教育　第8巻　日本語の文字・表記（上）』（明治書院）
杉本つとむ（一九九八）『杉本つとむ著作選集5　日本文字史の研究』（八坂書房）

第十六　形容詞「ない」の正体
―二十三年前の金栄一氏の投書に寄せて―

一

古いノートを整理していたら、そのページの間から、黄ばみかかった一枚の折りたたんだ用紙が出てきた。見ると、本誌『月刊言語』の、一九八四年二月号の投書欄に載った、中国大連在住（当時）の金栄一氏の文章のコピーだった。次のようなものである。

「は」と「が」の違いで意味が逆になる

「は」と「が」に就いてはいろいろと論じられてきている。ところで、普遍的ではないが、ある特定の文に於ては、「は」と「が」の違いだけでその文の意味が逆になるという点に気がついた。『新明解国語辞典（第二版）』の八八六ページに「ばかり」という見出し語の例句として次のようなのがある。

(1)　あいつばかりが女じゃない。

面白いことに、日本語の初学者の中には、往々にしてこの文を「（ほかのものはみな女なのだけれども）あいつだけは女じゃない。」というふうに理解するものが少なくない。これは丁度英語の初学者が、All are not honest. という文を「すべての人が正直でない」というふうに理解するのと似ている。こういう点の説明はいく通りかあろうが、私は場合によって、日本語には省略されている部分を補って考えないと、文法的に理解しにくいものがある、と学生たちに話している。前記の例文では、「あいつばかりが女（だというの）じゃない。」というふうに。

ところが、この文に於て、「が」を「は」にかえるとどうなるであろうか。

(2)　あいつだけは女じゃない。

この文こそ「ほかのものはみな女だけれどもあいつだけは女ではない。」という意味になってしまう。つまり、この文に於ては、「は」と「が」の違いだけで、意味がちょっとあべこべになるわけだ。

ついでながら、この点につき当たったきっかけを話すと、日本の文化庁『外国人のための基本語用例辞典』の三九一ページに「さいわい」の用例文として、

(3)　世の中には幸いなことばかりはない。

というのがあり、「おや？」と思ったのがことの始まりである。まわりの人にきいても、この文は一寸おかしいね、という。はじめ、これはミスプリントで、「ばかり」の後に「で」が欠けているのかなと思ったのであるが、あれこれ調べていたら、研究社の『新英和大辞典（第四版）』の七〇ページの「ばかり」の例句に、

(4)　正直な人ばかりはいない。（All are not honest.）

と出ていて、やはりミスプリントではなく、それで正しいのだと悟った。例句(3)は勿論「世の中には幸いなこ

とばかりがあるのではなく、時に不幸なことに出くわすのだ。」という意味のものである。「日本家屋の特色」という文章に、

(5) 日本家屋の場合は、客間だけが客間ではない。

というくだりがあり、初学者は「はて？」と頭をひねるのがふつう。

私は、二十数年前この文章に初めて接したとき、金氏が外国人でありながらなかなか面白いところに気が付いたなと思い、感心した。そして、これらの表現について頭の中であれこれ考え、自分なりに一定の構文論的な了解にたどり着いたあと、金氏にその見解を投げかけてみようかと思いつつ、そのまま忘れてしまったようだ。今度改めてこの文章を目にして、あのとき、だれか日本人が投書して金氏に説明をしてあげただろうか、というより、これらの表現について、日本人の間でも、現在、正当な共通の構文論的な認識に達するということができていないのではないかと、気になってきた。

そこで、全く時機はずれではあるが、私が古いコピーを再発見したのを機会に、縁のある本誌上をお借りして、金氏の指摘された表現についての私のとらえ方（その後考えたことも加えて）を披瀝させていただくこととした。大方のご叱正がいただければ誠に幸いである。金氏が健在でいらっしゃるかどうかは分からないが、できれば金氏のお目にも触れ、参考にしていただければこれに越したことはない。

二

まず、金氏が特定の文と指定した例(1)のような文とは、どういう文と言えるのか、その条件を構文論的に明らかにしておく必要があるであろう。

一般に、「XがYで（は）ない」という形の文には、理論的に少なくとも四つの場合があると思われる。

(a)は、「Xが」と「Yで（は）ない」が主述をなし、「Xが」にプロミネンスがない場合で、「XというものがYでないものである」といった意味を表す。実例、

・その悪口が普通の悪口ではないんですもの。（島崎藤村「破戒」）

・この仕事が龍二にとって本格的な仕事でないことはわかっている。（舟橋聖一「ダイヴィング」）

・僕アノ絵を描いている自分が画家なんてものでないと、前から知っていた。（大佛次郎「風船」）

(b)は、「Xが」と「Yではない」が主述をなし、「Xが」にプロミネンスがある場合で、「YでないものはXである」と言った意味を表す。この場合、文音調的には、「XがYで（は）ない」全体が一アクセント単位をなし、プロミネンスの後の「Yで（は）」「ない」の部分のアクセントは無化するか弱化するのが普通である。実例、

・「なあにおっ母さん」とおうめが云った、「なにがそうではないっていうの」（山本周五郎「枡落し」）

(c)は、「Xが」と「Yで」がとりあえずの主述をなし、「Xが」にプロミネンスがない場合で、全体として「〈XというものがYである〉ということはない」といった意味を表す。実例、

・みんながそうではないだろうが、鎌倉の商人というのは、ろくなものを食わせないで、ふんだくる傾向がある。（立原正秋「残りの雪」）

・彼に対する青年たちの態度が全部が全部でないにしろ、眼に見えて変ってきた。（山本周五郎「いさましい話」）

(d)は、「Xが」と「Yで」がとりあえずの主述をなし、「Xが」にプロミネンスがある場合で、全体として〈YであるのはXである〉ということはない」といった意味を表す。この場合、文音調的には、「XがYで（は）」の部分が一アクセント単位をなし、プロミネンスの後の「Yで（は）」の部分のアクセントが無化するか弱化する。しかし、「ない」は普通のアクセントで言われる。実例、

・「無断で芝居へ出たことはあやまります」と沖也はちょっと低頭して云った、「しかし、今日の出来事はそれが原因ではない」（山本周五郎「虚空遍歴」）

・点数をつけることが教育ではない。（石川達三「人間の壁」）

金氏の例(1)は、「あいつばかりが女（だというの）じゃない。」と、「だというの」を補って理解すべきものだということである。これを言い換えれば、「女であるのはあいつばかりであるということはない」となり、まさしく先の(a)〜(d)のうち(d)の場合であると言える。ただし、主語の「X」の後に「だけ（ばかり）」を伴うものというふうに、条件を一つ加えて、更に限定しておく必要があるかもしれない。[1]

三

金氏の挙げた例(1)のような文がなぜ日本語の初学者を惑わすのか、その理由については後で触れることとして、次に例(2)の問題に移ろう。

実は、例(1)のような文で「が」を「は」に変えて意味が反対になるというのは、残念ながら、二つの意味で、

正確ではないようである。

その一は、一般に、「Xだけ（ばかり）はYではない」の「は」は対比強調の意味にとるのが穏当であると思われるが、これを例えば例(2)にあててみると、何と何を対比させるかによって、少なくとも、次のような、二つの意味になる場合があると考えられる。

(e)（他の人はすべて女性であるのに対して、）あいつだけ（ばかり）は、女じゃない。（他の人と違って、あいつだけは男性だ）

(f)（他の人には男性か女性か確認しきれない人もいるが、少なくとも）あいつだけ（ばかり）は（百パーセント）女じゃない。

結局、例(1)と例(2)は、一対一で反対の意味の関係にあるとは言えないわけである。

その二は、金氏の例(2)の解釈は、強いて言えば、(e)に近いと言えそうだが、仮に、例(2)の意味を(e)に絞ることに決めたとしても、例(1)（あいつのほかにも女性はいる）、例(2)（他の人は女だが、あいつだけは男性だ）の意味が厳密に相互に反対であると言えるかどうかは、疑問であろう。もっとも、ここで問題になっていることは、例(1)に従えば「あいつ」はともかくも女性、例(2)に従えば、「あいつ」はともかくも男性といった程度のことかもしれない。金氏も、「意味がちょっとあべこべになる」という言い方をしていて、その間の事は十分ご承知であったようだから、これは無用の揚げ足取りであったかもしれない。

四

次に、例(3)の問題に移る。まず、例(3)では、何よりも、形容詞「ない」が構文論的に「あらない（ある+助動詞ない）」相当であるということを思い起こす必要がある。[2] すると、例(3)と例(4)は、

例(3)　世の中には幸いなことばかりはあらない。

例(4)　正直な人ばかりはいない。

のように、潜在的に全く同じ構造をもつ文であることが分かる。そして、両者の意味の構造も、「〈幸いなことばかりがある〉ということはない」「〈正直な人ばかりがいる〉ということはない」のように、全く同じであることが見えてくる[3]（打消表現と「は」（や「も」）の意味的な関係については、これまでにも種々議論され、複雑な問題を抱えているが、ここでは深入りしないこととする）。

考えてみると、例(1)も、「（じゃ）ない」が「（じゃ）あらない」相当であるとすると、本来は、

例(1)　あいつばかりが女じゃあらない。

であり、意味の構造も、「〈あいつばかりが女である〉ということはない」（〈女はあいつばかりだ〉ということはない）ということになる。

結局、例(1)と例(3)の問題は、実は、現代語において、動詞・補助動詞「ある」の否定形として、本来「あらない」とあるべきところを、単に「ない」（形容詞・補助形容詞）としていることから生じてきた問題で、相互につながりのあるものであったということになる。金氏が、例(1)（や例(5)）について、「だというの」などの語句を補って理解するとよいとした上で、例(3)や例(4)にも同種の意味の構造が潜んでいることを示唆しているのは、ある意

味で、鋭い指摘であったと言わなければならない。

〈注〉

（1）その他に、「X」の後に「のみ／ひとり」を伴うなどの、別のケースが加わる可能性がある。

（2）形容詞・補助形容詞の「ない」の正体が実は「あらない」であることは、これまでにも指摘されてきた。小林賢次「否定表現の変遷――「あらず」から「なし」への交替現象について――」（『国語学』75、一九六八）、山口佳也「「二度ない」その他――「ある＋ない」相当の「ない」をめぐって――」（『十文字学園女子短期大学研究紀要』18、一九八六）、山口佳也「打消表現」『日本語表現・文型事典』（朝倉書店、二〇〇二）など。

（3）因みに、この文構造で用いられる動詞は「ある」「いる」に限らない。例えば、次のとおり。

・好い方ばかりは来ないんです。（大佛次郎「宗方姉妹」）

・人生いいことばかりは続かないとみえるね。（三浦綾子「塩狩峠」）

第十七　万葉集の文中のヤについて

一

疑問の係助詞ヤが

岩見の也高角山（万・一三二）

見む人八たれ（万・一九六八）

などのような、いわゆる間投助詞のヤに由来するものであろうとは、佐伯梅友博士のご指摘であった。(注1) ところが、その意味するところの重さは、博士ご自身をも含めた諸家によって見過ごされて来たように見える。私は、ヤの投入によってその部分に付加される「強調」の意味あいに一貫して注目していくことが、疑問のヤを統一的に説明するについても、大切なことではなかったかと考える。少なくとも万葉集に関してはそう言えると思う。本稿では、そのことについて述べてみたい。大方のご批判が仰げれば幸いである。

なお、テキストには新校万葉集（創元社）を使用した。ただし、本稿中に原文を仮名交じりで引用するについては、日本古典大系本（岩波書店）を参考にした。

注1　『万葉集研究』51ページ

二

佐伯博士は、いわゆる間投助詞のヤに共通するのは「指示の気持」で、これが問いの調子に適していたので疑問文の中で用いられ、次第に疑問の意を帯びるようになり、さらに進んで係助詞になったのであろうと言っておられる。(注1)そして、係りのヤにも「指示の気持」がうかがえる例として、ヤの場合、ダニ、サヘ、ノミと併用されることがカに比して著しく多いという事実があることを指摘された。この現象は確かに認められることで、私のテキストによって調査したところでも、表2のような結果であった。

しかし、博士は、右のような形で間投助詞と係助詞の二つのヤのつながりを示唆するにとどまって、両者の橋渡しとなった「指示の気持」を強く前面にうち出して係助詞のヤ全体を説明しようとはなさらなかったように見える。博士は、係りのヤでしかも「指示の気持」がうかがわれる例として、

天地に少し至らぬ大夫と思ひし吾耶雄心もなき（二八七五）

剣たち身に佩きそふる大夫也恋とふものを忍びかねてむ（二六三五）

などを掲げられたが、二八七五については、

「なき」と連体形で結んでゐて、「や」は係のやうであるが、この「や」は疑問でも反語でもない、詠嘆で

あつて、指示の気持が十分に見られる。

二六三五については、

これは「忍びかねてあることか」といふ詠嘆ではなくて、「忍びかねてはあらじと自らはげませどなほ忍び得ず」といふ、反語を通りこしての詠嘆である。「や」ばかりで生じるのでもあるまいが、その指示の気持も与つて力あるものであらう。

と述べ、これらを必ずしも係助詞のヤ全体を代表する典型的な例としては説明しておられないのである。また、博士の言われる「指示の気持」を、私は「その部分を強調する気持」の意味に理解するのであるが、博士が「指示の気持」を一貫して前面に打ち出しておられたのなら、同じ論文の中で次のように言われることもなかったと思われる。

通常はぼんやりと、「や」「か」の意味を文の終りにめぐらして訳して、まづ差支ないやうである。(傍点筆者)

もっとも、これは博士に限ったことではなく、諸家に広く見られることと言える。例えば、阪倉篤義博士においても、「反語について」(注2)の中で、

例へば「千年やいぬる」にあつては、主語はヤによつてまづ提示されるのであつて、このヤによつて「千年いぬ」といふ叙述全体に強調のニュアンスが添へられ、それが聞き手への持ちかけ、即ち「問ひ」の気息を生むのであつた。

としてヤの機能を連用語の提示強調ととらえつつも、結局は叙述全体の強調が前面に打ち出されることになっているのである。一般に係助詞のヤは、場合に応じて、「詠嘆」「反語」「問い」などの意味を表すものと説かれているのであるが、阪倉博士は、

〔表1〕

形の種類	用例数	備考
①　主格の語句＋ヤ	47	
②　主格以外の格の語句＋ヤ	52	結びの省略されたと見られる〔……トヤ。〕９例を含む。
③　活用語連用形＋ツツ／テ＋ヤ	27	
④　活用語連用形＋ヤ	37	〔…ノゴトヤ…。〕１例を含む。
⑤　副詞＋ヤ	36	今日、今などにヤのついたものはここに含めた。
⑥　活用語終止形＋トモ＋ヤ	1	
⑦　活用語未然形＋バ＋ヤ	2	
⑧　ヲ…ミ＋ヤ	5	
⑨　活用語已然形＋ヤ	21	
合　計	238	

＊　〔見ム人ヤタレ。〕のような形のもの８例は、この中に含めていない。
＊＊　一回のみの調査なので、実数はそれぞれもう少しふえるかもしれない。

〔表2〕

直前の語句の種類				
主格の語句	ノミヤ サヘヤ	2 1	ノミカ	2
主格以外の格の語句	ノミヤ サヘヤ ダニヤ	4 3 1	ノミカ	1
活用語連用形＋テ				
活用語連用形	ノミヤ ダニヤ	1 1		
副詞	ノミヤ サヘヤ	6 1		
合計	ノミヤ サヘヤ ダニヤ	14 5 2	ノミカ	3
全用例数（文中）	ヤ	238	カ	511

＊　ヤがノミ、サヘ、ダニに直接するもののみを数えた。
＊＊　〔今日ノミ見テヤ…。〕のように間に他の語句が介在するものは含まない。

反語表現にヤが主として用ゐられるといふことは、これが右のごとく「問ひ」の助詞であり、そして反語は即ち「問ひ」の一種であつたといふことを想ふならば、理解しやすい事実であらう。

として、これらの意味の生じてくる道筋を、連用部の提示強調→叙述全体の強調→問いの気息→反語、といった形でとらえようとされたもののようである。しかし、文末のヤの場合はともかく、文中のヤによって他の人に対する「問い」(注3)の気息が生じる例は、たとえ存在するとしても、確率としてそんなに高くないはずであるし、さらに、反語がどうして「疑い」でなく「問い」の一種でなければならないのかも、私には理解しにくい。

複雑化しているかに見えるヤの意味、機能を統一的にとらえるためには、やはり、ヤの附加された「その部分の強調」という原点に立ち返るべきではなかろうか。私は、その立場から、係助詞のヤの働きを「ある連用部を強調しつつ、叙述全体を疑う」(注4)ものと考えたいと思う。例えば、佐伯博士の示された先程の二八七五、二六三五について見るなら、これはやはり疑問文であって、連体修飾語を伴ったいわゆる主語が強調されているのである。今これを私の理解に従って訳してみれば次のようになるであろう。

天地ノ広大サニ少シ及バナイダケノ大丈夫ト思ッテイタ（ソノ）私ガ、今ハコノヨウニ男ラシイ強イ心モナイノダロウカ。（二八七五）

剣刀ヲ身ニツケタ（ソノ）男子タルモノガ、恋トイウモノヲコラエルコトガデキナイノダロウカ。（二六三五）

この場合、「私ガ」「男子タルモノガ」の「ガ」は共に強めて発音されるところだろう。

注1　前掲書51ページ

2　『万葉』第三二号

3　「自分に対する問い」というなら、それは「疑い」に外ならないと思う。

4　本稿では一応文中のヤのみを扱う。

三

係助詞のヤの働きを右のように考えることが許されるなら、間投助詞のヤと係助詞のヤのつながりを見失わないで済むだけでなく、これまで「詠嘆」「反語」などと説明されてきたものをも含めて、係助詞のヤ全体をもっとすっきりと統一的に説明する可能性も開けてくるように思う。そのさまを、万葉集の具体的な例に当たって見てみよう。なお、以下掲げる例には試みに部分的な現代訳を附したが、これはヤの意味あいの理解に便ならしめるためのもので、必ずしも逐語訳ではない。

①主格の語句にヤのついた形（注1）

食《ふふ》めりし花の初めに来しわれ夜散りなむのちに都へ行かむ（四四三五、蕾デアッタ花ノハジメニココへ来タソノ私ガ、……ノカ。（注2））

士也も空しかるべき万代に語り継ぐべき名は立てずして（九七八、立派ナ男子タルベキ大夫ガ……カ。）

石上布留の神杉神びにしわれ八さらさら恋に逢ひにける（一九二七、年老イタソノ私ガ、……ノカ。）

②主格以外の格の語句にヤのついた形（注3）

あらたまの年の緒ながく照る月の飽かざる君八明日別れなむ（三二〇七、年月長ク見テイテモソレデモ満足シナイソノアナタニ、……ノカ。）

畏きや命被《かがふ》り明日ゆり也草《かや》がむた寝む妹無しにして（四三二一、イヨイヨコノ明日カラ、……ノカ。）

伊波保ろの岨《そひ》の若松限りと也君が来まさぬ心《うら》もとなくも（三四九五、コレガ限リトイウノデソレデ、……ノカ。）

③ツツ、テにヤのついた形

春さればまづ咲く宿の梅の花独り見つつ夜春日暮さむ（八一八、一人見ツツソンナフウニシテ、……ノカ。）

一世には二たび見えぬ父母を置きて夜長く吾が別れなむ（八九一、一生ノウチニモウ二度ト会エヌ父母ヲ残シテソウシテ、……ノカ。）

④活用語の連用形にヤのついた形

殺《きり》目山往反《ゆきかへ》り道《ぢ》の朝霞ほのかにだに（注4）八妹に逢はざらむ（三〇三七、ホノカニスラソレスラ、……ノカ。）

朝霜の消ぬべくのみ也時無しに思ひ渡らむ息の緒にして（三〇四五、……ノ如ク命モ消エソウニソンナフウニ、……ノカ。）

妹待つと三笠の山の山菅の止まず八恋ひむ命死なずは（三〇六六、……ノ如クヤマズニソンナフウニ、……ノカ。）

神さぶる荒津の崎に寄する波間なく也妹に恋ひ渡りなむ（三六六〇、……ノヨウニ絶エ間ナクソンナフウニ、……ノカ。）

⑤副詞にヤのついた形（注5）

国遠き道の長路をおぼぼしく今日夜過ぎなむ言問ひもなく（八八四、今コノ今日、……ノカ。）

山川の退方《そきへ》を遠み愛《は》しきよし妹を相見ずかく夜嘆かむ（三九六四、コノヨウニコンナフウニ、……ノカ。）

斯くしてやなほ八守らむ大荒木の浮田の社《もり》の標《しめ》にあらなくに（二八三九、ナオコウシテナオ、……ノカ。）

⑥活用語の終止形＋トモにヤのついた形

人言のしげき間守りて逢ふとも八さらにわが上に言の繁けむ（二五六一、逢ッタトシテモタトイソウシテモ、……カ。）

⑦活用語の未然形＋バにヤのついた形

衣しも多くあらなむ取り易へて着なば也君が面忘れたらむ（二八二九、着タラソウシタラバ、……カ。）

⑧ヲ……ミにヤのついた形

島蔭にわが船泊てて告げやらむ使を無み也恋ひつつ行かむ（四四一二、使モナクソウシテ、……ノカ。）

以上のほか、⑨に当たるものとして、有名な已然形（＋バ）にヤのついた形があるわけであるが、これについては言うべきことが少くないので、次に項目を独立させて論じる予定である。いずれにしても、以上によって、どの形の場合も、疑問文で、しかもヤのところに念を押すような「強調」のニュアンスが存在することが了解されるのではないかと考える。特に、①の四四三五や九七八を見ると、従来「詠嘆」とか「反語」とか言われていた意味が、連用部の「強調」に基づくものであったであろうことが納得できるように思う。

なお、音仮名のヤの例ではないとして、一応これまでの例示から除いた「哉」の例の中から、いくつか拾っておく。これらも、ヤを「強調」と解することによって、作者の真意を一層深く理解することができる。

①の形

うつそみの人にあるわれ哉明日よりは二上山を弟世《いろせ》とわが見む（一六五、コノ世ノ人デアルコノ私ガ、……ノカ。）

②の形

相思はぬ妹を哉もとな菅の根の長き春日を思ひ暮さむ（一九三四、互イニ思イ合ッテイルノデモナイソノ人ヲ、……ノカ。）

③の形

ももづたふ磐余の池に鳴く鴨を今日のみ見て哉雲隠りなむ（四一六、今日ダケ見テソレデ、……ノカ。）

やすみしし　わご大君の　かしこきや　御陵仕ふる　山科の鏡の山に　夜はも　夜のことごと　昼はも　日のことごと　哭のみを　泣きつつありて哉　百磯城《ももしき》の　大宮人は　去き別れなむ（一五五、泣イテイテソンナフウナ状態デ、……ノカ。）

注1　以下①から⑨までの種類分けは、あくまで便宜的なもの。表1はその形別に用例数をまとめてみたものである。

2　以後この部分の「(ノ) カ」は「(ノ) ダロウカ」の意味を表すものとする。

3　引用のトにヤのついたものもここに含めた。

4　ヤのつく連用的な語句の種類を決める場合、ヤの上にノミ、サヘ、ダニなどの副助詞があっても、それを無視した。

5　「今日」「今」などは仮に副詞の中に含めた。

四

文中で已然形にカとヤのついた形は、已然形の下にバを補って、順接の意味で訳してよいことが広く認められている。ところが、沢潟久孝博士は、この形のヤはカと違って反語的意味あいで訳すべきだとして、例えば、

雪こそは春日消ゆらめ心さへ消え失せたれ夜言も通はぬ（一七八二）

を試みに「雪こそは春の日に消えもしよう。（然し心は雪ではない。雪でない心が消えようか。だのにその）心まで消えたといふので、音づれもないといふのであらうか。（さういふ事があつてよいものだらうか）。」と訳された。[注1]そして、明らかに反語でない数例は後にカの影響で生じたものであろうとしておられる。林大氏は、文末の已然形＋ヤ（反語）は、この係結の呼応の切断されたものに始まるだろうと推測された。[注2]しかし、武田祐吉博士は、

かくの如く同一の形態において反語的なものと然らざるものとが混じているのであり、しかもこれは時代または地理的条件によって区別することができないのであるから、その真の意味は、これに共通する所に求めるほかはなく、それは要するに強い疑惑を感じていることに帰着すべきであろう。

とされた。[注3]さらに、酒井秀夫氏も、

「や」は係助詞であるから、当然下の陳述に勢力を及ぼすべきものであり、上の句だけ反語的にはたらくと見るのはいかがであろう。

として、武田博士が前件後件とも反語になっている形として示された九四三以下五例[注4]は別として、残りは「反語」でなく「疑問」とする方が無理がないだろうと述べておられるのである。[注5]文中の已然形＋ヤにはなかなか議論が多いようである。

しかし、私は、この場合も、ヤをその部分に強調的意味あいを与えつつ、全体を疑うものと理解することによって、何の問題も残らないように思う。例えば、

打ち麻を麻績王海人なれ哉伊良虞の島の玉藻刈ります（二三、海人ダカラソレダカラ玉藻ヲ刈ッテオラレル〈トデモイウ〉ノダロウカ。）

の場合、作者は、王が海人でないということを十分知りながら、しかも、意図的に、必要以上に、「海人ダカラ」

の部分を強調し、「ソレダカラ、玉藻ヲ刈ッテオラレルノカ。」と疑っていると考えられるのである。そこに「ソンナハズモナイノニ」という作者の嘆きが感じられるのは当然だが、だからといってヤそのものに元来詠嘆や反語の意味があると見るのは当たらないと思う。

これは、酒井氏が反語の例として残された、次のような例にも当てはめることができよう。

玉藻刈る辛荷《からに》の島に島廻《み》する鵜にしもあれ哉家念はざらむ（九四三、（私ハ今ヤ島廻スル）鵜（ソノモノ）ダカラソレダカラ家ヲ思ワナイダロウカ。）

これも、「鵜デハナイシ、家ヲ思ワナイハズガナイ」という反語的な意味あいが存在するのは確かだが、それはあくまでも表現全体としての意味あいであって、ヤそのものとしては、「鵜ノヨウナモノダ、ダカラ家ヲ思ワナイ（ダロウカ）」と、「鵜ダカラ」の部分を強調したものととらえるべきではないかと考える。

このように、元々ヤ（ないしは已然形＋ヤ）そのものに反語の意味があるのではないとすれば、普通に順接の意味を強調した次のような例が存在することは、少しも不思議なことではないはずである。

湯の原に鳴く蘆鶴《あしたづ》はわがごとく妹に恋ふれ哉時わかず鳴く（九六一、私ト同ジク愛スル人ヲ恋ウノデソレデ、……ノカ。）

このような例を沢瀉博士の説かれるように後にカの影響によって生じたものとして、前二者のようなものと区別する必要は少しもないわけである。

注1 「『か』より『や』への推移」『万葉集の作品と時代』
2 「万葉集の助詞」『解釈と鑑賞』18巻12号

3 「動詞性用言の已然形を形態とする条件法」『増訂万葉集全註釈二言語』

4 この種の例は、私がテキストとして使用した『新校萬葉集』では、九四三、一三六八、二四四四、三三七〇の四例のみである。酒井氏は、大係系本によって、これに二〇二〇を加えて、都合五例とされたのである。

5 「万葉集の『や』」『金城学院大学論集』31号

五

ヤの考え方で、二、三触れておくべきことがある。

一つは、既に繰り返し述べたように、疑問文の中で文中のヤが強調するのは、あくまでもヤの附加した部分であって、叙述全体ではないだろうということである。

阪倉博士は、

ながらふるつま吹く風の寒き夜にわが背の君は独り香寝らむ（五九）

荒磯《ありそ》やに生ふる玉藻のうちなびき独り夜寝らむ吾を待ちかねて（三五六二）

の両歌を掲げ、前者には「独りなのか」という点に嘆きがこもり、後者は「（独り）寝ているのだろうか」ということを詠嘆しているものと考えるべきであろうとされた。（注1）カを疑問点を指示しつつ「疑う」意を表すもの、ヤを叙述全体を「問う」意を表すものという博士のお考えからは、これは当然のことであった。

しかし、その部分が強調されているのはヤの方であることは既に述べたことで明らかであろう。その部分の強調の「部分」の一点を見失ってしまったところに、実は、従来ヤの性格をすっきり把握できなかった最大の原因があったのではなかろうか。私は、場合によって、ヤに「詠嘆」や「反語」（や「問い」）の意味あいが伴うことを否定しようとは思わない。しかし、それはあくまで結果であって、ヤ全体を貫く本質的な意味と言うことはできないと考える。

なお、文中のカについては、中古以後、疑問語を含む連用部にのみ付加するようになったためもあってか、疑問点指示を本質とするもののように言われることが多いが、万葉集の例を見る限り、もう一度疑ってみてよいと思われるフシがないでもない。例えば、

　風吹けば波可立たむと伺候《さもらひ》に都太の細江に浦隠り居り（九四五）

　あしひきの山鴨高き巻向の岸の小松にみ雪降り来る（二三一三）

では、「波ガ」「山ガ」と、そこを特に強調したニュアンスも、「波」や「山」だけを不確定な点（疑問の中心点）として疑っている意味あいも感じられない。このような例は意外に少くないのである。文中のカの本質については、別途検討してみる必要があるであろう。（注2）

触れるべき二つめは、先程も触れたが、強調の働きというのは、従来カについて言われて来たような、疑問の中心点を示すという働きとは必ずしも結びつかないだろうということである。（注3）

結果としてそのように見える場合が多いということはあるかもしれない。しかし、ヤを含む文においても、疑問の対象はやはり叙述全体であって、ただその一部分が（必ずしも疑問の中心という意味でなくて）強調されていると考えるべきだと思う。例えば、前掲四四三五を見るならば、「含めし花の初めに来しわれ」と「散りなむのちに都へ行かむ」との、どちらが既定の事実で、どちらが疑問の部分かを議論することは、あまり意味がないことが分かるだろう。また、

　世間《よのなか》を倦しと思ひて家出せしわれ哉何に加還りて成らむ（三二六五）

　大君の　命畏み　あしひきの　山野障らず　天離る　鄙も治むる　大夫夜　何可もの思ふ……（三九七三）

　……あしひきの　山鳥こそは　峯向ひに　妻問すといへ　現世の　人なるわれ哉　何すと可　一日一夜も離り居て　嘆き恋ふらむ……（一六二九）

のようなヤと疑問語＋カを同時に含む文を見ると、少くともヤの直上に疑問の中心があるのでないことは明らかである。

　ついでながら、このような例について、稲岡耕次氏は、ヤ＝反語、カ＝疑問と解されたが、[注4]この場合でも、他のヤと同じく、「ソノ自分ガ」「ソノ大夫ガ」「ソノ自分ガ」という「強調」の意味あいをそれぞれ読み取るべきことは言うまでもない。

　触れるべきもう一つは、ヤの強調する連用部とは、必ずしも単純な構造のものとは限らず、そのひとまとまりの連用部のどこに強調のポイントがあるかも歌によって様々であろうということである。

　例えば、前掲八一八において、「見つつ」ではなく、「独り」（これが強調したいポイントだと思う）を加えた「独り見つつ」全体が強調されていることは明らかである。同様に、

　石瀬野に秋萩凌ぎ馬並めて初鷹猟《はつとがり》だに為ず哉別れむ（四二四九）

においても、「為ず」ではなく、「……初鷹猟だに」（これが強調したいポイントだと思う）を加えた全体がひとまとまりの連用部をなして強調されているのである。

　一方、例えば、

　しなが鳥猪名山響《ゐなやまとよ》に行く水の名のみ縁《よ》さえし隠妻はも一に云はく、名のみよさえて恋ひつつ哉あらむ（二七〇八）

では、「名のみよさえて恋ひつつ」全体が一まとまりとして強調されていると思われるが、見方によっては、「名のみよさえて」ないしは「恋ひつつ」のどちらか一方に強調のポイントがあるという読み方も可能かもしれない。

三の④のところで例示するのを特に控えておいた、次のようなものは、また別の意味で微妙である。

卯の花の咲くとは無しにある人に恋ひ也渡らむ片思ひにして（一九八九）

あしひきの山葛蘿《やまかづらかげ》ましばにも得がたき蘿を置き夜枯らさむ（三五七三）

朝戸出の君が姿をよく見ずて長き春日を恋ひ八暮さむ（一九二五）

これらの場合、ヤは、活用語の連用形についているとはいえ、述語の複合動詞のまん中に割って入る形をとっていて、何がひとまとまりの連用部で、何が強調のポイントであるのか、分かりにくい。一九八九の、ヤの直上の「……咲くとは無しにある人に恋ひ」は、何とか強調されるひとまとまりの連用部と見ることも可能であるが、[注5]三五七三、一九二五の、「……得がたき蘿を置き」、「朝戸出の君が姿をよく見ずて長き春日を恋ひ」は、意味のあるひとまとまりの連用部とは言い難い（この場合、「蘿を」は「置き」、「春日を」は「恋ひ」にかかるだけでは十分意味をなさない）。

右の例に準じた例として、次のような、「待ちやかねてむ」の形でも同様である。

手童の　ねのみ泣きつつ　たもとほり　君が使を　待ち八かねてむ（六一九）

わが恋ふる事も語らひ慰めむ君が使を待ち八かねてむ（二五四三）

かくだにもわれは恋ひなむ玉梓の君が使を待ち也かねてむ（二五四八）

逢はなくは然もありなむ玉梓の使をだにも待ち八かねてむ（三一〇三）

このうち、前三者は、一応「……使を待ち」をヤによって強調される連用部と見ることができそうであるが、最後の三一三〇の「……使をだにも待ち」は、意味のあるひとまとまりの連用部とは言い難い（この場合、「使をだにも」は「待ち」にかかるだけでは十分意味をなさない）。前三者にしても、実は「（本人ハ勿論）使イヲスラ」の意味あいで「使を」と言っているとすれば、三一三〇と同様に「……使を待ち」をヤによって強調される連用部と見ることは適当でないかもしれない。

また、「照りや給はぬ」の形でも同様である。

日月は　明しといへど　吾が為は　照りや給はぬ（八九二）

では、「吾が為は照り」ではひとまとまりの連用部とは言えないし（「吾が為は」は「照り」にかかるだけでは意味をなさない）、「照り」だけでは、強調する意味が分からない。

右の諸例を改めて眺めてみると、共通して、ヤ直上の動詞を飛び越えて、もう一つ上の連用部に強調のポイントがあるらしいことが観察される。一九八九では「……咲くとは無しにある人に」、三五七三では「……得がたき蘿を」、一九二五では「……長き春日を」、六一九、二五四三、二五四八、三一〇三では「……使を（だにも）」、八九二では「吾が為は」のごとくである。ヤが複合動詞の中に挿入された場合、直上の動詞（複合動詞の前半の動詞）を飛び越えて、その上の連用部を強調するという方式があったと言えるのではなかろうか。（注6）

結局、どこからどこまでが強調される連用部に相当するのかは、個々の例において、かかり・かかられの微妙な意味あいを読み解きながら確定していく外ないようである。

注1　前掲「反語について」

2　カについて詳しくは別稿を期したい。

3　カと同じく、ヤにも疑問点を示す働きがあると考える方もおられるようだが（時枝誠記博士『日本文法・文語篇』、林大氏「万葉集の助詞」『解釈と鑑賞』18巻12号等）、どんなものであろう。

4　「万葉集に於ける音仮名『八』の用法」『国語国文』第三五巻第七号」

5　林大氏（「万葉集の助詞」『万葉集大成6言語篇』）によると、「恋ひ渡る」などは、今日では一語としてのアクセントを持ついわゆる複合動詞であるが、平安時代の資料では二語としてのアクセントをもっていたことが見出されている由である。これらは現代より結合度の緩いものだったと見られるのである。

6　「髪だにも掻きは梳らず」（一八〇七）のようなハの用法も考え合わせる必要がある。

六

万葉集の係りのヤ一二三八例の中で、本稿の立場から多少とも問題だと思われた例としては、ほかに、次の三例[注1]がある。

山近く家哉居るべき男鹿の声を聞きつつ寝ねかてぬかも（二一四六）

里近く家哉居るべきこのわが目人目をしつつ恋の繁けく（二八七六）

神風の伊勢の浜荻折り伏せて旅寝哉すらむ荒き浜辺に（五〇〇）

二一四六、二八七六は、共に、このままでは「家」を強調する必然性が感じられない。強調のポイントは、むしろ、それぞれ、「山近く」、「里近く」の部分であるように見える。この歌の「山近く」、「里近く」の部分は、原文が「山近」、「里近」であって、あるいは「山近き」、「里近き」と訓むべきであったかもしれない。こう訓むことが許されるなら、ひとまず、「山ニ近イ家ニ、住ムベキデアロウカ」と「強調」で訳せることになる。ただ、そのような訓み方は一般的ではないようである。

次の五〇〇でも、旅に出ていることがはっきりしている人について、改めて「旅寝」を強調する必然性が明確でない。やはり、強調のポイントは、「(荒き浜辺に)伊勢の浜荻折り伏せて」にあるように見えるが、「(荒き浜辺に)伊勢の浜荻折り伏せて旅寝(す)」ははじめからひとまとまりの連用部の体をなしていないから、ヤがどのようにしてその強調すべき部分をすくい上げるのか、うまく説明できない。

これらの例を説明するためには、あるいは、「家居る」[注2]「旅寝す」のような語についても、五で扱った複合動詞並みに、中にヤを挿入して、上部の連用部を強調する方式があったことを疑ってみるべきであろうか。なお検討する必要があるだろう。

注1　訓み方が定まっていない例は一応除く。

2　古語辞典類には、「家居」という名詞形しか採録されていないが。

七

以上、いくつかの問題になる例を残しながらも、万葉集において、おおよそ係りのヤの本質的な働きが「ある連用部を強調しつつ、全体を疑う」ところにあったであろうことを見て来た。これまでこのヤの意味として言われて来た、「詠嘆」や「反語」(や「問い」)は、この表現の結果として生じたものであったと想像されるのである。

このように考えることによって、いわゆる間投助詞のヤとのつながりを見失うことなく、係助詞のヤの種々の問題に統一的な説明を与えることが可能になるように思う。

ところで、文中のヤに関するこの見方は、当然文末のヤにも形を変えて適用できるはずであるが、これについては残念ながら触れることができなかった。ヤとの関係が微妙な、もう一つの疑問の係助詞カの問題とともに別稿を期したいと思う。

さらに、カとヤがどのように交渉し、どのように変遷していったか。佐伯博士、沢潟博士ともにヤがカを侵していったと考えられたが、(注1)本稿の立場からすれば、にわかには同じがたい。そういう事実が、あるいは、あったとしても、そこには両博士の示されたのとはおのずから違ったライトの当て方が要求されることになるであろう。ともあれ、これもまた大きな課題の一つであることに違いがない。

注1　ともに前掲書

終章

以前、佐伯梅友氏が、雑誌『月刊 文法』の昭和四十五年十二月号の巻頭言で紹介されていたが、国文法の世界では、伝統的に、「文法は語源にかかわらないで、現に使われている状況において考えるものだ」という教えが行われていたようだ。

確かに、例えば、「この」「その」などは、古典語では代名詞「こ」「そ」に「の」の付いた形であるが、現代語では「この」「その」という一まとまりでしか用いないから、語源に関係なく一語の連体詞ということになっている。さらに、古典語の「咲けり」の「り」は、本来動詞「あり」の語尾が溶け込んでいるものであるが、助動詞として取り分けるのが普通の行き方となっている。また、助詞「て」などは、語源は助動詞「つ」に発するにしても、内容的に変質して来ているし、「〜にて」のごとく、「つ」などの付きえないところにも付くのは、形式的にも変質しているからであるという。

佐伯氏の文章に接した当時、筆者は、ちょうど「のだ」の問題と格闘しているところだったので、少し考えさせられてしまった。「のだ」は、現在、全体で一つの助動詞ないしはそれに準ずるものと考える人が多いというのが実情と言えるのではなかろうか。その「のだ」を、筆者はまさしく語源にかかわって解釈しようとしていたからである。

しかし、改めて考えてみるに、右の教えは、品詞論的に問題のない語に関する限り、当然のことを言ったままで、特に目新しいものとは言えない。筆者のそのときの問題は、「のだ」を、一助動詞と決めて先へ進むのがよいか、どうかということであろう。筆者は、もちろん、後者の立場であった。

「のだ」を一つの助動詞と決めて進めば、「のだ」の用法を現象的に整理して列挙するだけで済み、実用的に見て、とりあえずは便利かも知れないが、言ってみれば、それは本質に根ざさない説明であり、できれば、構文論的に筋道を立てて「のだ」の表現の本質を押さえた上で、種々の用法を体系づけていく方が望ましいと言えるだろう。

筆者は、結局、「のだ」の「の」は形式名詞の「の」で、「のだ」の文は「~の+だ」という形の述語をもつ文、「のだ」の文の構造は「X（~の）は~のだ」を基本とするもの、「のだ」の文の意味は「~ということは（とりもなおさず）~ということだ」を基本とするものであるという結論を得る形で、一応前段の解決に達したと考えている。「わけだ」の文、解説的な用法の「ものだ」の文、「(する)道理だ」の文、「はずだ」の文、ひいては、「ことだろう」の文なども、これに準じて本質をとらえることができるであろう。

ただし、その後段の問題に当たる、「のだ」の文、「わけだ」の文以下の文の用法を構文論的に体系的な形で明らかにする仕事は、少なくとも筆者の場合、完成しているとは言いがたい（本書の、第二~第四の、「「はず」をめぐって（その1~その3）」は、不完全ながら、一部、その問題に挑戦してみたつもりであるが）。そのことが、今後に残された課題であると言えるであろう。

本書の第二部で取り上げたテーマも、大部分が、語源（語の本来の意味、構文論的働き）にかかわることによって、構文論的な謎が解き明かされる例と言えるであろう。

例えば、反語の「ものか」の場合は、古くから一語化が進んでいて、今更語源にこだわる必要はないかもしれないが、「か」の部分が本来「であるか」相当の「か」であり、「ものか」の文が本来「Xが～もの（である）か」（「もの」の部分に独特の強いプロミネンス）の構造の文であることを知れば、「ものか」に反語の意味あいが加わった理由がより深く理解できるであろう。

形容詞、補助形容詞の「ない」が、「あらず／あらない」相当であることを知れば、「ない」をめぐる様々の一見矛盾した構文論的な事実を理論的に乗り越えることができるであろう。

「可能動詞」、可能表現としての「（○○）できる」、「新可能動詞（ら抜き言葉）」が、「動詞＋れる／られる」相当であることを知れば、やはり、それらをめぐる一見矛盾した構文論的な事実を理論的に乗り越えることができるであろう。

副助詞「か」が、挿入句の末尾に用いる終助詞の「か」に由来するものであることを知ることは、副助詞「か」の種々の微妙な用法を理解する上で有効であろう。

「かもしれない」は、全体で一つの助動詞のように言う人もいるが、周辺に、「～かしれない」「疑問語～か（も）しれない」「（疑問語）～かしれたものではない」「（疑問語）～かしれやしない」「～か～かもしれない」「（疑問語）～か（も）わからない」、また、古くは「（疑問語）～か（も）測られない」その他様々の関連の表現があり、それらとの関係を合理的に説明するためには、現在においても、「～か＋も＋しれ＋ない」のように分解して考えておく方がより有利であろう。また、そのように語源に帰って考える方が、「～かもしれない」の本質的な意味あいがより深く理解できるように思われる。

そのほか、古典語の打ち消し推量の助動詞「まじ」は本来「ず＋む」相当、また、現代語の打ち消し推量の助動詞「まい」は本来「ない（助動詞）＋だろう／う・よう」相当であろうと思われるが、極端に不自然なかかり・受け関係を生じていないので、特に問題にするまでもないかもしれない。ただし、例えば、同じ「だろう」でも、名詞に付く「だろう」は「だ＋う・よう」相当と見なす必要があるであろう。

構文論的に本質的な説明を求めている、構文論的な謎は、ほかにもまだまだありそうだ。どのようなものがあり得るか、更に検討していく必要がある。

初出一覧

第一部

第一　「のだ」の文のとらえ方　平成1年（一九八九）『早稲田大学国語教育研究』第9集

第二　「はず」をめぐって（その1）―「はずだ」の文―（書き下ろし）

第三　「はず」をめぐって（その2）―「はずではない」の文―（書き下ろし）

第四　「はず」をめぐって（その3）―「はずがない」の文―（書き下ろし）

第二部

第五　「もの」の用法概観　平成12年（二〇〇〇）『私学研修』第154・155号

第六　「ものか」の反語文について　平成16年（二〇〇四）『十文字学園女子大学短期大学部研究紀要』第35集

第七　「二度ない」その他　―「ある+ない」相当の「ない」をめぐって―　昭和62年（一九八七）『十文字学園女子大学短期大学部研究紀要』第18集

第八　可能表現としての「できる」の用法　平成7年（一九九五）『十文字国文』第1号

第九　「車は急に止まれない」その他　―可能動詞の性格をめぐって―

第十　「～から」と「～ので」のかかり先について　昭和56年（一九八一）早稲田大学『国文学研究』第77集
第十一　「からといって」について　昭和63年（一九八八）『十文字学園女子大学短期大学部研究紀要』第19集
第十二　文節末の「か」の用法　平成4年（一九九二）『辻村敏樹教授古希記念 日本語史の諸問題』（明治書院）
第十三　文節中の「か」の用法　平成3年（一九九一）『十文字学園女子大学短期大学部研究紀要』第22集
第十四　「～かもしれない」とその周辺　平成10年（一九九八）『十文字国文』第4号

第三部
第十五　構文論と句読法　―テンの打ち方私案―　平成17年（二〇〇五）『十文字学園女子大学短期大学部研究紀要』第36集
第十六　形容詞「ない」の正体　―二十三年前の金栄一氏の投書に寄せて―　平成19年（二〇〇七）『月刊言語』Vol.36.No.7
第十七　万葉集の文中のヤについて　昭和49年（一九七四）早稲田大学『国文学研究』第53集

索引項目（術語編）

索引項目（人名編）

あとがき

思いがけず、前書に続いて、その続編を出すことができる運びとなり、大変うれしく思っている。

計画の段階では、続編ともなれば、収める論文も、前書より一層こまごまとしたテーマのものが多くなり、全体として雑然としたものになるのではないかと心配していたが、できあがってみると、雑然としながらも、意外と一貫するものがあるようにも思えて、少しほっとしている。

私は、これまで、自分の関心に任せて、あちらこちら跳びながら、日本語文法に関する疑問に取り組んできたが、その作業を通して常に求めていたものは、外側から見た現象論的な説明ではなく、構文論的、語彙論的に根拠のある、本質的な説明であったつもりである。このシリーズの副題を「文構造に即して考える」としたゆえんである。

思えば、中学校時代に、何の因果か、あの、悪評高い、カキクケ、サシスセセの、動詞活用の授業を受けたことなどがきっかけで、日本語の文法に興味をもち、それ以来、紆余曲折、一人手探りに手探りを重ねた年月であった。こんな私の研究が何らかの形でお役に立つようなことがあれば誠に幸いである。

これまで、長い間、いろいろな形で私を支援し応援してくださった多くの方々、家族に、心から感謝したいと思う。

前書に引き続き、この書の出版を引き受けてくださった三省堂、また、出版の実務の労をとってくださった辞書出版部の吉村三恵子氏に厚くお礼申し上げる。

最後に、この書を、亡き父と母、また、兄に捧げる。

平成二十八年三月

山口佳也（やまぐち よしや）

1938年静岡県湖西市生まれ。早稲田大学第一文学部文学科国文学専修卒業，同大学大学院文学研究科日本文学専攻修士課程修了。文化庁文化部国語課国語調査官，十文字学園女子大学短期大学部教授，同女子大学社会情報学部教授などを歴任。

【主要著書】『論集日本語研究7　助動詞』共著（有精堂　1979年），『日本語表現・文型事典』共著（朝倉書店 2002年），『「のだ」の文とその仲間 文構造に即して考える』（三省堂　2011年），『品詞別 学校文法講座 第二巻 名詞・代名詞』共著（明治書院 2014年）など。

「のだ」の文とその仲間・続編
文構造に即して考える

2016年5月10日　第1刷発行

著　者　山　口　佳　也
発行者　株式会社　三　省　堂
代表者　北　口　克　彦
印刷者　三省堂印刷株式会社
発行所　株式会社　三　省　堂
〒101-8371　東京都千代田区三崎町二丁目22番14号
電話　編集　(03) 3230-9411
営業　(03) 3230-9412
振替口座　00160-5-54300
http://www.sanseido.co.jp/

〈続「のだ」の文とその仲間・352pp.〉

落丁本・乱丁本はお取替えいたします

ISBN978-4-385-36512-1